工学一体化企业新型学徒制培训教材

GSP

GSP

实施

SHISHI

技术

JISHU

张晓军　卢超　杨维祯　主编

化学工业出版社

·北京·

内容简介

本书根据药品经营质量管理规范（GSP）课程标准的基本要求编写而成。以能力本位为目标、就业为导向、学生为主体、理论与实践相结合的指导思想对教材进行系统化设计。本书内容分为GSP基础、购进管理、仓库管理、销售与运输管理、售后和质量风险管理5个工作领域，涵盖15个工作任务、56个职业能力点，涉及GSP工作的各个方面。

本书适合高职高专类院校药品生产技术、药学、药品经营与管理、药物制剂技术等专业师生阅读。

图书在版编目（CIP）数据

GSP实施技术 / 张晓军，卢超，杨维祯主编.
北京：化学工业出版社，2025.3. --（工学一体化企业新型学徒制培训教材）. -- ISBN 978-7-122-47066-9

Ⅰ. F721.8

中国国家版本馆CIP数据核字第2025DT8047号

责任编辑：张　蕾　　　　　　　加工编辑：赵爱萍
责任校对：李露洁　　　　　　　装帧设计：史利平

出版发行：化学工业出版社
　　　　　（北京市东城区青年湖南街13号　邮政编码100011）
印　　装：中煤（北京）印务有限公司
787mm×1092mm　1/16　印张15½　字数387千字
2025年6月北京第1版第1次印刷

购书咨询：010-64518888　　　　售后服务：010-64518899
网　　址：http://www.cip.com.cn
凡购买本书，如有缺损质量问题，本社销售中心负责调换。

定　　价：59.80元　　　　　　　　　　　　版权所有　违者必究

《GSP实施技术》编委会

前言 ▶▶▶▶▶▶

　　本教材深入贯彻落实《国家职业教育改革实施方案》（国发〔2019〕4号）、人社部《推进技工院校工学一体化技能人才培养模式实施方案》（人社部函〔2022〕20号）关于建设校企双元合作开发教材的要求，依托国家级康养实训基地建设单位杭州第一技师学院和杭州胡庆余堂国药号有限公司、华东医药供应链管理（杭州）有限公司等多家企业合作开发，确保了教材内容与实际工作需求的紧密对接，体现了产教融合、工学一体的教育理念。

　　本教材以培养学生综合能力为目标，主要从医药购销行业岗位群中提取了5个工作领域，涵盖15个典型工作任务和56个职业能力点。5个工作领域包括GSP基础、购进管理、仓库管理、销售与运输管理、售后和质量风险管理，每个能力点围绕着核心概念、学习目标、基础知识、能力训练和课后作业这五个方面展开。有助于为读者先植入一定的理论知识背景，并以理论知识基石塑造实践技能。整本教材理论与实际相结合，既提供了理论知识，也强调实践技能的培养，突出了职业教育培养应用型专门人才的特色。

　　本教材采用新型活页式、工作手册式的设计，按"工作领域—工作任务—职业能力点"的细分方式层层细化。模块内部按照能力点需求的逻辑顺序展开，方便读者能力逐级提升。配套信息化教学资源包，为个性化学习和"工学一体化"提供信息支持。

　　由于活页式教材作为新生事物，需深入探索的领域还有很多，加之编者精力、学识、时间有限，内容疏漏与不足之处在所难免，望读者不吝指正。

编者

2024年11月

A

GSP基础

A-1 GSP基本认知

A-1-1 能解读GSP主要内容与特点

一、核心概念

1. 药品 GSP

药品 GSP 即 "药品经营质量管理规范（Good Supply Practice）"，是指在药品流通全过程中针对药品采购、收货与验收、储存与养护、销售与出库、售后服务等环节而制定的用以保证药品符合质量标准的一系列管理规章制度。其核心是通过严格的管理规章制度约束企业行为，对药品经营活动进行全过程的质量控制，确保能提供合格的药品。

2. 药品

药品是指用于预防、治疗、诊断人的疾病，有目的地调节人的生理功能并规定有适应证或者功能主治、用法和用量的物质，包括中药、化学药和生物制品等。

二、学习目标

能解读 GSP 的主要内容和特点。

三、基本知识

1. 现行版 GSP 的主要内容

现行版 GSP 共 4 章，包括总则（4 条）、药品批发的质量管理（115 条）、药品零售的质量管理（58 条）、附则（7 条），共计 184 条。现行版 GSP 借鉴了国外药品流通管理的先进经验，促进我国药品经营质量管理与国际药品流通质量管理的逐步接轨，如引入供应链管理理念，结合我国国情，增加了计算机信息化管理、仓储温湿度自动监测、药品冷链管理等新的管理要求，同时引入质量风险管理、体系内审、验证等理念和管理方法，从药品经营企业人员、机构、设施设备、文件体系等质量管理要素的各个方面，对药品的采购、验收、储存、养护、销售、运输、售后管理等环节做出了许多新的规定。现行版 GSP 的主要内容见表 A-1-1-1。

表 A-1-1-1　现行版 GSP 的主要内容

章	节	内容
第一章　总则 （共4条）	/	阐述了实施GSP的法律依据和GSP对药品经营企业的基本要求以及GSP的适用范围，特别强调了药品生产企业销售药品也应当遵循本规范的要求

章	节	内容
第二章 药品批发的质量管理（共115条）	第一节 质量管理体系（共8条）	阐述了对药品批发企业质量管理体系的建设、相关文件的形成，以及一系列质量管理活动的开展的基本要求，从宏观的角度明确企业应当依据有关法律法规及本规范的要求建立质量管理体系
	第二节 组织机构与质量管理职责（共5条）	阐述了对药品批发企业组织机构的总体要求以及企业负责人和质量管理部门的主要职责
	第三节 人员与培训（共13条）	对药品批发企业负责人、质量管理部门负责人等各类人员任职上岗条件以及培训要求进行了更具体、更明确的规定
	第四节 质量管理体系文件（共12条）	首次提出了对文件管理的具体要求。对质量管理制度、部门岗位职责、操作规程、相关记录等文件，以及文件的起草、使用、修订、保存等管理活动进行了规定
	第五节 设施与设备（共10条）	规定了企业经营场所、库房和运输工具的基本要求和条件，并对经营冷藏、冷冻药品的批发企业设施设备进行了补充规定
	第六节 校准与验证（共4条）	首次提出了对设施设备校准验证以及验证文件的基本要求
	第七节 计算机系统（共4条）	阐述了当今社会计算机化、信息化的趋势，对计算机系统、数据操作、数据管理进行了规定
	第八节 采购（共11条）	规定了企业采购活动的基本要求，同时规定了企业应当核实留存的销售人员的详细资料、质量保证协议的详细内容、采购发票和记录的相关要求，对首次经营企业和首次经营品种的要求以及进货业务做了规定，同时首次提出应当建立供货单位质量档案进行动态跟踪质量管理
	第九节 收货与验收（共11条）	阐述了药品质量验收的要求和主要内容，并对冷藏、冷冻药品和实施电子监管的药品验收活动进行了补充规定
	第十节 储存与养护（共6条）	规定了药品的储存要求和养护工作的主要职责。增加了计算机系统对库存药品的有效期进行自动跟踪和控制，药品破损、泄漏时的处理措施、对质量可疑的药品的处理，定期盘点的要求
	第十一节 销售（共5条）	对药品销售业务和销售记录进行了明确规定
	第十二节 出库（共6条）	阐述了药品出库应遵循的基本要求，并对冷藏、冷冻药品的装箱、装车等作业和电子监管药品出库做了补充规定
	第十三节 运输与配送（共13条）	规定了药品运输业务的基本要求，同时规定了委托运输的相关要求，并对冷藏、冷冻药品的运输进行了补充规定
	第十四节 售后管理（共7条）	对投诉、退货、召回等售后活动进行了明确规定，并明确了企业的具体职责
第三章 药品零售的质量管理（共58条）	第一节 质量管理与职责（共4条）	对药品零售企业的质量管理文件、经营条件、企业负责人以及质量管理部门职责进行了规定
	第二节 人员管理（共9条）	对零售企业各级人员的任职和上岗条件和要求进行了规定，同时规定了企业有关人员的培训和健康管理制度
	第三节 文件（共10条）	对药品零售质量管理制度、药品零售操作规程、相关纸质和电子记录等文件的内容以及使用管理进行了规定
	第四节 设施与设备（共9条）	规定了药品零售企业的营业场所和库房的设施设备的基本条件
	第五节 采购与验收（共7条）	阐述了药品零售企业采购与验收应遵循的基本原则，并对冷藏药品和电子监管药品进行了补充规定
	第六节 陈列与储存（共6条）	规定药品应按剂型和用途以及储存要求分类储存和陈列，规定了养护工作的主要内容，明确规定要对储运环节的温度进行监测和调控，全面引入国际通行的冷链管理的概念，对药品陈列提出了更加细化和规范的要求
	第七节 销售管理（共8条）	阐述药品零售企业药品销售的要求，并对所销售的药品和药品拆零销售做了明确规定。新增药品电子监管码的基本要求
	第八节 售后管理（共5条）	对药品零售企业的退换、投诉、不良反应报告、召回等售后活动进行了规定
第四章 附则（共7条）	/	明确了主要术语的含义，规定医疗机构药房、计划生育技术服务机构的药品以及互联网销售药品的质量管理规定由国家药品监管部门另行制定

2. 现行版 GSP 的主要特点

（1）全面升级软件与硬件标准　现行版 GSP 对企业运营的软硬件标准进行了全面升级，不仅强化了药品质量的保障措施，还显著提高了市场准入的难度，从而有效遏制了行业内低水平的重复建设，促进了产业结构的优化升级，并增强了市场的集中度。

① 在软件层面，现行版 GSP 明确规定企业需构建并完善质量管理体系，设立专门的质量管理部门或指定质量管理人员，同时详细规定了质量管理制度、岗位职责、操作规程、记录及凭证等一系列关键文件的要求，并特别强调文件的执行与实效，以确保其真正发挥作用。此外，还提升了对企业负责人、质量负责人、质量管理部门负责人及质管、验收、养护等关键岗位人员的资质标准，以保证整个质量管理团队的专业性和高效性。

② 在硬件层面，现行版 GSP 积极倡导并推广计算机信息化管理，详细界定了计算机管理所需的硬件设备、网络环境、数据库架构及软件功能等标准，以推动药品经营管理的现代化进程。同时，为确保药品储存环境的安全与稳定，GSP 明确要求企业采用温湿度自动监测系统，对药品仓库环境进行不间断、高精度的实时监控。对于需要特殊储存条件的冷藏、冷冻药品，则规定必须配备专业的设施设备，以确保其在储存和运输过程中的品质安全。

（2）针对薄弱环节增设一系列新制度

① 针对药品经营领域存在的行为不规范、购销链条透明度不足及票据管理混乱等弊病，现行版 GSP 实施了严格的发票开具制度，确保药品购销全程有据可查。同时，明确了出库药品需附带随货同行单，并在收货时严格核对，以实现票、账、货三者的高度一致，以便整顿药品市场经营秩序，促进市场环境的健康发展。

② 对于委托第三方进行药品运输的情况，现行版 GSP 强化了对委托方的责任要求，规定其必须审慎评估承运方的运输实力与质量保证体系，双方需签订详尽的质量责任委托协议。此外，通过建立健全的运输记录体系，实现了对药品运输全过程的质量追溯，此举不仅提升了企业的质量责任观念，也显著增强了风险防控能力，引领我国药品流通行业向更加专业化、标准化及第三方物流化的方向迈进。

③ 针对冷链药品管理的特殊性，现行版 GSP 大幅提升了储存与运输设施设备的标准，详细规定了冷链药品在运输、收货等关键环节的交接流程以及温度监测、追踪与检验的严格要求，旨在进一步加强对高风险药品品种的质量保障能力，确保药品在冷链运输过程中的安全有效。

（3）与近期国家发布的法规政策文件保持高度一致与紧密衔接

① 新版 GSP 在内容上进行了重要修订，这些调整紧密契合了近期国家发布的一系列相关政策文件与法规要求。具体而言，为了积极响应国务院办公厅于 2015 年 12 月 30 日印发的《国务院办公厅关于加快推进重要产品追溯体系建设的意见》（国办发〔2015〕95 号），新版 GSP 对原药品 GSP 中关于电子监管的部分进行了修订，以深入贯彻 95 号文件精神，强化药品经营企业的追溯管理责任，提升企业主体责任意识，并推动构建一个全程可追溯、责任明晰的药品追溯体系。

② 针对 2016 年 4 月 23 日国务院发布的《关于修改＜疫苗流通和预防接种管理条例＞的决定》（国务院令第 668 号），新版 GSP 相应地对疫苗经营管理的条款进行了调整，以适应取消药品批发企业经营疫苗权限，改由疫苗生产企业直接向疾控机构销售和配送的新政策。

③ 为了配合《国务院办公厅关于加快推进"三证合一"登记制度改革的意见》（国办发〔2015〕50 号）的实施，新版 GSP 也修改了关于查验首营企业证件的要求，明确在"三证合

一"改革后，原需提供的组织机构代码证、税务登记证等证件将统一由"三证合一"后的营业执照替代。

④ 根据第十二届全国人民代表大会常务委员会第十四次会议审议通过的《关于修改＜中华人民共和国药品管理法＞的决定》，新版GSP还对相关条文中引用的《中华人民共和国药品管理法》条文序号进行了必要的调整，以确保与最新法律条文的一致性。

四、能力训练

（一）操作条件

1. 人员：药学、中药学等相关专业人员。
2. 设备、器具：计算机、黑板等。
3. 资料：《药品经营质量管理规范》（现行版）。
4. 环境：一体化工作站。

（二）安全及注意事项

1. 在解读GSP文件时应深入理解每个环节的具体要求，如温度控制、湿度管理、储存设施要求、质量控制程序等，做到全面理解。
2. 应强调药品在整个供应链中的质量、安全性和有效性，重视质量与安全。
3. 密切关注相关法规的更新和变化，确保企业操作始终符合最新的GSP要求。

（三）操作过程

序号	实施步骤	操作方法及说明	操作标准/注意事项
1	获取学习任务	接收学习GSP的主要内容和特点的任务	登录国家药品监督管理局官网下载GSP法规文件，保证下载的法规文件出自正规、官方的网站
2	阅读GSP文件	独立阅读GSP文件的全文	（1）初步了解其基本框架、主要内容、条款要求等 （2）标注重点内容和不理解的条款，为后续深入学习做准备
3	探讨GSP文件	（1）组织小组共同学习GSP文件的全文 （2）交流学习心得，讨论存在的疑问点	（1）深入理解GSP的条款要求和实施要点 （2）针对不理解的条款结合实际案例进行探讨
4	归纳GSP的特点	分析GSP的主要特点，提取关键信息	对比新旧两版GSP的内容，标注新增内容和修改内容
5	总结反思 学习成果	（1）整理学习笔记 （2）撰写学习心得	（1）对GSP条款和特点进行分类归纳，形成系统化的知识体系 （2）撰写学习心得或总结报告，回顾学习过程和收获

问题情境一

王某等新开办了一家药品批发企业，按照相关规定需要建立质量管理体系，但作为新手的他们还不太了解建立质量管理体系的相关要求，需要学习和理解GSP文件的内容才能做好相关体系的建设，请问王某等应该如何获取正规的GSP文件？

解答：王某等应登录"国家药品监督管理局"官网下载GSP法规文件。

问题情境二

李某为某零售药店的店长，被总部要求自行下载打印新版和旧版GSP法规文件参加质量管理部门组织的新版GSP文件解读的培训任务，以便更好地管理药店，请问李某如何完成此次的培训任务？

解答：李某先认真阅读打印好的新旧两版 GSP 文件，初步了解其基本框架、主要内容、条款要求等，在培训过程中标注重点内容和不理解的条款；其次在培训现场和其他同事一起讨论存在的疑点或请教培训老师；再次对照两版 GSP 文件，将新增的内容或修订的内容进行标注，分析新版的特点；最后对新版 GSP 条款和特点进行分类归纳，形成系统化的知识体系，撰写学习心得。

（四）学习结果评价

序号	评价内容	评价标准	评价结果（是/否）
1	获取学习任务	能在接收学习任务后下载GSP法规文件	
2	阅读GSP文件	能独立阅读GSP全文并标注重点和不理解的条款	
3	探讨GSP文件	能和小组同学共同学习GSP文件全文，并针对不理解的条款进行分析探讨	
4	归纳GSP的特点	能对比新旧两版GSP的内容分析并列举新版GSP的特点	
5	总结反思学习成果	能以思维导图的形式归纳总结GSP条款的内容和特点，并针对学习中存在的不足提出改进措施	

五、课后作业

1. 简述药品批发的质量管理中关于组织机构的总体要求。
2. 列举 GSP 的适用范围包括哪些？
3. 某生产企业生产的一批龙骨存在质量问题要求批发企业和零售企业将该批龙骨召回，请问批发企业和零售企业应遵守 GSP 文件中的哪项条款？

A-1-2　能分析药品质量保证体系

一、核心概念

1. 药品质量保证

药品质量保证是企业针对其药品或服务所做出的品质承诺与保障措施。可分为内部质量保证和外部质量保证。内部质量保证聚焦于企业内部各流程间的协同与监督，确保上一个生产或服务环节为下一个环节提供符合既定质量标准的半成品或服务，从而促进企业内部流程的顺畅衔接，助力企业达成整体质量目标；外部质量保证是企业面向消费者作出的承诺，确保用户购买的药品在有效期内质量稳定、安全可靠，以此建立用户信任，吸引并保留顾客，进而扩大市场份额，增强企业的市场竞争力，并为企业带来更高的经济效益。

2. 药品质量保证体系

药品质量保证体系是构建于一系列制度、方法、流程与组织架构之上的综合系统，目的在于将质量保障的各项活动规范化、标准化并纳入制度轨道。其核心理念在于激发人的主观能动性和创新思维，同时充分利用科学技术的力量来强化质量管控。从根本上讲，这一体系的核心机制是责任制度，即通过明确职责与义务，确保质量管理的每个环节都有人负责。建立健全药品质量保证体系，不仅是实施全面质量管理策略的关键标志，也是提升药品质量、保障公众用药安全的重要基石。

二、学习目标

1. 能解释药品质量保证体系的核心概念。
2. 能根据相关法律法规和 GSP 的要求，分析药品质量保证体系中存在的问题，并给出改进措施。

三、基本知识

1. 经营过程的质量保证

医药企业经营的核心是确保患者用药安全、有效且及时，这需要全公司各部门协同合作，共同构建全面的质量保证体系。具体来说，应建立以下几个保证。

（1）计划保证　即保证按市场需要制订采购计划，做到购销平衡，不脱销，不积压。包括市场调查和市场预测的质量保证、销售资料的信息质量保证、库存资料的保证等。

① 精准市场调查：定期进行广泛而深入的市场调查，收集并分析患者需求、疾病流行趋势、竞品信息等，确保采购计划精准对接市场需求。

② 智能预测系统：运用大数据和人工智能（AI）技术，建立销售预测模型，提前预判市场变化，动态调整采购计划，实现购销高度平衡，避免药品短缺或过剩。

③ 信息透明化：确保销售数据、库存状态等信息实时更新，各部门间信息共享，提高决策效率和准确性。

（2）采购保证　即保证按计划采购、择优采购。

① 供应商评估体系：建立严格的供应商筛选与评估机制，包括资质审核、产品质量、交货能力、售后服务等多维度考量，确保采购源头质量可靠。

② 集中采购与分散采购结合：根据药品特性和市场情况，灵活采用集中采购降低成本，或分散采购以满足特殊需求，实现采购效益最大化。

（3）验收保证　即保证按商品验收率、验收内容、验收方法、验收标准验收商品。

① 标准化验收流程：制定详细的验收标准和流程，涵盖药品外观、有效期、批准文号、包装完整性等关键要素，确保每批药品均符合质量标准。

② 先进检测技术应用：引入现代检测技术，如快速检测仪器、条形码 /RFID 追溯系统等，提高验收效率和准确性。

（4）保管保证　即按仓库条件、保管方法、检查方法、保管责任、安全制度、发放制度、防火制度等进行仓储管理。

① 温湿度控制：根据不同药品的储存要求，配置适宜的温湿度控制系统，确保药品储存环境达标。

② 定期巡检与盘点：实施定期仓库巡检，检查药品状态、储存条件及安全设施，同时进行库存盘点，及时发现并处理异常情况。

③ 应急响应机制：建立药品破损、过期等突发事件的应急处理预案，减少损失，保障药品安全。

（5）销售保证　即保证品种齐全、按时付货、出库验货发货、不出差错。

①多渠道销售策略：结合线上电商平台、线下药店、医疗机构等多种销售渠道，确保药品供应覆盖广泛，满足不同患者需求。

②快速响应系统：建立快速订单处理与配送机制，确保药品能够按时、准确送达患者手中。

（6）服务保证　即建立用户访问制度，质量查询制度，保证用户满意。

①客户反馈机制：设立多渠道客户反馈平台，收集并认真分析患者及医疗机构的使用反馈，持续改进服务质量。

②专业咨询服务：提供药品使用指导、用药咨询等增值服务，增强患者用药安全性和依从性。

（7）教育保证　即保证全体员工树立质量第一观念，提高综合素质。

①定期培训：定期组织员工参加质量意识、专业技能、法律法规等方面的培训，提升全员质量意识和服务水平。

②文化建设：构建以"质量为先，患者至上"为核心的企业文化，激发员工责任感和使命感，形成全员参与质量管理的良好氛围。

2. 使用过程的质量保证

药品的使用过程不仅是检验其实际疗效与安全性的核心环节，更是企业构建全面质量管理体系不可或缺的一环，它既是质量管理的起点，也是最终归宿。在这个过程中，用户的直接反馈成为衡量药品质量优劣的最为直观且重要的标准。用户的满意度、药品的疗效表现以及使用过程中可能出现的问题，都是反映药品质量状况的直接信号。

因此，企业应当积极调整质量管理策略，将关注的焦点从单纯的生产制造阶段，逐步拓宽至包括药品储存、运输、销售乃至患者使用在内的全链条管理。这意味着企业需建立更加完善的质量追溯体系，确保从原材料采购到最终患者使用，每一个环节都能达到既定的质量标准。

四、能力训练

（一）操作条件

1. 人员：药学、中药学等相关专业人员。

2. 设备、器具：计算机、黑板等。

3. 资料：《药品经营质量管理规范》（现行版）。

4. 环境：一体化工作站。

（二）安全及注意事项

1. 确保分析过程对照 GSP 条款覆盖药品质量保证体系的所有关键要素和环节。

2. 确保质量保证体系符合国家法律法规、行业标准以及企业内部的规章制度，避免违法违规行为带来的风险和损失。

（三）操作过程

序号	实施步骤	操作方法及说明	操作标准/注意事项
1	确立分析目标与范围	（1）明确分析的具体目标，如评估现有质量保证体系的有效性、识别潜在的质量风险、提出改进建议等 （2）确定分析覆盖的药品类型、生产或流通使用环节、质量管理体系要素等范围	（1）逐项审查现有的质量管理体系文件，对比法规和标准要求，评估文件的合规性和适用性 （2）关注文件的更新和修订情况，确保文件的时效性和有效性，注意文件之间的关联性和一致性

序号	实施步骤	操作方法及说明	操作标准/注意事项
2	收集资料与数据	（1）收集国内外药品质量管理相关的法规、标准、指南等文件；获取企业内部的质量手册、程序文件、作业指导书、质量记录等文件资料；收集生产、流通、使用中的质量数据或信息 （2）运用统计分析软件或工具对收集的数据进行处理和分析	（1）确保数据的准确性和完整性 （2）选择合适的统计方法和模型进行分析，关注数据中的异常值和趋势变化
3	审查与评估	（1）对收集到的质量管理体系文件进行审查，评估其完整性、准确性、合规性和适用性；或对现场进行实地检查，观察环境、设备状况、人员配备等是否符合要求 （2）采用风险矩阵、FMEA（失效模式与影响分析）等工具进行风险评估 （3）识别出质量保证体系中存在的问题和不符合项	（1）全面考虑各种风险因素和影响因素 （2）确定风险的严重性和可能性时要有充分的依据和理由 （3）制定风险控制措施时要考虑其可行性和有效性
4	提出改进建议	（1）针对识别出的问题和不符合项，提出具体的整改措施和计划 （2）针对潜在的质量风险，制定风险控制措施和应急预案 （3）结合分析结果和实际情况，提出对质量保证体系的优化建议，以提高其有效性和效率	（1）确保改进的建议具有针对性和可操作性 （2）考虑改进建议的实施成本和效益 （3）制订详细的实施计划和时间表
5	编写分析报告	（1）将分析过程中收集到的资料、数据、发现的问题、风险及改进建议进行整理 （2）编写详细的分析报告，包括分析目的、方法、过程、结果、结论和改进建议等内容	（1）突出分析的重点和亮点，确保报告内容的准确性和完整性 （2）提出明确的结论和改进建议，并注意报告的排版和格式要求

📌 问题情境一

某医药流通有限公司是国内领先的药品流通企业之一，近期面临一系列关于药品质量控制的挑战。为了进一步提升药品质量保证水平，确保所有流通环节的药品均符合国家及行业质量标准，该公司决定于2024年9月开始全面分析并优化其现有的药品质量保证体系。小王作为公司质量管理部门人员，正在协助负责人对照《药品经营质量管理规范》（国家食品药品监督管理总局令第13号）检查采购、收货、验收等信息，请问小王对照的法规文件是否合理？为什么？

解答：不合理。因为《药品经营质量管理规范》（国家食品药品监督管理总局令第13号）是旧版法规文件，已经过了时效性和有效性。小王应参考最新的《药品经营质量管理规范》（国家食品药品监督管理总局令第28号）文件。

📌 问题情境二

某批发企业仓库管理员小李在盘点库存时，发现有一批即将过期药品，按规定应标记并移至待处理区。但因工作量大且误判时间，小李决定延迟处理。次日小李请假，而该批药品恰在当日过期，同时仓库管理系统未更新状态，导致过期药品被误发给客户。请你分析上述案例中存在的不符合质量保证体系的关键点，并给出改进措施。

解答：①不符合质量保证体系的关键点

第一，库存管理不善。药品过期信息未得到及时记录和处理，导致过期药品仍留在库存中。

第二，流程执行不严。仓库管理员未严格按照公司规定执行过期药品处理流程，存在侥幸心理和拖延行为。

第三，信息系统同步不及时。仓库管理系统中的库存状态与实际库存情况不符，未能有效反映药品的真实状态。

第四，内部沟通不畅。销售部门与仓库部门之间在发货前未进行充分的库存状态确认和沟通，导致过期药品被误售。

②改进措施

第一，加强库存管理，建立过期药品预警和处理机制，确保过期药品得到及时处理。

第二，严格执行过期药品处理流程，对违规操作人员进行教育和处罚。

第三，定期更新和维护仓库管理系统，确保库存信息的准确性和实时性。

第四，加强部门间的沟通与协作，建立发货前的库存状态确认机制，防止过期药品被误售。

（四）学习结果评价

序号	评价内容	评价标准	评价结果（是/否）
1	确立分析目标与范围	能根据现有的质量管理体系文件，审查并明确分析的具体目标及确定分析的范围	
2	收集资料与数据	能从正规渠道收集资料和数据，保证资料和数据的准确性和完整性，并能选择合适的统计方法对数据进行分析和处理	
3	审查与评估	能对质量管理体系文件或现场进行审查，并能通过工具进行风险评估，识别出存在的问题	
4	提出改进建议	能提出具体的具有针对性和操作性的整改措施，制定详细的风险控制措施和应急预案	
5	编写分析报告	能整理并编写详细的分析报告，突出重点和亮点，并确保排版和格式要求统一美观	

五、课后作业

1. 经营过程的质量保证包括哪些？

2. 药品质量保证体系的核心机制是什么？

3. 某药品批发企业质量管理员小张在一次仓库巡查中，发现某温控区域温度异常，超出药品储存要求范围。经查，该区域温控设备故障，无法维持规定温度，且故障指示灯已亮但保管人员未及时发现并报告，导致异常持续数小时。其间，该区域对温度敏感的药品因长时间暴露于不适宜温度，发生物理或化学变化而变质，部分药品已无法销售或使用。请分析案例中存在的不符合质量保证体系的关键点，并给出改进措施。

A-1-3　能配合监督检查管理

一、核心概念

1. 监督检查

监督检查是指对特定活动、项目、组织或个人的行为进行的系统性、规范性的审查和监督的过程，以确保其符合既定的法律法规、政策、标准或规范的要求。

2. 药品监督检查管理

药品监督检查管理是指国家药品监管部门依据相关法律法规和规章制度，对药品的研制、生产、经营和使用等环节进行的全面、系统的监督和检查活动。其目的在于确保药品的质量、安全性和有效性，保障公众用药的权益和健康。

二、学习目标

1. 能区分监督检查的形式。
2. 能配合药品监管部门完成相关监督检查工作。

三、基本知识

1. 医药相关的监督检查管理的法律依据

医药相关的监督检查管理的主要法律依据包括《中华人民共和国药品管理法》《中华人民共和国药品管理法实施条例》《药品经营和使用质量监督管理办法》《药品生产监督管理办法》《药品经营质量管理规范》《药品医疗器械飞行检查办法》（总局令第 14 号）等。这些法律法规为药品监督检查管理提供了明确的法律框架和制度保障。

2. 医药相关的监督检查管理的主体

医药相关的监督检查管理的主体是国家药品监管部门及其派出机构。这些机构负责制定药品监督检查的规章制度、组织实施监督检查活动、处理违法违规行为等。同时，地方各级药品监管部门也承担着本行政区域内的药品监督检查管理工作。

3. 医药相关的监督检查管理形式

（1）按照检查性质和项目分类

① 许可检查：是在药品生产经营许可申请过程中，对申请人是否具备从事药品生产经营活动条件进行的检查。目的在于确保药品市场的准入门槛，防止不符合条件的企业进入市场。

② 常规检查：是根据年度检查计划，对药品上市许可持有人、生产企业、经营企业、使用单位等遵守法律法规、执行质量管理规范的情况进行的监督检查。包括日常检查、重点检查、GSP（《药品经营质量管理规范》）符合性检查等。目的在于定期评估被检查对象的合规性和药品质量，确保持续符合相关要求。

③ 有因检查：基于特定原因（如投诉举报、不良反应监测、舆情监测等）对可能存在问题的企业进行的检查。能快速响应和解决问题，保障公众用药安全。

④ 专项检查：针对某一特定领域或问题（如中药饮片质量、药品网络销售等）开展的专项整治活动。目的在于集中力量解决突出问题，提高行业整体水平。

（2）按照检查方式分类

① 现场检查：检查人员直接前往被检查单位进行现场查看、询问、取证等。其特点是能够直观了解被检查单位的实际情况，及时发现问题并督促整改。

② 远程检查：利用现代信息技术手段（如远程视频监控系统）对被检查单位进行远程监控和检查。其特点是提高检查效率，降低检查成本，但可能无法全面了解被检查单位的实际情况。

③ 飞行检查：不预先告知被检查单位，直接前往现场进行检查。其特点是突击性强，能

够真实反映被检查单位的实际情况，有效防止被检查单位提前准备、掩盖问题。

（3）其他特殊检查形式

①交叉检查：不同地区或不同部门的检查人员相互交换检查对象进行检查。目的是通过交叉检查，互相学习、交流经验，提高检查水平和效率。

②联合检查：多个部门或机构联合对被检查单位进行的检查。目的是形成合力，共同打击违法违规行为，提高监管效果。

③风险评估与信用管理：通过对被检查单位进行风险评估和信用管理，确定检查重点和频次。目的是合理分配监管资源，提高监管效能和针对性。

4.监督检查中存在的不当行为

（1）过分强调企业的卓越之处，而对企业存在的不足之处采取避而不谈的态度。

（2）拒绝接受任何形式的批评，固执己见，且对检察人员的建议抱有轻视态度。

（3）避免直接回应问题，对询问表现出茫然无知或含糊其词的态度。

（4）夸夸其谈，通过纠缠问题细节来拖延检查进程，并对所提问题采取各种辩解策略，拒绝承认存在的问题。

四、能力训练

（一）操作条件

1.人员：药学、中药学等相关专业人员。

2.设备、器具：计算机、黑板等。

3.资料：《中华人民共和国药品管理法》《中华人民共和国药品管理法实施条例》《药品经营和使用质量监督管理办法》《药品经营质量管理规范》（现行版）等。

4.环境：一体化工作站。

（二）安全及注意事项

1.在药品监督检查过程中，应积极配合监管部门的检查工作，如实提供相关资料和情况说明。

2.对于检查中发现的问题，应立即进行整改，并制定切实可行的整改措施，确保问题得到及时解决。

3.根据法律法规要求，应定期对药品的购进、储存、养护、销售等环节进行自查，及时发现并纠正问题。

（三）操作过程

序号	实施步骤	操作方法及说明	操作标准/注意事项
1	获取检查内容	（1）提前了解药品监督管理部门此次检查的目的、范围、重点等，以便有针对性地准备 （2）根据检查内容，整理和准备好相关文件、记录、报告等资料	（1）通过官方通知、文件或与企业对接的监管人员沟通获取相关信息 （2）确保资料的完整性、真实性、准确性和可追溯性
2	组织团队并自查	（1）成立专门的迎检团队，明确团队成员的职责和分工 （2）在正式检查前，组织一次内部自查，及时发现并纠正存在的问题	（1）确保团队成员对检查内容有充分了解，并具备相应的专业知识和应对能力 （2）自查结果应形成书面报告，并作为迎检资料的一部分提交给检查人员

序号	实施步骤	操作方法及说明	操作标准/注意事项
3	配合监督检查	（1）热情接待检查人员，并指派专人负责引导和陪同检查 （2）根据检查人员的要求，及时、准确地提供相关资料和文件 （3）积极配合检查人员的各项检查工作，包括现场查看、询问、抽样检验等 （4）在检查过程中，保持与检查人员的良好沟通，及时了解检查进展和反馈	（1）提前规划好检查路线，确保检查过程顺畅有序 （2）对于检查人员提出的问题，应认真解答，并提供必要的解释和说明 （3）对于检查中发现的问题，应如实记录并认真整改 （4）对于检查人员的意见和建议，应虚心接受并认真考虑
4	总结检查意见	（1）对检查工作进行总结，根据检查人员的反馈和整改要求，分析存在的问题和不足，制订详细的整改计划并提出改进措施 （2）针对检查中发现的问题和不足，加强员工的培训和教育，增强员工的质量意识和专业素养	（1）整改完成后，应及时向药品监督管理部门提交整改报告并申请复查 （2）将总结经验和教训纳入企业质量管理体系，不断完善和提高企业的质量管理水平

问题情境一

某市市场监督管理局接到多起消费者投诉，反映位于该市的"某某大药房"存在疑似销售过期药品、处方药管理不规范及药品储存条件不达标等问题。为保障公众用药安全，市场监管局决定对该药房进行一次全面的监督检查。请你分析上述的监督检查属于何种形式的检查？

解答：由于市场监督管理局接到多起消费者投诉某某大药房存在的问题，是针对投诉问题才进行的检查，因此属于有因检查。

问题情境二

近期，随着药品安全监管力度的加强，某市药品监督管理部门决定对辖区内零售药店进行随机抽查，以确保药品质量安全和合规经营。药监部门通知"某某大药房"被抽中为检查对象，请问该药房如何操作才能高效配合药监部门完成检查工作。

解答：首先，药房应成立专门的迎检团队，明确团队成员的职责和分工，并在正式检查前，组织一次内部自查，及时发现并纠正存在的问题。

其次，当检查人员到达现场时药房人员应热情接待检查人员，并指派专人负责引导和陪同检查，根据检查人员的要求，及时、准确地提供相关资料和文件，同时积极配合检查人员的各项检查工作，包括现场查看、询问、抽样检验等，并在检查过程中，保持与检查人员的良好沟通，及时了解检查进展和反馈。

最后，药房负责人对检查工作进行总结，根据检查人员的反馈和整改要求，分析存在的问题和不足，制订详细的整改计划并提出改进措施，整改完成后，及时向药监部门提交整改报告并申请复查。

（四）学习结果评价

序号	评价内容	评价标准	评价结果（是/否）
1	获取检查内容	能通过官方通知、文件或与企业对接的监管人员沟通获取相关信息，根据检查内容，整理和准备好相关资料	
2	组织团队并自查	能根据检查的内容组织迎检团队，明确成员职责和分工，完成自查后能及时纠正存在的问题	
3	配合监督检查	能在检查现场做到热情接待、积极配合检查人员的各项检查工作，全程保持良好的沟通，及时作出反馈	
4	总结检查意见	能对检查工作进行总结，根据检查人员的反馈和整改要求，分析存在的问题和不足，制订详细的整改计划并提出改进措施	

五、课后作业

1.简述医药相关的监督检查管理形式有哪些？

2.请查阅资料，分析有因检查和专项检查在检查对象、检查范围、检查方式、检查频率或周期上的区别？

3.某市药品监督管理部门为加强药品安全监管，对全市零售药店进行全面现场检查。在药监部门提前通知"某某大药房"后，药店未予足够重视，仅由店员接收通知且未上报。检查组到场时，店员称负责人不在，对检查流程不了解，拒绝提供关键资料，检查组发现部分药品分类不当要求店员整改，店员态度冷漠，甚至阻止检查组进入特定区域。检查组虽耐心解释，但药店未能有效配合。请分析概括该药店在接受监督检查时存在的问题，并谈一谈此事件给你带来的启示和影响。

A-2 人员与机构管理

A-2-1 能进行机构配置管理

一、核心概念

1. 机构配置管理

机构配置管理是指一个组织内部对各个部门和职能进行合理划分、安排和管理的规范性制度。其主要目的是确保组织内部各个职能部门的协调和高效运作，提高组织的管理效能和竞争力。

2. 药品批发企业

药品批发企业是指将购进的药品销售给药品生产企业、药品经营企业、医疗机构的药品经营企业。

3. 药品零售连锁企业

药品零售连锁企业是指经营同类药品，使用统一商号的若干个门店，在同一总部的管理下，采取统一采购配送、统一质量标准、采购与销售分离等，实现规模化管理经营的组织方式。

4. 药品零售企业

药品零售企业是指将购进的药品直接销售给消费者的药品经营企业。

二、学习目标

1. 能够规划并设计符合法规要求的药品经营企业组织机构框架。
2. 能够合理配置并优化药品经营企业各部门的人员与职责。

三、基本知识

1. 药品批发企业机构配置管理

（1）药品批发企业质量管理组织机构　药品批发企业质量管理组织机构是确保药品质量、保障患者用药安全的重要环节。其组织机构通常包括多个关键部门和岗位，以实现对药品采购、储存、销售等全过程的质量控制和管理。药品批发企业根据规模不同可分为大型、中型和小型三个级别，企业根据需要确定各部门人员数量，公司不同，组织机构也不尽相同，药品批发企业质量管理组织机构如图 A-2-1-1 所示。

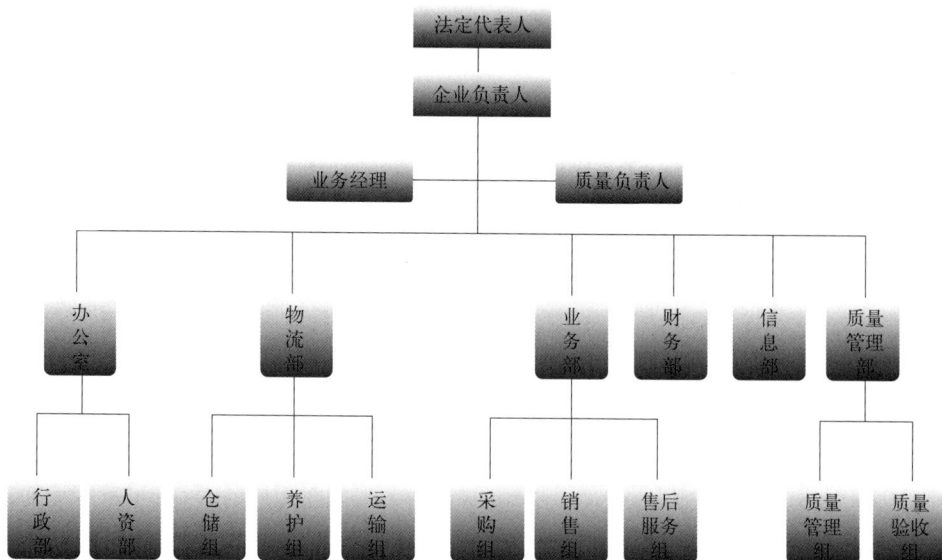

图A-2-1-1 药品批发企业质量管理组织机构

（2）药品批发企业各部门岗位职责　药品批发企业各部门岗位职责见表 A-2-1-1。

表 A-2-1-1　药品批发企业各部门岗位职责

序号	部门	岗位职责
1	法定代表人	负责公司重大事情决策，对公司经营负责
2	企业负责人	药品质量的主要责任人，全面负责企业日常管理，提供必要的条件，保证质量管理部门和质量管理人员有效履行职责
3	质量负责人	全面负责药品质量管理工作，独立履行职责，在企业内部对药品质量管理具有裁决权职责：质量裁决、制度审核、首营审批等
4	业务经理	协助总经理负责公司药品的购销及售后服务工作
5	质量管理部	全面负责药品的质量管理，有效开展质量管理工作（详细职责见GSP第十七条），本部门职责不得由其他部门及人员履行。委托药品现代物流企业储存药品的企业，质量管理部门应指导和监督被委托方的药品验收、储存、养护、出库复核等质量工作；质量投诉和药品不良反应报告等质量管理工作在本部门执行
6	采购部	确保从合法的企业购进合格的药品。包括负责制订进购计划；索取供货单位及药品资质证明文件；与供货单位签订购货合同、质量保障协议；及时索取供方的销售发票，建立采购记录，确保票、账、货一致；依法购进特殊管理药品等
7	仓储部	负责药品的收货、储存、养护、配货、出库等工作，为质量管理部门提供准确可靠的养护数据。如对到货药品的品种、数量、运输方式、到货温度等进行核对和记录，通知验收；根据药品的储藏要求放置相应库房，对药品进行合理储存；检查并改善仓库卫生环境；负责仓库设备的使用和维护，定期检查，并建立记录档案；负责药品的在库养护工作，监测与调控库房温湿度，并建立记录档案；发现质量可疑的药品，在计算机系统中锁定并隔离（悬挂"暂停发货"牌），报告质量管理部门处理；负责药品的出库复核及配货工作；定期盘点库存，并对药品进行效期管理；协助开展验证工作
8	销售部	负责药品的销售及售后服务工作，确保将药品销售至合法单位并建立销售记录；依法销售特殊管理药品
9	运输部	确保药品在运输过程中的质量和安全。包括确定运输方式及工具；定期检查、养护运输设施，并建立记录；确保特殊管理药品和冷冻冷藏药品的运输符合相关规定，并建立运输过程中的冷链记录
10	财务部	负责企业的财务管理工作。包括公司资金调拨、财务统计、费用控制，编制财务计划及报表。严格管理进货发票、销售发票，确保票、账、货、款一致。经营特殊管理药品，不得用现金交易
11	行政办公室	负责日常行政事务，包括制订劳动用工制度、人员招聘、培训、考核等管理工作，传达总经理工作指示，督促落实公司的各项规章制度
12	信息管理部	负责计算机系统相关工作；负责企业计算机信息维护

2. 药品零售连锁企业机构配置管理

（1）药品零售连锁组织机构　药品零售连锁企业的架构由三大核心部分组成：总部、配送中心以及连锁门店，三者紧密相连，构成一个完整的有机整体。总部承担着至关重要的角色，主要负责药品采购、质量与安全控制及对门店的统一管理；配送中心作为物流网络的枢纽，是连锁企业药品储存、运输、配送机构，能确保储存、运输、配送全过程的药品质量；连锁门店作为直面消费者的销售与服务窗口，分为直营与加盟两种模式。直营门店直接隶属于连锁企业，由企业全资或控股，虽不具备独立法人资格，但在总部的直接管理下，提供标准化的药品零售及专业的药学服务。而加盟门店，则是具备独立市场地位的药品零售企业，通过与连锁企业签订合作协议，共享品牌资源、管理经验等，在总部的统一指导下，独立开展运营活动，共同维护品牌形象与服务标准。

国家积极倡导并推动药品零售行业的连锁经营模式，通过规模化、标准化管理提升行业整体水平。因此，连锁企业积极响应，遵循《药品经营质量规范》的严格要求，构建起一套全面覆盖总部、配送中心及连锁门店的质量管理体系，核心在于实现"七统一"管理。

① 统一质量管理制度：确保从药品采购、储存、运输到销售的每一个环节，都遵循统一且严格的质量标准与操作流程，保障药品质量与患者安全。

② 统一企业标识与管理制度：强化品牌一致性，所有连锁门店均使用统一的品牌标识、视觉形象及内部管理规范，提升品牌识别度与顾客信任度。

③ 统一计算机系统：运用现代信息技术，实现总部与门店间数据信息的实时共享与同步，提高运营效率与管理水平，确保业务流程的透明化与可追溯性。

④ 统一人员培训：建立完善的培训体系，对总部员工及门店工作人员进行定期的专业知识与技能培训，提升团队整体素质与服务能力。

⑤ 统一采购配送：依托总部强大的采购能力与配送网络，实现药品的集中采购与统一配送，降低成本，提高效率，同时确保药品来源的合法性与质量的可靠性。

⑥ 统一票据管理：规范财务与税务流程，确保所有交易的真实性与合法性，通过统一的票据管理系统，为企业的合规经营提供有力保障。

⑦ 统一药学服务标准：在连锁门店中推行统一的药学服务标准，包括药品咨询、用药指导、健康管理等，提升顾客满意度，树立专业、贴心的品牌形象。

（2）药品零售连锁企业质量管理组织机构　药品零售连锁企业的质量管理组织机构是确保企业药品经营质量符合相关法律法规要求的重要保障。药品零售连锁企业质量管理组织机构如图 A-2-1-2 所示。

3. 药品零售企业机构配置管理

（1）药品零售企业经营要求

① 组织机构、企业人员（资质、知识、经验、职责）、设施（营业场所、仓库的布局、面积、容积）、设备（空调、冰箱、温湿度监测设备）、质量管理文件（质量管理制度、部门和岗位职责、操作规程、记录与凭证、档案）、计算机系统（电脑、ERP 软件、网络、电子监管码采集设备）等应符合省级药品零售企业新开办许可验收、许可换证验收及现行版 GSP 的相关要求，与经营方式、经营范围、经营规模相适应，能满足实际经营活动需求。

② 不得出现机构设置与企业实际不符的情况，部门职责、权限必须界定清晰，不得相互交叉，不得存在职责盲区。

③ 不得出现人员资质不符、能力不足、职责未履行的情况，兼职不得违反规定。

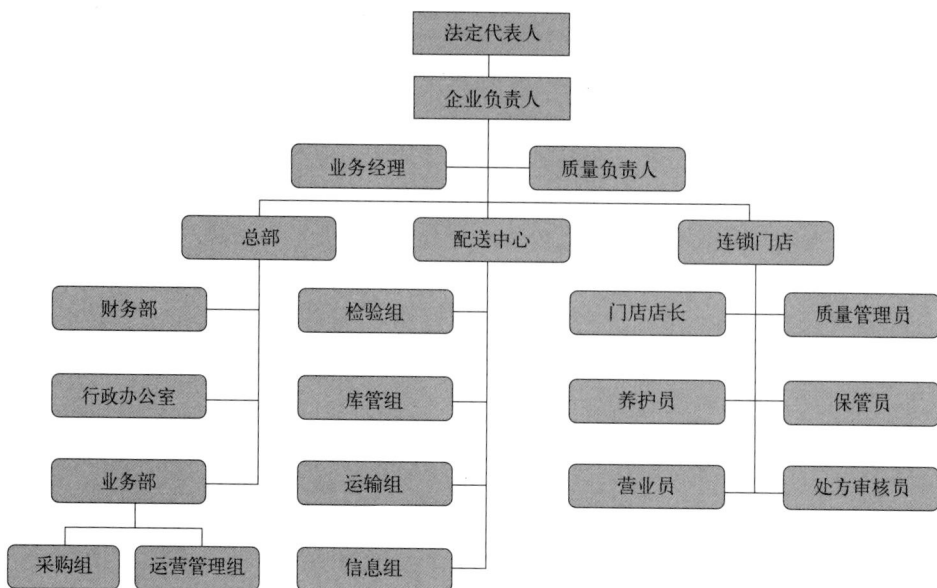

图A-2-1-2 药品零售连锁企业质量管理组织机构

④ 经营场所和库房的布局、面积、容积应与经营范围和规模相匹配。

⑤ 空调系统功率应与经营场所和库房的面积、容积相匹配。

⑥ 经营冷藏药品的，应配备冰箱等冷藏设备。

⑦ 应依据经营范围，加强对冷藏药品、二类精神药品、毒性中药品种、罂粟壳及含麻黄碱类复方制剂等专门管理类药品的管理，建立专门的质量管理制度和质量监控、追溯措施。

⑧ 计算机系统应符合现行版 GSP 相关附录的要求，适应企业实际经营情况，能实现药品电子监管和远程监管的要求。

（2）药品零售企业质量管理组织机构　药品零售企业的质量管理组织机构通常包括企业负责人、质量负责人、业务经理、质量管理员（专职）、验收员、养护员、处方审核员、保管员、采购员和营业员等。各部门共同协作，确保企业从药品采购、储存、销售到售后服务的全过程都符合相关法规和质量标准。药品零售企业质量管理组织机构如图 A-2-1-3 所示。

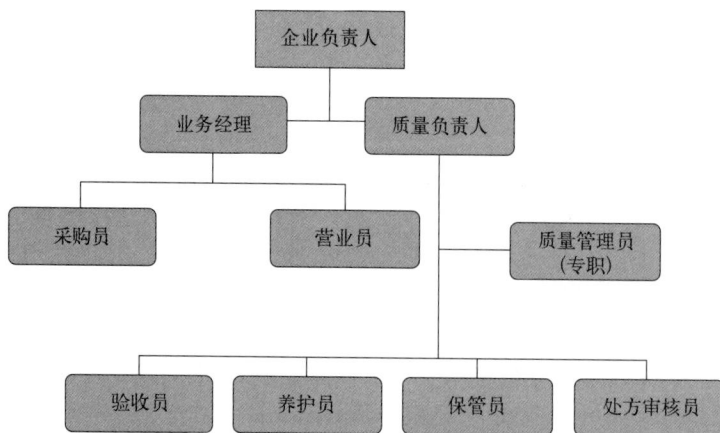

图A-2-1-3 药品零售企业质量管理组织机构

（3）药品零售企业人员岗位职责　根据现行版 GSP 规定，药品零售企业需设置相应的质量管理机构，划定各部门或人员的职责范围，确保药品经营质量。药品零售企业人员岗位职责详见表 A-2-1-2。

表 A-2-1-2　药品零售企业人员岗位职责

序号	人员	岗位职责
1	企业负责人	质量领导及决策人，全面负责组织店内药品质量、工作质量、服务质量等
2	质量负责人	负责组织店内质管工作的管理与审核，宣传、贯彻药品的法律法规，严把药品质量关
3	业务经理	负责对店内所经营的药品进行采购，督促药师和营业员正确向顾客销售药品
4	质量管理员（专职）	协助质量负责人组织实施质量工作计划，收集质量信息、具体负责各种档案资料的收集、质量投诉处理和建档工作
5	验收员	严格执行质量验收程序，负责购进药品的质量检验
6	养护员	严格执行药品养护程序，负责药品陈列、库存药品养护检查工作
7	处方审核员	负责对所经营的处方药进行收方、审方、复核等，保证安全、有效
8	保管员	负责保管药品，清查数量，进行合理储存
9	采购员	负责制订采购计划，依法购进、规范经营，保证顾客购药需求和合理的库存
10	营业员	负责具体的销售工作，依法正确、合理销售药品，严格遵守公司考勤制度，树立良好的职业道德，保持友善、热情的工作态度

四、能力训练

（一）操作条件

1. 人员：药学、中药学等相关专业人员。
2. 设备、器具：计算机、数据分析软件、黑板等。
3. 资料：《中华人民共和国药品管理法》《中华人民共和国药品管理法实施条例》《药品经营和使用质量监督管理办法》《药品经营质量管理规范》（现行版）等。
4. 环境：一体化工作站。

（二）安全及注意事项

1. 在进行机构配置时，必须严格遵循国家药品监督管理局及其他相关权威机构发布的法律法规、政策文件和标准，确保企业的组织机构配置管理始终符合最新要求，避免因违规操作而带来的法律风险和经营风险。

2. 在设计组织机构框架时，应注重高效性和合规性的平衡。既要确保组织机构的设置能够高效支撑企业的日常运营和战略目标实现，又要确保组织机构的设置符合 GSP 等法规要求，避免出现违规行为。

（三）操作过程

序号	实施步骤	操作方法及说明	操作标准/注意事项
1	研究法律法规	收集并研究国家药品监督管理局、地方药品监管部门等发布的最新药品经营相关法律法规、GSP 等标准中关于机构配置管理的内容	确保信息的准确性和时效性，避免依据过时或错误的法规进行操作
2	分析企业现状	通过问卷调查、访谈、数据分析等方式，全面评估企业现有的组织机构（批发、零售连锁、零售）、人员配置、业务流程等存在的问题和不足	确保评估的全面性和客观性，识别出存在的问题和不足
3	设定目标与规划	根据法律法规和企业现状，设定组织机构配置管理的目标，并制订详细的实施计划	目标应具体、可衡量、可达成，并与企业战略目标相一致

序号	实施步骤	操作方法及说明	操作标准/注意事项
4	设计组织机构	（1）以GSP要求为基础，结合企业实际情况，设计合理的组织机构框架，包括部门划分、岗位设置等，明确各部门职责 （2）根据GSP等法规文件的要求，为每个部门明确职责范围和工作目标，编制详细的岗位说明书	（1）确保质量管理部门为专职部门，并设置质量负责人，由高层管理人员担任 （2）确保职责分明，避免重叠，同时明确各岗位的任职要求和权限
5	招聘与调配人员	根据岗位需求发布招聘信息，筛选合适的人才，并进行合理调配	确保招聘过程公正、透明，调配时考虑人员的能力和特长

🧲 问题情境一

某药品批发企业为了拓宽市场，欲新增两家供货单位，在购货前需要对供货单位及相关销售人员的合法资格进行审核，但质量管理部门人员外出参加质量管理培训未归，小李作为企业采购部部长，和欲新增的两家供货单位关系较好，因此和质量管理部人员通了电话，质量管理部长指导小李完成了审核工作。请问小李可以对供货单位及相关销售人员的合法资格进行审核吗？为什么？

解答：不可以。因为按照GSP第十七条规定，对供货单位和购货单位的合法性、购进药品的合法性以及供货单位销售人员、购货单位采购人员的合法资格审核工作是质量管理部门应当履行的职责，该部门职责不得由其他部门及人员履行。

🧲 问题情境二

某日，一位长期在"某某大药房"购买中药材的顾客张女士，在准备使用昨日刚购买的黄芪进行煲汤时，发现药材内部存在明显的虫蛀痕迹。张女士随即联系了该药房营业员进行了投诉，要求退货及赔偿。请问药房营业员和质量管理部人员应如何处理此事件？

解答：该事件是因为中药材存在质量问题引发了顾客的投诉事件，营业员应第一时间对顾客表示诚挚歉意，并通知质量管理部门人员，配合质量管理部门人员调查与整改，协助其对顾客进行退货退费并赔偿；质量管理部人员应通知门店对该批黄芪进行下架处理，要求保管员对仓库内同批次黄芪及相邻批次进行检查，确认是否存在类似问题。同时，检查仓库的温湿度控制、通风条件等是否符合中药材存储要求；联系供应商了解该批次黄芪的生产、运输、储存等环节是否存在问题，以便追溯问题源头；最后，针对调查发现的问题，制订具体的整改报告及预防措施。

（四）学习结果评价

序号	评价内容	评价标准	评价结果（是/否）
1	研究法律法规	能在配置机构前从官方网站收集正规现行版相关法律法规，认真学习并研究有关机构配置管理的内容	
2	分析企业现状	能通过合理的方式全面评估企业现有的组织机构存在的问题和不足	
3	设定目标与规划	能根据法律法规和企业现状，设定组织机构配置管理的目标，并制订详细的实施计划	
4	设计组织机构	能以GSP要求为基础，结合企业实际情况，设计合理的组织机构框架，包括部门划分、岗位设置等，明确各部门职责，编制详细的岗位说明书	
5	招聘与调配人员	能根据岗位需求发布招聘信息，筛选合适的人才，并进行合理调配	

五、课后作业

1. 简述药品批发企业应配置的部门及相应的岗位职责。
2. 药品零售连锁企业的核心架构包括哪些？各自架构的存在意义是什么？
3. 小王和小李合伙开办了一家中型药品批发企业，为了确保业务的顺利运行和符合相关法规要求，请你帮助他们完成相应的机构配置。

A-2-2 能进行人员配备管理

一、核心概念

1. 药学专业技术人员

药学专业技术人员是指具有预防医学、药学、微生物学或者医学等专业本科以上学历及中级以上专业技术职称。

2. 药学初级专业技术职称

药学初级专业技术职称指药士、药师或中药师。

3. 中药学初级专业技术职称

中药学初级专业技术职称是指中药师。

4. 中药学中级专业技术职称

中药学中级专业技术职称是指相关专业的助理研究员、工程师、主管中药（技）师。

5. 药学中级专业技术职称

药学中级专业技术职称指相关专业的助理研究员、工程师、主管药（技）师。

6. 执业药师

执业药师是指经全国统一考试合格，取得《执业药师资格证书》并经注册登记，在药品生产、经营、使用单位中执业的药学技术人员。

二、学习目标

1. 能知晓 GSP 中不同药品经营企业类型对人员的配备要求。
2. 能根据药品经营企业类型配备相应人员。

三、基本知识

1.GSP 对企业人员配备的基本要求

为保证药品经营质量，保障用药安全，GSP 要求药品批发、零售连锁、零售企业从事药品经营和质量管理工作的人员，应当符合有关法律法规及本规范规定的资格要求，不得有违反《中华人民共和国药品管理法》第七十五条、第八十二条规定的情形，具体包括：

第一百一十六条　生产、销售假药的，没收违法生产、销售的药品和违法所得，责令停产停业整顿，吊销药品批准证明文件，并处违法生产、销售的药品货值金额十五倍以上三十倍以下的罚款；货值金额不足十万元的，按十万元计算；情节严重的，吊销药品生产许可证、药品经营许可证或者医疗机构制剂许可证，十年内不受理其相应申请；药品上市许可持有人为境外企业的，十年内禁止其药品进口。

第一百一十七条 生产、销售劣药的，没收违法生产、销售的药品和违法所得，并处违法生产、销售的药品货值金额十倍以上二十倍以下的罚款；违法生产、批发的药品货值金额不足十万元的，按十万元计算，违法零售的药品货值金额不足一万元的，按一万元计算；情节严重的，责令停产停业整顿直至吊销药品批准证明文件、药品生产许可证、药品经营许可证或者医疗机构制剂许可证。生产、销售的中药饮片不符合药品标准，尚不影响安全性、有效性的，责令限期改正，给予警告；可以处十万元以上五十万元以下的罚款。

第一百一十八条 生产、销售假药，或者生产、销售劣药且情节严重的，对法定代表人、主要负责人、直接负责的主管人员和其他责任人员，没收违法行为发生期间自本单位所获收入，并处所获收入百分之三十以上三倍以下的罚款，终身禁止从事药品生产经营活动，并可以由公安机关处五日以上十五日以下的拘留。对生产者专门用于生产假药、劣药的原料、辅料、包装材料、生产设备予以没收。

第一百二十二条 伪造、变造、出租、出借、非法买卖许可证或者药品批准证明文件的，没收违法所得，并处违法所得一倍以上五倍以下的罚款；情节严重的，并处违法所得五倍以上十五倍以下的罚款，吊销药品生产许可证、药品经营许可证、医疗机构制剂许可证或者药品批准证明文件，对法定代表人、主要负责人、直接负责的主管人员和其他责任人员，处二万元以上二十万元以下的罚款，十年内禁止从事药品生产经营活动，并可以由公安机关处五日以上十五日以下的拘留；违法所得不足十万元的，按十万元计算。

第一百二十三条 提供虚假的证明、数据、资料、样品或者采取其他手段骗取临床试验许可、药品生产许可、药品经营许可、医疗机构制剂许可或者药品注册等许可的，撤销相关许可，十年内不受理其相应申请，并处五十万元以上五百万元以下的罚款；情节严重的，对法定代表人、主要负责人、直接负责的主管人员和其他责任人员，处二万元以上二十万元以下的罚款，十年内禁止从事药品生产经营活动，并可以由公安机关处五日以上十五日以下的拘留。

因此根据 GSP 的要求，企业还应做到：

（1）建立齐全的人员档案。个人档案内容应有姓名、性别、岗位、学历、专业、专业技术职称、执业资格、岗位工作年限、健康状况、培训经历、工作经历和工作能力证明材料等。

（2）人员花名册内容应与人员档案的相应内容保持一致。

（3）人员资质应与其岗位相称。

（4）人员资质应符合现行版 GSP 及有关法律法规、政策文件的要求。

2. GSP 对药品批发企业人员的要求

根据 GSP 的要求，所配备的人员须满足相关业务岗位资质条件才能上岗，在相关人员的档案中应有符合规定的材料。药品批发企业人员配备条件见表 A-2-2-1 所示。

表 A-2-2-1 药品批发企业人员配备条件

序号	岗位	专业	学历	职称（执业资格）	其他上岗要求
1	企业负责人	无	≥大专	或≥中级	（1）有任命文件 （2）有药学专业知识培训证书或相关培训材料 （3）熟悉相关法律法规的内容

序号	岗位	专业	学历	职称（执业资格）	其他上岗要求
2	质量负责人	无	≥本科	执业药师	（1）有任命文件 （2）有3年以上药品经营质量管理工作经历 （3）具备正确判断和保障实施质量管理的能力
3	质量管理部负责人	无	无	执业药师	（1）有任命文件 （2）有3年以上药品经营质量管理工作经历 （3）具备独立解决经营过程中有关质量问题的能力
4	质量管理员	药学	≥中专	或≥药学初级	/
		或医学、生物、化学等相关专业	≥大专	或≥药学初级	/
5	验收员	药学或医学、生物、化学等相关专业	≥中专	或≥药学初级	/
6	中药材、中药饮片验收员	中药学	≥中专	或≥中药学中级	/
7	直接收购地产中药材验收员	中药学	无	≥中药学中级	/
8	养护员	药学或医学、生物、化学等相关专业	≥中专	或≥药学初级	/
9	中药材、中药饮片养护员	中药学	≥中专	或≥中药学初级	/
10	采购员	药学或医学、生物、化学等相关专业	≥中专	无	/
11	保管员、复核员	无	≥高中	无	/
12	销售员	无	≥高中	无	/
13	疫苗技术人员（2人质管和验收）	预防医学、药学、微生物学、医学等	≥本科	≥中级	3年以上疫苗管理或技术工作经历
14	体外诊断试剂质量管理人员（2人）	检验学相关专业	≥本科	1人为执业药师；另1人为主管检验师	3年以上检验相关工作经历
15	体外诊断试剂验收、售后人员	检验学	≥中专	无	/
16	特殊管理和冷藏冷冻药品储运人员	无	无	无	参加法规和专业知识培训并经考核合格后
17	信息管理员	计算机	无	2级以上计算机等级证书	/

相关质量管理工作岗位人员需特别注意以下几点。

（1）质量负责人、质量管理部门负责人、质量管理员、验收员应与企业签订正式劳动合同，按国家规定缴纳医保及相关社会保险费用；应在工作时间内履行岗位职责；不得兼职采购、收货、储存、养护、销售、出库复核、运输、财会、信息管理等其他业务工作。

（2）企业负责人不得兼职质量负责人，保证相互监督和制约。

（3）质量负责人不得兼职质量管理部门负责人，保证质量管理领导岗位层级的分布和职责的落实。

（4）质量管理人员不能兼验收员。

（5）验收员不能兼收货员、养护员。

3. GSP 对药品零售连锁企业人员的要求

药品零售连锁企业总部的人员管理应当符合本规范药品批发企业相关规定，门店的人员管理应当符合本规范药品零售企业相关规定，但需要注意以下几点。

（1）零售连锁公司门店负责人必须是本店实际负责人，不得在其他企业或单位兼职。

（2）总部法定代表人或企业负责人具备执业药师资格的，门店负责人可以不是执业药师，但应具有中专以上学历且具有药师（中药师）以上专业技术职称；总部法定代表人或企业负责人不具备执业药师资格的，门店负责人必须是执业药师，并注册在本店。

（3）经市局批准同意实行执业药师远程审方服务的零售连锁企业，其门店应有药师负责处方复核。

4. GSP 对药品零售企业人员的要求

药品零售企业人员配备条件见表 A-2-2-2 所示。

表 A-2-2-2　药品零售企业人员配备条件

序号	岗位	专业	学历	职称（执业资格）	其他上岗要求
1	企业法定代表人或企业负责人	无	无	执业药师	/
2	质量管理、验收、采购员	药学或医学、生物、化学等相关专业	≥中专	或≥药学初级	/
3	中药饮片质量管理、验收、采购员	中药学	≥中专	或≥中药学初级	/
4	处方审核员	药学或医学、生物、化学等相关专业	≥中专	执业药师	/
5	营业员	无	≥高中	/	或符合省级药品监督管理部门规定的条件
6	中药饮片调剂员	中药学	≥中专	或≥中药调剂员等级工证	/
7	特殊管理、国家有专门管理要求、冷藏冷冻的药品销售员	无	无	无	参加法规和专业知识培训并经考核合格后

药品零售企业人员配备还需要注意以下几点。

（1）零售企业经营范围有处方药的，企业法定代表人或企业负责人档案中应有其执业药师证书原件。如零售企业经营范围为非处方药的，企业法定代表人或者企业负责人应当具备执业药师资格或药师以上技术职称。

（2）每家药店应注册一名以上执业药师（营业面积 150m² 以上的应注册不少于 2 名执业药师；经营中药饮片的应有一名执业中药师），且必须在证书有效期内。

（3）药店内应由注册在本单位的执业药师负责处方审核，药品调配处方上应有执业药师本人签名。

（4）相关岗位人员必须符合现行版 GSP 中规定的学历及职称要求，不得弄虚作假。营业员不具备高中以上文化程度的可经市级以上食品药品监督管理部门培训，考试合格后，取得岗位合格证书。

四、能力训练

（一）操作条件

1. 人员：药学、中药学等相关专业人员。

2. 设备、器具：计算机、档案盒、黑板等。

3. 资料：《中华人民共和国药品管理法》《中华人民共和国药品管理法实施条例》《药品经营和使用质量监督管理办法》《药品经营质量管理规范》（现行版）等。

4. 环境：一体化工作站。

（二）安全及注意事项

1. 根据经营企业规模和业务范围，合理设置岗位，确保各岗位人员职责明确，无重叠或遗漏。

2. 人员数量应充足，以保证和满足经营需要。质量管理、收货和验收等岗位应至少各有一人，并配备足够的执业药师负责处方审核等工作。

（三）操作过程

序号	实施步骤	操作方法及说明	操作标准/注意事项
1	分析企业需求	（1）分析企业的业务范围和规模，确定需要的岗位 （2）根据GSP的规定，明确每个岗位的职责和所需的专业技能	根据规模与经营范围确定组织机构和人员的设置
2	设置组织机构	（1）根据企业规模和经营范围，设置相适应的组织机构或岗位，例如企业负责人、质量负责人、质量管理部、业务部、储运部、综合管理部、财务部等 （2）绘制组织机构与职能图，明确各部门的职责、权限及相互关系	确保组织机构的设置科学合理，能够满足企业质量管理和日常经营的需要
3	明确人员资质	根据GSP要求，明确企业负责人、质量负责人、质量管理部门负责人、验收员、养护员、采购员、销售员等各岗位人员的资质要求，包括学历、专业、职称、工作经验等	各岗位人员的资质要求需严格按照GSP及相关法律法规执行，确保人员具备相应的专业能力和素质
4	招聘与录用	按照明确的资质要求，开展人员招聘与录用工作，对候选人进行资格审核和面试评估	确保招聘过程公开、公平、公正，严格把关候选人的资质和能力
5	培训与考核	（1）对新入职员工进行岗前培训，包括法律法规、药品专业知识、岗位操作技能等方面的培训 （2）进行考核评估	（1）培训工作应系统全面，确保员工能够正确理解并履行职责 （2）考核应严格把关，确保员工具备上岗资格

🧲 问题情境一

某药品批发企业在猎聘网发布了一则招聘广告，要求招一名地产中药材验收员，小李作为药学专业本科学历，又持执业药师资格证书前来应聘，请问你作为企业人事经理，小李是否符合人员招聘要求？为什么？

解答：不符合。因为按照GSP管理规定，要求直接收购地产中药材验收员需要中药学专业并取得中药学中级职称以上，因此小李不符合资质要求。

🧲 问题情境二

某药品零售企业因业务需求，需招聘一名营业员和驻店药师，小王为初中学历，前来应聘营业员，请问小王是否符合人员资质要求？

解答：不符合。因为按照GSP管理规定，要求零售企业营业员必须为高中以上学历，因此小王不符合资质要求。

（四）学习结果评价

序号	评价内容	评价标准	评价结果（是/否）
1	分析企业需求	能分析企业的业务范围和规模，确定需要的岗位，并明确每个岗位的职责和所需的专业技能	
2	设置组织机构	能设置相适应的组织机构或岗位，并绘制组织机构与职能图，明确各部门的职责、权限及相互关系	
3	明确人员资质	能根据GSP要求，明确各岗位人员的资质要求，包括学历、专业、职称、工作经验等	

序号	评价内容	评价标准	评价结果（是/否）
4	招聘与录用	能按照明确的资质要求，开展人员招聘与录用工作，对候选人进行资格审核和面试评估	
5	培训与考核	能对新入职员工进行岗前培训，包括法律法规、药品专业知识、岗位操作技能等方面的培训并进行考核评估	

五、课后作业

1. 简述 GSP 对企业人员配备的基本要求？

2. 简述相关质量管理工作岗位人员在履职时的注意事项？

3. 某药品零售企业中药房欲招聘两名中药饮片调剂员，负责中药处方调配工作，你作为企业质管部负责人，需告知人事经理哪些信息帮助其完成招聘任务？

A-2-3　能进行人员培训管理

一、核心概念

1. 岗前培训

岗前培训是指上岗前必须接受培训，符合岗位要求后方可上岗履行职责的培训。

2. 继续教育培训

继续教育培训是指相关人员在岗位任职期间，定期接受的培训，符合岗位要求方可继续从事岗位工作。

二、学习目标

1. 能区别人员培训的类型。

2. 能知晓 GSP 中对人员培训的内容。

3. 能根据 GSP 和企业的要求制订培训计划，并整理内容开展培训工作。

三、基本知识

1. 培训人员

GSP 是全员质量管理，要求全公司与药品经营相关的各岗位人员进行培训，包括企业负责人，质量、经营、运输、仓储、销售等各部门负责人，以及各部门的管理人员和一般员工。企业应根据培训工作的总体安排和企业管理的实际需要，选派相关人员接受相应的培训教育。

2. 培训内容

根据 GSP 要求，培训内容应包括以下内容。

（1）法律法规，包括《中华人民共和国药品管理法》《中华人民共和国药品管理法实施条例》《药品流通监督管理办法》、现行版 GSP 等相关法律法规。

（2）专业知识与技能，包括药理学、药剂学、药物化学、药物分析、生化药学、微生物学等药学基本理论，药物性质、储存条件、不良反应等药品知识，以及药品陈列与养护、储存与保管、服务与咨询等技能。

（3）质量管理制度。

（4）部门职责、岗位职责及岗位操作规程等。

（5）从事特殊管理的药品和冷藏冷冻药品的储存、运输等工作的人员需要重点培训，并建立相关培训人员的培训记录、培训档案，并经考核合格后方可上岗。培训内容包括：特殊管理药品和冷藏冷冻药品的专业知识、操作要求、应急预案等，涉及的相关法律法规和专业知识除《中华人民共和国药品管理法》《中华人民共和国药品管理法实施条例》、现行版 GSP 外，还包括：《麻醉药品和精神药品管理条例》《麻醉药品和精神药品运输管理办法》《放射性药品管理办法》《医疗用毒性药品管理办法》《药品类易制毒化学品管理办法》《易制毒化学品管理条例》《危险化学品安全管理条例》等。

根据法规政策的最新要求，培训内容应及时更新。

3. 培训类型

（1）岗前培训　企业对新录用人员和岗位调整人员，应结合其自身素质并根据其拟任岗位的工作要求及岗位职责，进行有针对性的岗前任职培训，确保其能充分、有效、适宜地履行岗位职责。

（2）继续教育　根据 GSP 要求，企业应建立各岗位工作人员继续培训教育的制度，以达到不断增强全员的质量意识和业务素质、及时传达贯彻国家有关药品监督管理的最新政策的要求，有效实施质量管理工作决策及指令，在企业内部充分建立优胜劣汰、竞争上岗的激励机制，从而不断提高企业质量管理水平，最大限度地开发企业的人才资源，确保质量管理体系的持续改进。

（3）外部培训　为确保持续有效地改进企业质量管理体系，准确理解和执行国家药品监督管理的法律法规及行政规章，及时借鉴并引进先进的管理理念及管理模式，企业应积极选派质量、经营管理方面的高层管理人员或关键岗位人员，参加药品监督管理部门、行业协会、业务合作单位等组织的各类专业研讨活动，及时了解行业发展动态及质量管理信息，根据最新质量管理文件要求调整、改进企业内部培训，从而不断提升企业质量管理水平的目的。

4. 培训档案

企业员工接受继续教育或培训应建立培训档案，具体分为企业内部培训教育档案和员工个人培训教育档案，分别从不同角度记录企业开展质量方面教育与培训的情况。

（1）企业内部培训教育档案　包括培训教育管理制度、年度培训教育计划、历次培训教育方案、培训工作记录及总结、培训教育考核结果及采取措施。相关表格见表 A-2-3-1、表 A-2-3-2。

表 A-2-3-1 ＿＿＿＿＿年度培训教育计划

编号：

培训时间		培训地点		培训方式		培训教师		考核方式	
培训对象									
培训目的									
培训内容									

编号：

培训内容：						
培训时间：						
序号	姓名	部门	考核方式	考核项目	考核结果	采取措施

（2）员工个人培训教育档案　包括培训教育登记表、学历、职称证明、历次培训教育证明（复印件）等。相关表格见表 A-2-3-3。

表 A-2-3-3　员工个人培训教育档案

档案编号：

姓名		性别		出生年月		任职时间	
部门		岗位		工号		职称	
培训编号	培训主题	培训时间	课时	培训方式	考核方式	考核成绩	备注

四、能力训练

（一）操作条件

1.人员：药学、中药学等相关专业人员。

2.设备、器具：计算机、扫描仪、打印机、档案盒、黑板等。

3.资料：《中华人民共和国药品管理法》《中华人民共和国药品管理法实施条例》《药品经营和使用质量监督管理办法》《药品经营质量管理规范》（现行版）、企业培训管理制度等。

4.环境：一体化工作站。

（二）安全及注意事项

1.在收集档案资料时，要对相关资料进行核实，确保其真实性和可靠性。对于重要的培训记录或证书，可以要求员工签字确认，以示其真实性和有效性。

2.培训档案中可能包含员工的个人信息和企业的敏感信息，应采取有效的保密措施，确保档案的安全性和机密性。

3.及时更新档案内容，确保档案的时效性和准确性。对于损坏或丢失的档案资料，应及时进行修复或补充，确保档案的完整性和连续性。

（三）操作过程

序号	实施步骤	操作方法及说明	操作标准/注意事项
1	分析培训需求	（1）根据药品经营的法律法规要求以及企业的实际情况，确定需要培训的对象和内容 （2）根据需求分析的结果，制订详细的培训计划，包括培训的目的、内容、时间和方式等	（1）与各部门沟通，确保需求分析全面准确，涵盖所有关键岗位和必要技能 （2）培训计划应与企业战略和法规要求相匹配，确保针对性和实用性，合理规划培训时间

序号	实施步骤	操作方法及说明	操作标准/注意事项
2	准备培训资源	（1）邀请具备专业知识和丰富教学经验的专家学者、行业内部人士等进行培训 （2）根据培训目的编写或准备合适的培训材料，确保内容准确无误	（1）确保师资质量，师资应具备相关证书和资质，且教学内容与实际工作紧密结合 （2）资料应全面、准确、易于理解，有助于员工掌握相关知识和技能
3	开展培训工作	（1）按照培训计划进行培训，采用面授、在线、实操等多种方式进行 （2）培训中鼓励员工提问和参与讨论，促进知识的理解和应用	（1）确保培训过程有序进行，注意互动与反馈，及时调整培训内容和方法 （2）加强培训过程的管理和监督，确保培训质量
4	考核与反馈	（1）通过考试、问卷等方式考核培训效果，并向员工收集反馈信息，了解培训的优缺点 （2）根据反馈结果调整培训内容和方法，不断优化培训过程	（1）确保考核公正公平，反映真实水平 （2）持续关注员工培训效果，不断优化培训计划和内容，提升培训效果
5	建立培训档案	记录参加培训人员的培训情况并整理保存培训资料，包括培训计划、培训通知、培训资源、签到记录、考核结果等	确保记录的完整性和准确性，同时遵守数据保护规定，妥善保管个人信息

问题情境一

某药品零售企业新招了两名新员工，因业务繁忙又碰上周年庆活动，该企业人事部门为两名新员工简单办理了入职手续，随后将一名新员工安排到了 OTC 销售区，另一名新员工被安排到了中药饮片配方区。请问该企业人事部门的安排是否合理？为什么？

解答：不合理。该企业未对两名新员工进行岗前培训，因为按照 GSP 的相关规定，对于新入职的员工应进行有针对性的岗前任职培训，确保其能充分、有效、适宜地履行岗位职责后才能正式上岗。

问题情境二

某药品经营企业质量管理部门负责人收到行业协会组织的有关"医疗器械法规培训"的通知，企业负责人、质量负责人及相关人员参加了本次培训并通过了考核。请问本次培训该企业是否需要建立培训档案？应包括哪些内容？

解答：需要建立培训档案。按照 GSP 的要求，不论是企业内部培训还是外部培训，培训工作都应做好记录并建立档案，培训档案一般包括培训计划、培训通知、培训资源、签到记录、考核结果、证书等内容。

（四）学习结果评价

序号	评价内容	评价标准	评价结果（是/否）
1	分析培训需求	能分析企业当前的业务需求、员工现状以及法规要求，明确培训目标，并制订详细的培训计划	
2	准备培训资源	能根据培训内容选择合适的培训人员，并准备合适的培训材料，确保培训人员符合要求，培训内容准确无误	
3	开展培训工作	能按照培训计划进行培训，培训过程中有互动和反馈	
4	考核与反馈	能根据培训内容制定合理的考核范围和形式，并根据反馈结果调整培训内容和方法，不断优化培训过程	
5	建立培训档案	能整理保存员工的培训资料，确保记录的完整性和准确性，同时遵守数据保护规定，不泄露员工个人信息	

五、课后作业

1. 简述培训的类型包括哪些？
2. 请画出企业对人员培训的流程图。
3. 某批发经营企业拟对从事特殊管理药品的仓管员、装卸员、运输员进行培训，请你帮助企业培训部门制订本次的培训计划。

A-2-4　能进行人员体检管理

一、核心概念

1. 人员体检管理

人员体检管理是指通过组织定期或不定期的体检活动，对特定人群的身体状况进行全面检查，以便及时发现潜在的健康问题，采取相应的预防和治疗措施。

2. 健康检查档案

健康检查档案也称为健康档案或健康记录，是记录个人健康状况、疾病史、体检结果、诊疗过程等信息的系统化文件。目的在于全面、连续地记录个人的健康信息，为预防、诊断和治疗疾病提供重要依据。

二、学习目标

1. 能知晓体检的内容及要求。
2. 能根据 GSP 的要求组织人员完成健康检查。

三、基本知识

1. 体检时间

药品因其特殊性，其质量的优劣直接影响到人体的健康，在药品的流通过程中，受环境条件及人为因素的影响，容易引起药品质量的变化，尤其是与药品直接接触的有关人员，其身体健康状况对药品的质量有着直接或间接的影响。因此，根据《中华人民共和国药品管理法》及 GSP 要求，药品经营企业应在岗前及每年定期组织直接接触药品岗位工作的人员进行健康检查，并建立健康检查档案。

2. 体检人员范围

直接接触药品的人员，包括批发企业中的质量管理人员、验收员、养护员、仓库保管员、出库复核员、送货员等；零售企业中的质量管理人员、验收员、养护员、仓库保管员、出库复核员、驻店药师、营业员、厂方促销员等。

3. 体检内容及要求

（1）体检内容

① 一般检查

a. 内科：心率、血压，肺、肝、脾等。

b. 皮肤科：化脓性或出血性皮肤病。

c. 眼科：视力及辨色力。

d. 精神科。

② 化验项目

a. 肝功能：黄疸指数、硫酸锌浊度、谷丙转氨酶、乙肝等。

b. 肠道致病菌：痢疾杆菌、伤寒杆菌、其他肠道致病菌。

③ 影像检查

（2）体检要求　不能从事直接接触药品岗位工作的情况如下。

① 患有传染病，如肺结核、病毒性肝炎等。肺结核带菌者痰液中和呼出的空气中均含有大量结核分枝杆菌，具有危害性。

② 患有皮肤病，特别是化脓性、渗出性皮肤病患者，如疥疮、癣、脓疱疮等都有可能通过接触感染。

③ 患有精神病、色盲等，这类疾病虽不具有传染性，却很难保证保管、养护的药品质量和发药的准确性。

④ 其他如患有细菌性痢疾、伤寒、甲型肝炎、沙眼及急性出血性结膜炎等传染性强、传播迅速且有碍公共卫生的其他疾病，也应中断直接接触药品的工作。

4. 体检机构

企业应在卫生行政管理部门认可的健康体检机构接受体检，并按照有关规定对员工进行相应项目的检查，确保体检结果的准确性和有效性。

5. 健康档案管理

药品经营企业对员工的健康检查情况及资料应及时记入或存入健康档案，健康档案应分为企业档案和员工个人档案，每一位员工从进入企业开始，即应接受上岗体检，并建立健康档案。

企业健康检查档案包括：每年体检的工作安排；每年体检的总人员名单；体检汇总表；采取措施。年度企业健康检查汇总表见表 A-2-4-1。

表 A-2-4-1 　_____年度企业健康检查汇总表

序号	档案编号	姓名	检查时间		检查机构		检查项目		
			性别	年龄	现岗位	检查结果	采取措施	备注	

个人健康检查档案包括：上岗体检表及资料；每年体检表及资料；患病离岗、治疗、体检、再上岗资料。个人健康检查档案见表 A-2-4-2。

表 A-2-4-2 　个人健康检查档案

姓名		性别		出生年月		任职时间	
部门		岗位		员工号			
检查时间		检查机构		检查项目		检查结果	采取措施

四、能力训练

(一)操作条件

1. 人员：药学、中药学等相关专业人员。
2. 设备、器具：计算机、扫描仪、打印机、档案盒、黑板等。
3. 资料：《中华人民共和国药品管理法》《中华人民共和国药品管理法实施条例》《药品经营和使用质量监督管理办法》《药品经营质量管理规范》(现行版)、企业健康管理制度等。
4. 环境：一体化工作站。

(二)安全及注意事项

1. 体检结果属于个人隐私，应严格保密。只有与从业人员个人健康有关的部门和单位可以访问和使用体检结果，其他任何人或单位均不得获取或使用体检结果。
2. 根据企业实际情况和法规要求，制定合理的体检周期，一般要求每年进行一次体检。对于特殊岗位或特殊情况，可根据需要进行更加频繁的体检。

(三)操作过程

序号	实施步骤	操作方法及说明	操作标准/注意事项
1	制订体检计划	(1)明确体检的目的，如新员工入职体检、年度例行体检或特定岗位健康筛查等 (2)选择并确定具有符合资质、设备先进、服务优质的医疗机构 (3)根据企业实际情况和员工工作安排，设定合理的体检时间	(1)确定需体检的人员名单 (2)健康体检机构应得到卫生行政管理部门的认可 (3)体检时间尽量避开业务高峰期，减少对员工工作的影响
2	发布体检通知	通过企业内部通知、邮件或公告等方式，提前向员工发布体检通知 整理收集员工的基本信息和特殊需求，以方便体检机构准备体检表和报告	(1)通知中应明确体检时间、地点、注意事项及所需携带的证件等 (2)确保体检材料准备充足且易于识别
3	组织体检活动	(1)按照体检计划，组织员工按时前往指定的体检机构进行体检，确保体检过程的规范性和有效性 (2)在体检现场设置专门的协调人员，负责解答员工的疑问、引导员工有序进行体检项目，并处理突发情况	(1)对于新入职员工，应在上岗前完成体检 (2)确保体检机构按照既定的项目和流程进行体检，确保体检结果的准确性和可靠性
4	处理体检结果	体检结束后，及时从体检机构收集体检报告。对于异常情况或需要进一步检查的项目，及时通知员工并提供必要的指导和帮助	对于患有传染病等可能污染药品的疾病的员工，应及时调离直接接触药品的工作岗位
5	建立健康档案	为每位员工建立个人健康档案，包括基本信息、历次体检结果、健康建议等	指定专人负责管理健康档案，确保档案的完整性和保密性；档案应妥善保存，便于后续查阅和使用

🧲 问题情境一

小红为某零售药店的一名营业员，去年经体检后发现谷丙转氨酶指数高出正常值的5倍，治疗了一个疗程后未及时复查，今年体检后被诊断为乙型肝炎。请问小红能否继续任职营业员？为什么？

解答：不能。因为乙型肝炎属于传染病，根据GSP的要求，患有传染病或其他可能污染药品的疾病的，不得从事直接接触药品的工作。

问题情境二

某药品批发企业人事部经理面试了一位中药材验收员，不管是专业能力还是任职条件都符合企业招聘要求，于是安排了该验收员第二天自行前往社区医院进行体检，体检结果显示该验收员视功能正常，但辨色力异常。请问该验收员还能从事中药材的验收工作吗？为什么？

解答：不能。直接参与药品验收的专业人员，色盲或色弱均不符合岗位要求，因为辨色力异常的人员可能无法识别中药材的外观特征和颜色标签，不能保证中药材的验收质量。

（四）学习结果评价

序号	评价内容	评价标准	评价结果（是/否）
1	制订体检计划	能根据体检目的明确体检名单，选择卫生行政管理部门认可的机构进行体检	
2	发布体检通知	能提前发布体检通知，明确体检时间、地点、注意事项及所需携带的证件等，并收集员工的基本信息和特殊需求，准备好相应数量的体检表	
3	组织体检活动	能按照体检计划，组织员工按时前往指定的体检机构进行体检，确保体检过程的规范性和有效性，并能解答员工的疑问、引导员工有序进行体检项目，并处理突发情况	
4	处理体检结果	能在体检结束后，及时从体检机构收集体检报告。对于异常情况或需要进一步检查的项目，及时通知员工并提供必要的指导和帮助	
5	建立健康档案	能为每位员工建立个人健康档案，包括基本信息、历次体检结果、健康建议等，确保档案的完整性和保密性	

五、课后作业

1. 简述不能从事直接接触药品岗位工作的情况有哪些？

2. 简述健康档案的内容主要包括哪些？

3. 某药品零售企业欲对直接接触药品的员工安排年度体检，请你帮助企业确定需体检的人员名单，组织并完成本次的体检任务。

A-3 设施与设备管理

A-3-1 能进行仓库分类和库区合理布局

一、核心概念

1. 生产作业区

生产作业区是指药品仓库进行仓储的主要活动场所。包括储存区、道路、装卸平台等。其中储存区是储存保管、收发药品的场地，是生产作业区最主要的区域，一般由保管区域和非保管区域组成。保管区域就是储存药品的区域，非保管区域主要包括收货区、待验区、集货区以及各类装卸的通道。

2. 辅助作业区

辅助作业区是指为仓储业务提供各项服务的设备维修车间、车库、工具设备库、变电室等。

3. 药品货位

药品货位是指仓库为进入仓库中储存的每一批药品按照其理化性质、来源、去向、批号、保质期等特性设定的固定位置。

二、学习目标

1. 结合 GSP 对药品仓储的要求，能够对药品仓库的建设进行规划和管理。
2. 运用仓储管理知识，实现规范、经济、有效的药品仓储管理。
3. 学会药品分区分类规划、能够进行货位的科学编码。

三、基本知识

1. 库区合理布局

仓库库区合理布局是指在城市规划管理部门批准使用地的范围内，按照一定的原则，把仓库的各种建筑物、道路等各种用地进行合理协调的系统布置，使仓库的各项功能得到发挥。

2. 分区分类规划

分区分类规划是指按照库存物品的性质划分出类别，根据各类物品存储量的计划任务，结合各种库房、货场、起重运输设备的具体条件，确定出各库房和货场的分类存储方案。

3. 药品仓库布局

仓库库区由生产作业区、辅助作业区和行政生活区构成。生产作业区主要进行装卸货、入库、验收、复核、出库等作业，这些作业一般具有流程性的前后关系。辅助作业区和行政生活区内主要进行计划、协调、监督、信息传递、维修等活动，与各储运生产区有作业上的关联性。

4. 药品库区布局的基本原则

（1）便于储存保管原则　仓库总体布局要为保管药品创造良好的环境，提供适宜的条件，便于对药品库存进行储存保管。

（2）利于作业优化原则　仓库的布局要有利于提高作业的连续性，实现一次性作业，减少装卸次数，缩短搬运距离，使仓库完成一定的任务所发生的装卸搬运量最少，同时还要方便各作业场所和科室之间的业务联系和信息传递。

（3）保证安全原则　仓库布局必须保证防火、防洪、防盗、防爆等，必须符合安全部门规定的要求。

（4）节省建设投资原则　仓库布局应尽可能集中布置供电、供水、排水、供暖、通信等设施，节省建设投资费用。

5. 仓库储存区分类规划的方法

（1）按库存药品储存条件不同进行规划　即按照库存药品要求的储存条件进行分类管理，如普通仓库（常温库），指用于存放未规定特殊温湿度要求，且储存条件为 $10 \sim 30℃$ 的药品的仓库；阴凉库，指用于存放储存条件为不超过 $20℃$ 的药品的仓库；冷藏库（冷库），指用于存放储存条件要求 $2 \sim 8℃$ 的冷藏药品的仓库。

（2）按库存药品剂型性质不同进行规划　即按照库存药品剂型性质进行分类管理，品名或外包装容易混淆的品种，应分区存放；固体、半固体、液体药品应分开存放。如片剂、丸散剂、颗粒剂、胶囊剂、注射剂、糖浆剂、软膏剂、栓剂、气雾剂、中药材等可以按照大类片剂、针剂、水剂进行分类。

（3）按货主不同进行规划　即根据物品的所有权关系来进行分区分类管理，尤其是部分独家代理、销售量大的药品厂家，货量大发货频率高，以便于仓库发货或货主提货。但这种方式非常容易造成货位的交叉占用，以及物品间相互产生影响。

（4）按GSP的管理要求不同进行规划　麻醉药、精神药、医疗用毒性药、放射性药品需要存放于特种仓库，外用药品与其他药品分开存放、中药材和中药饮片要分库存放。

（5）混合货位规划　综合考虑储存条件、药品性质，进行分类保管，专用物品则按使用方向分类保管。药品与非药品、内用药与外用药、处方药与非处方药分开存放。

6. 药品货位编码原则

（1）准确性原则　在货位规划中，一定要将储存区域详细划分并准确编码，根据药品储存量的多少，准确地确定药品所需的货位数量。

（2）合适性原则　根据不同的储区货位和药品的周转情况，选择合适的储存要求、储存单位、储存策略和指派法则，将药品合理地放在预备的储存位置上。

（3）唯一性原则　性质相同或保管条件相近的药品需要集中储存，并安排在条件适宜的库房或货场，但是每一个货位对应的编码是唯一的，不能有混淆，每一药品有明确的准确的位置。

7. 货位编码的作用

货位编码的作用包括可以确定货位资料的正确性，可以提供电脑相对的记录位置以供识别，可以提供进出货、拣货、补货等人员存取货品的位置依据，以便货品进出上架及查询，节省重复找寻货品的时间且提高工作效率，可以提高调仓、移仓的工作效率，可以方便盘点，让仓储及采购管理人员了解掌握储存空间，以控制货品存量，可避免货品乱放堆置致使过期而报废，并可有效掌握存货而降低库存量。

四、能力训练

（一）操作条件

1. 人员：应具有药学或者医学、生物、化学等相关专业中专以上学历或者具有药学初级以上专业技术职称，定期接受包括药品法律法规、药品知识、职业道德等内容的教育或培训。

2. 设备、器具：计算机、WMS 仓储管理系统、托盘、货架、美工刀、打印机、笔、货位标签、红 / 黄 / 绿三色地贴纸、散件药品、整件药品等。

3. 资料：《药品经营质量管理规范》（现行版）等。

4. 环境：模拟药品仓库。

（二）安全及注意事项

1. 模拟药品仓库环境温度：阴凉库不超过 20℃，冷藏库 2 ～ 8℃，常温库 10 ～ 30℃。相对湿度应控制在 35% ～ 75%。场地干净整洁，符合 GSP 要求。

2. 药品货位布置要注意"五距"："五距"指的是墙距、地距、垛距、顶距和散热管道距达到规定要求。GSP 要求药品与地面要大于 10cm。

（三）操作过程

序号	实施步骤	操作方法及说明	操作标准/注意事项
1	设计布局	（1）根据仓库的面积、建筑物的位置划分不同功能区域 （2）各区域布置消防所需设施、疏散通道	（1）药品储存作业区、辅助作业区、办公生活区应分开一定距离或有隔离措施，装卸作业场所应有顶棚 （2）安全防火要求：库区应有符合规定要求的消防、安全措施，如烟感报警器、消防栓、消防水枪、沙土箱、消防卷帘门等
2	规划分区	（1）按库存药品储存条件不同进行规划 （2）按库存药品剂型性质不同进行规划 （3）按货主不同进行规划 （4）按GSP的管理要求不同进行规划 （5）混合货位规划	（1）按照库存药品要求的储存条件进行分类存储，常温库设置为10～30℃，用于存放未规定特殊温湿度，且储存条件为10～30℃的药品的仓库；阴凉库设置为0～20℃，指用于存放储存条件20℃的药品；冷藏库（冷库）一般设置2～8℃，用于存放储存条件2～8℃的冷藏药品 （2）按照库存药品剂型性质进行分类管理，品名或外包装容易混淆的品种，应分区存放；固体、半固体、液体药品应分开存放。如片剂、丸散剂、颗粒剂、胶囊剂、注射剂、糖浆剂、软膏剂、栓剂、气雾剂、中药材等可以按照大类片剂、针剂、水剂进行分类； （3）根据物品的所有权关系来进行分区分类管理，尤其是部分独家代理、销售量大的药品厂家，货量大发货频率高，以便于仓库发货或货主提货。但这种方式非常容易造成货位的交叉占用，以及物品间相互产生影响 （4）麻醉药、精神药、医疗用毒性药、放射性药品需要存放于特种仓库，外用药品与其他药品分开存放、中药材和中药饮片要分库存放，特种仓库的硬件设施及安全防盗设施要符合法规要求 （5）综合考虑储存条件、药品性质，进行分类保管，药品与非药品、内用药与外用药、处方药与非处方药分开存放

序号	实施步骤	操作方法及说明	操作标准/注意事项
3	划分货位	（1）规划好分区分类后，为了存储药品需要划分货位 （2）货位的布置方式 （3）货位通道布置需要考虑叉车等设备工具的使用	（1）规划货位是解决药品存放方法和排列位置的重要环节，根据药品的外形、包装与合理的堆码方法及操作要求，结合保管场地的地形，规划各货位的分布和货架的位置 （2）货位的布置方式有横列式、纵列式和混合式三种，横列式指货垛与库房的宽平行，若货垛与库房的宽垂直排列，就是纵列式。两者都有，则为混合式，货位的长和宽要与库房的长和宽成可约的倍数，以便提高库房面积利用率 （3）货位的通道，分为运输通道（主通道）、作业通道（副通道）和检查通道。运输通道供装卸搬运设备在库内行走，其宽度主要取决于装卸搬运设备的外形尺寸和单元装载的大小，药品运输主通道宽度>2m，作业通道是供作业人员存取搬运物品的走行通道。其宽度取决于作业方式和货物的大小。一般情况下，使用标准地垫的作业通道的宽度为1m左右，检查通道是供仓库管理人员检查库存货品的数量及质量行走的通道，其宽度只要能使检查人员自由通行即可，一般为0.5m左右 （4）划分货位时需先根据仓库的长宽及标准货位的长宽计算可以划分的货位数量，并且不同巷道的货位需要预留通道宽度、预留离墙距离30cm，货位之间预留垛间距5cm。一般计算方法为（仓库总长度-2m-0.3m）/（1m+0.05m）得出的整数即为可划组数，（仓库总宽度-0.3m×2）/（1.2m+1m）得出的整数即为可划列数，组数×列数=总货位数量
4	编码货位	划分好货位后，为了方便记忆和记录，需要对货位进行编码	可以用以下7种方法编码货位，现代仓库中应用较多的是混合编号法 （1）数字顺序法是指从1开始一直往下的编码方法，属于延展式的编码方法，若使用数字顺序法进行编码，那么为了了解编码意义，需要配备编号索引 （2）数字分段法是数字顺序法的一种变形，更易于查询药品位置，需要先把数字分段，每一段代表一类药品的共同特征，为了了解编码意义，需要配备交叉索引 （3）分组编号法是指把药品的特征分成四个数字组，再根据实际需要规定每个数字的位数 （4）实际意义编号法是用药品的实际意义进行编号，可以使用药品的处方类型、规格、来源、生产厂家等进行储位编码，如ZCY KL 1015，ZCY 代表中成药，KL代表颗粒剂，1015代表10袋×15g/袋的规格 （5）后位数编号法是用编号标识最后的数字，对同类货物进行进一步的细分，如01代表西药，02代表中药 （6）暗示编号法是用数字和文字组合来进行货位编号的一种方法，编号本身就暗示了药品信息，这种方法的优点是容易记忆 （7）混合编号是使用英文字母和阿拉伯数字组合作为药品货位编码的方法，一般英文字母代表药品的类别和名称也可代表库区的类型，同时通过不同分段的数字代表货位所在的排、列、层等含义，这类方法目前使用较为广泛，如WYZJ-01-02代表外用药整件区01排02列，若是货架货位可再加一组数字代表层数

💡 问题情境一

某大型医药物流有限公司需要新建一个综合性的医药物流中心，政府规划用地有50亩（1亩=666.67m²），规划的该物流中心存储规模有50万件，做库区布局规划时，该企业共设计了两栋独立建筑，一栋作为食堂与宿舍，另一栋为仓储中心楼，该企业将行政办公区设置在了仓储中心库的存储区内，请问这样的设计实际是否合理？

解答：不合理，因为仓储中心楼是生产作业区，一般要求生产作业区应与行政作业区进行隔离，保持适当的距离。

问题情境二

某医药物流公司建设了一个医药物流仓储中心,仓库共五层,储存药品类别有麻醉药品、精神药品、冷藏药品、阴凉药品、常温药品、中药材、中药饮片等,请你根据GSP管理要求,为这家企业规划分区分类。

解答:根据该企业储存的药品类别以及储存作业的动线,应该设置收货区、待验区、合格品区、发货区、不合格品库(区)、退货库(区)等专用场所,根据存储药品的类别还应设置特殊管理药品库、中药饮片库、中药材库、冷藏药品库、阴凉库、常温库。

(四)学习结果评价

序号	评价内容	评价标准	评价结果(是/否)
1	设计布局	能进行仓库的布局设计,能根据仓库的面积、建筑物的位置划分不同功能区域,了解各区域所需布置的消防设施、疏散通道	
2	规划分区	能按库存药品储存条件、药品剂型性质、货主、药品的管理要求等不同,合理规划分区分类	
3	划分货位	能依据仓储面积、使用运输设备、地垫等科学划分货位,充分提高仓储面积利用率	
4	编码货位	能根据仓库的存储特性、药品的特性科学合理地进行货位编码	

五、课后作业

1. 请简述货位编码原则。

2. 请简述货位编码的作用。

3. 某大型医药物流公司一间冷库长30m,宽27m,使用平置托盘存储,托盘尺寸为1.2m×1m,日常作业设备为手动液压车,转向通道的宽度需要1.5m,请问主通道需要多少米宽度,并计算最多可摆放多少个货位?

A-3-2 能进行设施设备配置管理

一、核心概念

1. 仓储设施设备

仓储设备是指仓储业务所需的所有技术装置与机具,即仓库进行生产作业或辅助生产作业以及保证仓库和作业安全所必需的各种机械设备的总称。

2. 装卸和搬运

根据国家标准《物流术语 Logistics terminology GB/T 18354—2021》,装卸是指在运输工具间或运输工具与存放场地(仓库)间,以人力或机械方式对物品进行载上载入或卸下卸出的作业过程;搬运则是指在同一场所内将,以人力或机械方式对物品进行空间移动的作业过程。

3. 货架

根据国家标准《物流术语 Logistics terminology GB/T 18354—2021》,货架是指由立柱、

隔板或横梁组成的立体储存药品的设施。货架在发零业务量大的仓库中起着很大的作用，既能够有效保护药品、方便药品的存取与进出业务，又能够提高仓库空间的利用率，是仓储面积的扩大和延伸。

4. 托盘

国家标准《物流术语》对托盘的定义是运输、搬运和存储过程中，将物品规整为货物单元时，作为承载面并包括承载面上辅助结构件的装置。

二、学习目标

1. 掌握仓储设施设备的功能及类型，熟悉新型货架的结构和特点；了解装卸、搬运设备的类型。
2. 掌握常用设备的性能、特点和使用要求，了解医药产品常用的养护、计量及分拣设备。
3. 学会根据 GSP 管理要求及仓储作业需求科学合理配置设施设备。
4. 了解药品运输设备的基本知识，能够选用适宜的运输工具。

三、基本知识

1. 仓储设施设备的特点

仓储设备具有起重、装卸、搬运、储存和堆码的功能。由于它是为在特定的作业环境完成特定的物料搬运作业而设计的，因而具有一些共性。

（1）搬运要求较高，对速度的考虑较低　由于仓储机械主要作用于药品的移动和起升，因此其作业范围相对较小，对药品的搬运要求高，但对速度上的考虑较低。

（2）运动线路较固定　由于作业场所的限制，且作业场所较固定，因此仓储机械的运动线路也比较固定。

（3）专业化程度高　仓储作业由一系列实现特定功能的作业环节或工序组成，但各工序的功能较单一，而工序间的功能差别一般较大，为提高工作效率，使得仓储机械的专业化程度越来越高。

（4）标准化程度高　一方面，药品流通各环节对药品的外观和包装提出了标准化要求；另一方面，药品包装的标准化也促进了物流设备包括仓储机械设备的标准化。

（5）机械化、自动化程度高　随着条码技术、光学字符识别技术、磁编码识别技术、无线电射频识别技术、自动认证技术、自动称重技术和计数技术的广泛应用，现代仓储设备的自动化程度大大提高。

（6）节能性和经济性要求高　仓储过程作为流通领域或企业物流必不可少的环节，为实现商品的价值起到了极其重要的作用，因此为控制仓储成本，在设计和选用仓储机械时，必须考虑其节能性和经济性。

（7）环保性要求　仓储机械由于作业环境特殊性，必须严格控制其对环境的污染程度。

（8）安全性要求　在仓储作业过程中，要在复杂的环境和有限的空间中保证人员、设备和药品的安全，对仓储机械的安全性要求很高。

（9）准确性要求　在仓储作业过程中，对于储存条件限制较高的药品，计量仪器的数据成了是否采取适当措施改善现有储存条件的主要依据，其计量准确性，对药品的安全性至关重要。

2. 仓储设备的选择原则

在选择仓储机械设备时，应对仓储机械的技术经济指标进行综合评价，应遵循以下原则。

（1）与作业量、作业频率相适应原则　仓储机械设备的型号应与仓库的作业量、出入库作业频率相适应，仓储机械设备的型号和数量应与仓库的日吞吐量相对应，仓库的日吞吐量与仓储机械的额定起重量、水平运行速度、起升和下降速度以及设备的数量有关，应根据具体的情况进行选择。同时，仓储机械的型号应与仓库的出入库频率相适应：对于综合性仓库，其吞吐量不大，但是其收发作业频繁，作业量和作业时间很不均衡，应该考虑选用起重载荷相对较小，工作繁忙程度较高的机械设备；对于专用性仓库，其吞吐量大，但是其收发作业并不频繁，作业量和作业时间均衡，应该考虑选用起重载荷相对较大，工作繁忙程度较小的机械设备。

（2）计量与搬运同步原则　计量和搬运作业应同时完成，有些仓库，需要大量的计量作业，如果搬运作业和计量作业不同时进行，势必要增加装卸搬运的次数，降低了生产效率，所以希望搬运和计量作业同时完成。例如，在皮带输送机上安装计量感应装置，在输送的过程中，同时完成计量工作。

（3）自动化原则　选用自动化程度高的机械设备，要提高仓库的作业效率，应从药品和作业机械两个方面着手。从药品的角度来考虑，要选择合适的货架和托盘。托盘的运用大大提高了出入库作业的效率，选择合适的货架同样使出入库作业的效率提高；从机械设备的角度来考虑，应提高机械设备的自动化程度，以提高仓储作业的效率。

（4）经济性原则　注意仓储设施设备的经济性，选择装卸搬运设备时，应该根据仓库作业的特点，运用系统的思想，在坚持技术先进、经济合理、操作方便的原则下，企业应根据自身的条件和特点，对设备进行经济性评估，选择合适的机械设备。

3. 装卸搬运设备

仓库的装卸搬运活动通常是指药品在仓库内部移动，以及在仓库与运输车辆之间的移动，是仓库内部不可缺少的物流环节。装卸搬运活动是否合理不仅影响运输和仓库系统的运作效率，而且影响企业整个系统的运作效率。因此，在仓库建设规划时，选择高效、柔性的装卸搬运设备，对仓库进行装卸搬运组织，加快进出库速度，提高作业效率是十分必要的。装卸搬运设备通常分为三类：装卸堆垛设备、搬运传送设备、托盘。

（1）装卸堆垛设备　叉车（图A-3-2-1）在仓储作业过程中，是比较常用的装卸设备，有万能装卸机械之称。其种类很多。叉车是指具有各种叉具，能够对药品进行升降和移动以及装卸作业的搬运车辆。它具有灵活、机动性强、转弯半径小、结构紧凑、成本低廉等优点。

图A-3-2-1　叉车

堆垛机（图A-3-2-2）是专门用来堆码或提升药品的机械。普通仓库使用的堆垛机是一种构造简单、用于辅助人工堆垛、可移动的小型药品垂直提升设备。这种机械的特点是：构造轻巧，人力推移方便，能在很窄的走道内操作减轻堆垛工人的劳动强度，且堆码或提升高度较高，仓库的库容利用率较高，作业灵活。所以在中小型仓库内广泛使用。它有桥式堆垛机、巷道式堆垛机等类型。

图A-3-2-2　堆垛机

（2）搬运传送设备　输送机（图A-3-2-3）是一种连续搬运药品的机械，其特点是在工作时连续不断地沿同一方向输送散料或者重量不大的单件药品，装卸过程无须停车。其优点是生产率高、设备简单、操作简便。缺点是一定类型的连续输送机只适合输送一定种类的药品，只能沿一定线路定向输送，因而在使用上具有一定局限性。

图A-3-2-3　输送机

根据用途和所处理药品形状的不同，输送机可分为带式输送机、辊子输送机、链式输送机、重力式辊子输送机、伸缩式辊子输送机、振动输送机、液体输送机等。

（3）电动托盘搬运车　电动托盘搬运车（图A-3-2-4）是一种轻小型仓储工业车辆，以蓄电池为动力，直流电机驱动，液压工作站提升，操纵手柄集中控制，站立式驾驶。电动托盘搬运车作业方便、平稳、快捷；外形小巧、操作灵活；低噪声、低污染，能在商场、超市、仓库、货场、车间等场所作业，尤其适合食品、药品、纺织、印刷等轻工行业使用。

图A-3-2-4　电动托盘搬运车

（4）托盘　托盘是使静态货位转变为动态货位的媒介物，是一种活动的载货平台。可分为多个类型：平托盘（图 A-3-2-5）几乎是托盘的代名词，使用范围最广，利用数量最大，通用性最好。根据材料分为木质平托盘、金属托盘、塑料托盘、复合材料平托盘以及纸质平托盘，详见表 A-3-2-1 平托盘按材料的分类及特点。

表A-3-2-1　平托盘的分类及特点

分类	特点
木质类	用木质或竹质材料制成。价格便宜，抗弯强度大，承载能力大，易修补，不易变形，在全世界用量最广泛。使用寿命较短
纸质类	多为蜂窝状结构，具有重量轻、韧性好、不易变形、抗压、抗冲击、防震、隔热、隔音、绿色环保等特点
金属类	一般质地为不锈钢，多用于地面、货架存储及货物联运、周转等。在托盘中承载能力最强、安全可靠；承载量大、经久耐用、使用寿命长，可回收利用。与木质托盘相比更为环保，与塑料托盘相比在强度、耐磨、耐温方面更具优势
塑料类	价格便宜，质地较轻，使用方便，具有防滑功能、耐腐蚀，平均使用寿命与钢托盘相仿。多用于食品、医药、物流运输、仓库搬运存储等行业
复合材质类	多为塑木复合材料制成。具有高强度、韧性好、不变形、不吸潮、不霉蛀、抗腐蚀、耐老化、易加工、低成本、可回收、无污染等优点。用途广泛，适用于医药、化工、饮料、烟草、建筑等行业的仓储和物流

图A-3-2-5　托盘

4. 保管设备

保管设备是用于保护仓储商品质量的设备，主要有以下几种：苫垫用品和存货用具，苫垫起遮挡雨水和隔潮、通风等作用，采用专用苫垫材料对货垛进行遮盖，多用在露天堆场，可减少自然环境中的阳光、雨雪、刮风、尘土等对物品的侵蚀、损害，以保护物品存储期内的质量。常用的苫垫材料有：帆布、芦席、竹席、塑料膜、油布等。存货用具包括各类型的货架、货橱。

货架（图A-3-2-6、图A-3-2-7）是现代化仓库提高效率的重要工具，目前仓库中所用到的货架种类越来越趋向于自动化、智能化，货架在批发和零售的仓库，特别是立体仓库中具有很大作用。

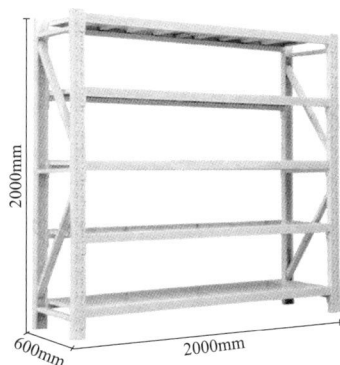

图A-3-2-6　普通隔板货架　　　　图A-3-2-7　电子标签货架

药品企业必须有防尘、防潮、防霉、防污染以及防虫、防鼠、防鸟等设备；有符合安全用电要求的照明设备。

5.计量设备

计量设备是商品进出库的计量、点数，以及在库盘点、检查中经常使用的度量衡设备，如电子秤（图A-3-2-8）。

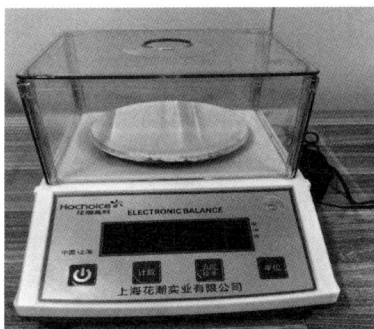

图A-3-2-8　电子秤

6.养护检验设备

养护检验设备是指商品进入仓库验收和在库内保管测试、化验以及防止商品变质、失效的机具、仪器。如温度仪（图A-3-2-9）、测潮仪、电热恒温干燥箱（图A-3-2-10）等。

7.消防安全设备

消防安全设备是仓库必不可少的设备，包括报警器（图A-3-2-11）、灭火器（图A-3-2-12）、消防车、手动抽水器、水枪、消防水源、砂土箱、消防云梯等。

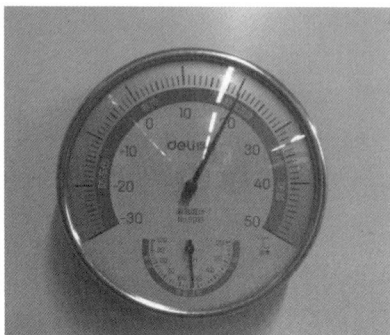

图A-3-2-9 温度仪

图A-3-2-10 电热恒温干燥箱

图A-3-2-11 报警器

图A-3-2-12 灭火器

8. 温湿度监测与调控设备

药品企业根据所经营药品的储存要求，应设置不同温、湿度条件的库房。其中冷库温度应达到 2 ～ 10℃；阴凉库温度不超过 20℃；常温库温度为 0 ～ 30℃；各库房相对湿度应保持在 45% ～ 75%。温度调控设备有空气调节器即空调，是用人工手段对建筑物环境空气的温度、湿度、洁净度、流速等参数进行调节和控制的设备，常用的有风冷式柜式空调、风冷吊顶式空调、水源热泵式空调、除湿机（图 A-3-2-13）等。

储存药品的仓库及冷藏、冷冻条件运输设施设备均应配备温（湿）度在线监控系统。系统应对商品储存过程中的温湿度状况和冷藏、冷冻商品运输过程的温度状况进行实时自动监测和记录。

图A-3-2-13 除湿机

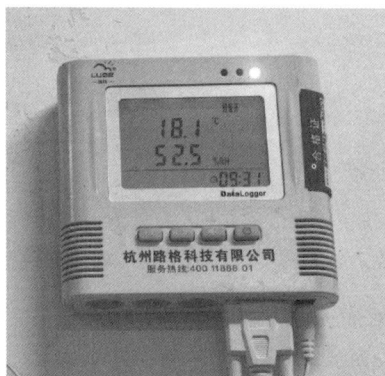

图A-3-2-14 温度监测终端

温湿度自动监测系统应具有实时监测、传送、报警、记录和数据存储、查询功能，其数据通信技术应能与药品监督管理部门的药品储存温湿度在线监管系统对接。系统由测点终端（图 A-3-2-14）、管理主机、不间断电源以及相关软件（图 A-3-2-15）组成。系统的数据格式应为记录仪数据格式，不能随意更改。

图A-3-2-15　温湿度监测软件系统

9. 自动分拣设备

自动分拣设备是自动控制的分拣装置，由接受分拣指令的控制装置、把到达货物取出的搬送装置、分拣货物的装置和存放货物的暂存装置等组成。

自动分拣系统（图 A-3-2-16）是现代化配送中心所必需的设施条件之一，可以把分拣的前后作业连接起来，从而使分拣作业实现自动化，自动分拣系统一般由控制装置、分类装置、输送装置及分拣道口组成，具有很高的分拣效率，是提高物流配送效率的一项关键因素，又具有一次性投资巨大，对物品外包装要求高，需要相应大量业务量支持的缺点。

图A-3-2-16　自动分拣线

10. 医药商品信息采集设备

各种物流信息技术已经广泛应用于物流活动的各个环节，比如条码技术、电子数据交换（EDI）技术、射频识别技术（RFID）、订单管理系统（OMS）、仓储管理系统（WMS）、运输管理系统（TMS）等，在医药商品信息采集领域广泛应用的信息技术及设备有：条码扫描器（图 A-3-2-17）、射频识别设备、电子数据交换，物联网与传感器等。

图A-3-2-17　条码扫描器

11. 冷链设施设备

冷链设备是从供应链角度来定义的，是指用于制造低温、低湿环境的设备。常用的冷链设备有：冷库、冰箱、冷藏车、冷藏箱、冰排等。

医药冷库（图 A-3-2-18）主要用于冷藏储存在常温条件下无法保质的各类医药产品，GSP 要求冷库与经营规模和品种相适应；储存疫苗应配备两个以上独立冷库；冷库温度自动监测、显示、记录、调控、报警；制冷设备有备用发电机组或者双回路供电系统，可分为冷藏库和冷冻库（表 A-3-2-2）。

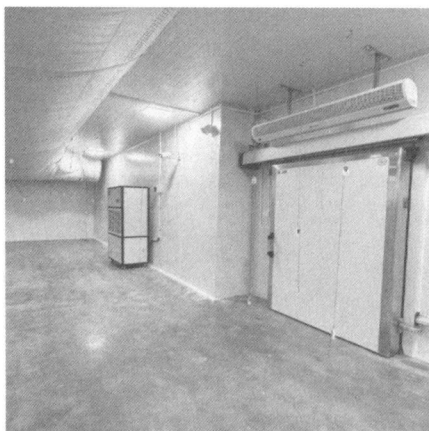

图A-3-2-18　冷库

表 A-3-2-2　冷库按储存温度的分类和特点

冷库分类	冷库特点
冷藏库	温度一般为2～8℃，制冷速度快，通常采用全智能温度控制，多为组合式冷库
冷冻库	温度一般为-25～-10℃，库内温度相对稳定，保温性好

冷藏车是指用来维持冷冻或保鲜的货物温度的封闭式厢式运输车（图 A-3-2-19），冷藏车按车厢型式可分为面包式冷藏车、厢式冷藏车、半挂式冷藏车三类。冷藏车应具备密封性、制冷性、轻便性、隔热性好等特点。

图A-3-2-19 冷藏车

冷藏箱具有表面光滑、容易清洗、保温性好、不怕碰摔的优点，针对不同的需要设计不同大小、配合冰排、冰袋使用。不论哪种形式的冷藏箱，通常具有耐热、耐冷、密封、保鲜、环保等特点。

冷藏箱主要有主动制冷和被动蓄冷两种形式，主动制冷式冷藏箱需要通过消耗其他能量来起到制冷效果，被动蓄冷冷藏箱（图 A-3-2-20）属于不耗能的冷藏设备，一般使用冰排蓄冷剂达到保温效果，适用于各种中远距离低温药品运输。

图A-3-2-20 冷藏箱

12. 运输设施设备

药品运输具有时效要求强、安全性要求高、服务便利性、经济效益性、运输特殊性等显著特点，药品运输的设施设备根据不同的运输形式主要有以下这些。

① 公路运输常见的运输车辆有：挂车、厢式货车、罐式挂车、冷藏车、集装箱牵引车和挂车等。

② 铁路运输设备常用于货运，主要有棚车、敞车、平车、罐车、保温车等。

③ 水路运输设备以船舶为主要运输工具，主要有干散货船、冷藏船、集装箱船等。

④ 航空运输设备主要涉及航空港和航空器两个方面。

GSP 规定运输药品过程中运载工具应当保持密闭。

四、能力训练

（一）操作条件

1. 人员：应具有药学或者医学、生物、化学等相关专业中专以上学历或者具有药学初级以上专业技术职称，定期接受包括药品法律法规、药品知识、职业道德等内容的教育或培训。

2.设备、器具：计算机、WMS 仓储管理系统、托盘、货架、美工刀、打印机、笔、货位标签、红、黄、绿三色地贴纸、散件药品、整件药品等。

3.资料：《药品经营质量管理规范》（现行版）等。

4.环境：模拟药品仓库。

（二）安全及注意事项

1.模拟药品仓库环境温度阴凉库不超过 20℃，冷藏库 2 ～ 8/10℃，常温库 10 ～ 30℃，相对湿度应控制在 35% ～ 75%。场地干净整洁，符合 GSP 要求。

2.药品仓库要符合安全防火要求：库区应有符合规定要求的消防、安全措施。

（三）操作过程

序号	实施步骤	操作方法及说明	操作标准/注意事项
1	装卸搬运设备的配置	（1）依据仓库经营需要配置 （2）装卸机械设备的型号应与仓库的作业量、出入库作业频率相适应 （3）装卸搬运设备的数量应与仓库的日吞吐量、周转率相对应	（1）对于作业量大、作业频繁的仓库，考虑配备作业能力较强的大型专用机械设备 （2）作业量小、作业不频繁的仓库，根据作业量的平均水平，配备构造简单、成本低而又能保持相当作业能力的中小型通用机械设备 （3）整件存储量大、周转频率高的仓库，应配备平置托盘，医药商品平置托盘平均存货件数30～50件/托，可根据存储量及周转率计算需配置的托盘数量，医药仓库以配备塑料托盘为宜
2	保管设备的配置	依据仓库经营需要配置	根据医药仓库的现代化水平可配置电子标签货架、隔板货架，智能化程度高的仓库可配备无人仓库机器人拣货系统
3	计量、养护检验设备的配置	依据仓库经营需要配置	（1）有零货称取作业的中药仓库必须配备电子秤 （2）养护室需要配备的设施设备应包括电子秤、烘干箱等
4	消防安全设备的配置	根据仓库的面积合理配置	应配备消防水枪、消防水源、砂土箱、灭火器等
5	温湿度监测与调控设备配置	根据仓库面积、储存药品的温湿度要求、当地气候特点进行合理配置	（1）药品平面库房或仓间安装的温湿度监测终端数量和位置原则上应当符合GSP要求 （2）每个平面独立库房或仓间至少安装2个监测终端，并均匀分布 （3）平面仓库300m²面积以下至少安装2个监测终端；300m²面积以上每增加300m²至少增加 1 个监测终端；不足300m²面积按300m²计算 （4）温湿度测量设备的最大允许误差应当符合要求，测量范围在0～40℃，温度的最大允许误差为±0.5℃；测量范围在-25～0℃，温度的最大允许误差为±1.0℃；相对湿度的最大允许误差为±5%RH
6	自动分拣设备配置	根据企业经营规模、品种特点进行合理配置	（1）能够根据药品包装相似，分类情况，达到精准分拣，保证药品分拣的正确性，减少误拣、错拣 （2）能够实现对药品连续、快速地大批量分拣
7	医药商品信息采集设备配置	根据企业经营规模、经营品种的管理要求进行合理配置	根据作业场景可配备全角度激光扫描器或者RF无线扫描枪，提高信息采集的效率，降低录入条码的劳动成本
8	冷链设施设备配置	根据企业经营规模、经营品种的管理要求进行合理配置	（1）根据冷藏冷冻药品的储存温度配备符合储存要求的设施设备，可设置2～8℃冷藏库、-25～-10℃冷冻库等 （2）根据出库量配备不同规格大小的冷藏箱或者保温箱，冷藏箱、保温箱应当符合冷藏药品运输过程中对温度控制的要求，具有外部显示盒采集箱体内温度数据的功能
9	运输设施设备的配置	根据企业经营规模、经营品种的管理要求进行合理配置	（1）运输冷藏冷冻药品的冷藏车应当符合药品运输过程中对温度控制的要求，具有自动调控温度、显示温度、存储和读取温度监测数据的功能 （2）运输阴凉常温药品应配备封闭式厢式货车

问题情境一

某大型医药物流有限公司仓库储存的药品有2～8℃、–25～–10℃两个温度区间，请问该公司应配备什么样的设施设备进行存储？并简述这类设施的特点。

解答：存储冷藏冷冻药品的仓库应配备可自动监测、显示、记录、调控、报警的温度监测调控设备，冷库的制冷设备应配备备用发电机组或者双回路供电系统。根据2～8℃、–25～–10℃两个温度区间配置冷藏库和冷冻库。冷藏库的特点是温度一般为2～8℃，制冷速度快，通常采用全智能温度控制，多为组合式冷库，冷冻库的特点是温度一般为–25～–10℃，库内温度相对稳定，保温性好。

问题情境二

某医药物流公司建设一个月平均库存量约10万件的仓库，需要采购一批平置托盘，根据药品的体积预估，1.1m×1.2m的托盘可存放40件/托，库存周转率约30天，请问需采购多少个托盘才能满足存储需求？

解答：根据月平均库存量、库存周转率可知，月吞吐量约20万件，需采购5000个托盘才能满足存储需求。

（四）学习结果评价

序号	评价内容	评价标准	评价结果（是/否）
1	装卸搬运设备的配置	能依据仓库经营需要配置；使装卸机械设备的型号与仓库的作业量、出入库作业频率相适应，装卸搬运设备数量应与仓库的日吞吐量相对应	
2	保管设备的配置	能够依据仓库经营需要配置保管设备	
3	计量、养护检验设备的配置	依据仓库经营需要配置计量、养护检验设备	
4	消防安全设备的配置	根据仓库的面积合理配置消防安全设备	
5	温湿度监测与调控设备配置	根据仓库面积、储存药品的温湿度要求、当地气候特点合理配置温湿度监测和调控设备	
6	自动分拣设备配置	根据企业经营规模、品种特点合理配置自动分拣设备	
7	医药商品信息采集设备配置	根据企业经营规模、经营品种的管理要求合理配置信息采集设备	
8	冷链设施设备配置	根据企业经营规模、经营品种的管理要求合理配置冷链设施设备	
9	运输设施设备的配置	根据企业经营规模、经营品种的管理要求合理配置运输设施设备	

五、课后作业

1. 请简述运输冷藏药品所必须符合的设施设备要求，以及相关设备的特点。
2. 请简单概括医药仓储装卸搬运设施设备的分类。
3. 某大型医药物流有限公司，仓库面积8500m²，请问至少需要安装多少个温湿度监测终端？

A-3-3 能建立设施设备档案和维修保养记录

一、核心概念

1. 设施设备档案

设施设备档案是指设备从规划、设计、制造、安装、调试、使用、维修、改造、更新直至报废的全过程中形成的图纸、文字说明、凭证和记录等文件资料，通过不断收集、整理、鉴定等工作建立的档案。这些档案文件是设备管理工作的重要组成部分，为设备的正常运行及维护保养提供了基本的技术支持。

2. 设施设备维修保养

设备维修保养是指对设备进行定期或不定期的检查、维护、修理和更新，以确保设备能够保持或恢复其正常的工作状态，满足生产或使用的需求。这一过程包括对设备的清洁、润滑、紧固、调整、更换易损件、检查安全装置等，以及针对设备故障进行的诊断和修复工作。

3. 维修保养记录

维修保养记录的定义是指对车辆（或设备）在使用过程中进行维修和保养活动时所做的详细记录。维修保养记录的目的在于记录和追踪设备的维护情况，确保设备的正常运转。这些记录对于设备的正常运行至关重要，可以及时发现和解决存在的问题，帮助设备管理人员更好地管理设备，提高设备的可靠性和稳定性，维修保养记录是设备维修的重要依据，对于设备故障的排查和维修具有指导意义。

二、学习目标

1. 能进行仓储设施设备的管理，确保设施设备正常运行。
2. 会建立仓储常用设备档案，并对档案进行管理。
3. 会建立维修保养记录。

三、基本知识

1. 建立设施设备档案

设备购入后，设备工程师应参与设备安装调试和运行验证，收集相关的档案资料，对设备编号建档。较复杂的仪器设备应由使用部门制订相应的操作规程，同时收入档案中。

2. 设施设备档案内容

设备档案内容应包括：设施设备基本信息表、设施和设备采购和安装文件，使用说明书等技术资料，维修保养记录，改造更新记录、检定或校正证书等，复杂的设施设备还可建立操作规程等。

3. 建立维修保养记录

建立设施设备的维修保养记录是确保设备稳定运行、延长使用寿命、提高生产效率和保障安全的重要措施。有效管理和记录设施设备的维修保养工作关键步骤一般有：制订标准化记录模板，明确保养计划与周期，严格执行并记录，审核与归档，数据分析与改进。

4. 设施设备档案和维修保养记录的管理

（1）设施设备应按照说明书或相应操作规程的要求进行操作；操作人员必须熟悉其性能和正确的使用方法，主要仪器设备，如快速水分测定仪等养护室仪器及调节库房温湿度的空调等，使用完毕应在"设备（仪器）使用记录"中做好使用记录。

（2）应对各种设施设备进行管理，设备人员按规定对设施设备进行检查、维护和清洁保养，出现问题时及时维修或送修，并建立记录档案。

（3）冷库、阴凉库和常温库的空调机组由设备人员负责管理、维护。空调运行时，每天查看一次机组运行情况，并做好空调设备每日运行记录，发现问题及时解决，每季度检修一次并记录检修情况。

（4）冷库、阴凉库、常温库、恒温库及冷藏车、冷藏箱、保温箱的自动监测、调控、显示、记录温度和自动报警设备每季度定期检修保养一次，平时由设备人员负责日常的维护。

（5）机械式温湿度计、药品验收养护用仪器一般由养护员负责日常的检查、维护和保养并建立相应的管理档案，检查、保养周期可视不同仪器情况而定，不少于每月一次。

（6）涉及现代物流的设施设备由设备人员每季度定期检修保养一次并记录。

（7）消防、安全设施一般由安全或者设备人员负责日常监管，专业的消防设施管理人员负责维护管理，确保遇到紧急情况时能正常使用。

（8）其他设施设备至少应每季检查、维护、保养一次并记录。

（9）设施设备主要部件损坏或性能老化时，应立即采取补救措施。设施设备未修复前，应粘贴"待维修"的标识。

（10）如果设施设备损坏后已无法修复，应立即向上级申请做报废处理，同时购置新的设备。

5. 设施设备档案的表式

新购入或接收的设施设备要填写设施设备档案信息汇总表，不同企业使用的设施设备档案表的记录样式有所差异，但一般包含设备名称、设备型号、设备规格、生产厂家、出厂编号、数量、使用部门等信息，详见表 A-3-3-1。

对设施设备维修后，要填写设施设备维修记录表，一般包含设备名称、设备型号、设备规格、厂家、维修日期、维修结果、维修部门/人员等信息，详见表 A-3-3-2。

定期对设施设备进行保养后，要填写设施设备保养记录，一般包含设备名称、设备型号、设备规格、厂家、保养日期、清洁保养内容等，详见表 A-3-3-3。

设施设备应按说明书或相应操作规程的要求进行操作，操作人员必须熟悉其性能和正确的使用方法，主要仪器设备，如快速水分测定仪等养护室仪器及调节库房温湿度的空调等，使用完毕应在设施设备使用记录中做好使用记录。详见表 A-3-3-4。

表 A-3-3-1　设施设备档案信息汇总表

序号	设备名称	设备型号	设备规格	生产厂家	出厂编号	安装位置	数量	使用部门

表 A-3-3-2　设施设备维修记录表

设备名称			型号、规格			
厂　家			购入日期			
使用地点						
维修记录						
日 期	维修内容	维修结果	维修部门/人员	日 期	维修内容	维修结果	维修部门/人员

表 A-3-3-3　设施设备保养记录

设备名称		型号、规格			
制造厂		购入日期		使用地点	
备　注					
清洁、保养记录					
日 期	项　　目		设备运行是否正常		操作人
年 月 日					
年 月 日					
年 月 日					
年 月 日					

表 A-3-3-4　设施设备使用记录

设施设备使用记录					
设施设备名称：			设施设备编号：		
使用日期	使用时间	用途	设备情况	使用人	备注

四、能力训练

（一）操作条件

1.人员：应具有工程类、自动化类等设备设施相关专业（优先）或者药学、生物、化学等相关专业中专以上学历或者具有药学初级以上专业技术职称，定期接受包括药品法律法规、药品知识、职业道德等内容的教育或培训。

2.设备、器具：计算机、WMS 仓储管理系统、仓储设施设备等。

3.资料：《药品经营质量管理规范》（现行版）等。

4.环境：模拟药品仓库。

（二）安全及注意事项

1.模拟药品仓库环境温度阴凉库不超过 20℃，冷藏库 2～8℃，常温库 10～30℃，相对湿度应控制在 35% ～ 75%。场地干净整洁，符合 GSP 要求。

2.记录的填写要及时、真实、内容完整，手工记录时必须使用黑色签字笔或钢笔按规范填写，字迹清晰，不得随意撕毁、涂改。

（三）操作过程

序号	实施步骤	操作方法及说明	操作标准/注意事项
1	建立设施设备档案	（1）填写设备基本信息 （2）收集采购和安装文件 （3）收集技术资料 （4）及时做好维修和保养记录并归档 （5）发生改造和更新事项，做好记录更新 （6）对设备进行定期校验和检定	（1）填写设备基本信息：有设备名称、型号、规格、技术参数、生产厂家、出厂编号、安装位置等 （2）采购与安装文件：包括设备采购合同、安装验收报告、安装调试记录等 （3）技术资料：制造商提供的技术说明书、操作手册、维护手册、图纸等 （4）维修与保养记录：设备的日常保养记录、定期维修记录、故障处理记录、更换部件记录等 （5）改造与更新记录：设备改造或更新后的技术资料、改造方案、验收报告等 （6）检定与校准记录：对于需要定期检定或校准的设备，其检定或校准报告及证书也是档案的重要组成部分
2	建立维修保养记录	（1）制定标准化记录模板 （2）明确保养计划与周期 （3）严格执行并记录 （4）审核与归档 （5）数据分析与改进	（1）设计记录表：根据设备类型和维修需求，设计包含基本信息（如设备名称、编号、位置）、保养项目、保养周期、执行日期、维修人员、保养内容、更换部件、故障现象、处理措施、维修结果及备注等栏目的记录表，还可考虑使用电子化的记录系统（如ERP、CMMS等），以提高记录效率、便于数据分析和存储 （2）根据设备说明书、厂家建议及实际使用情况，制订详细的预防性维护保养计划，明确保养项目和周期，可利用系统工具设置保养提醒，确保按计划执行，避免遗漏 （3）在每次保养或维修时，由维修人员现场填写记录表，确保信息的真实性和及时性，对于故障现象、处理过程、更换部件等要详细描述，必要时可附照片或视频作为佐证 （4）定期对维修保养记录进行审核，检查记录的完整性和准确性，及时发现并纠正问题，将审核后的记录进行归档，便于日后查阅和数据分析 （5）定期对维修保养记录进行数据分析，识别设备故障的常见原因、维修成本的分布情况等信息，根据分析结果，调整保养计划、优化维修策略、改进设备设计或采购决策，以减少故障率、降低维修成本
3	设施设备档案和维修保养记录的操作要求	（1）规范使用并操作施设设备，做好相应记录 （2）设备人员对设备进行管理，并做好维修保养，建立记录档案 （3）空调机组的运行、检修管理 （4）温湿度监测设备的维护和维修保养 （5）验收养护设备的使用、保养 （6）现代物流设施设备保养 （7）消防安全设施设备的管理维护	（1）设施设备应按说明书或相应操作规程的要求进行操作，操作人员必须熟悉其性能和正确的使用方法，主要仪器设备，如快速水分测定仪等养护室仪器及调节库房温湿度的空调等，使用完毕应在"设备（仪器）使用记录"中做好使用记录 （2）设备人员应对各种设施设备进行管理，按规定对设施设备进行检查、维护和清洁保养，出现问题时及时维修或送修，并建立记录档案 （3）冷库、阴凉库和常温库的空调机组每天查看一次机组运行情况，并做好空调设备每日运行记录，发现问题及时解决，每季度检修一次并记录检修情况 （4）冷库、阴凉库、常温库、恒温库及冷藏车、冷藏箱、保温箱的自动监测、调控、显示、记录温度和自动报警设备每季度定期检修保养一次，平时由设备人员负责日常的维护 （5）机械式温湿度计、药品验收养护用仪器一般由养护员负责日常的检查、维护和保养并建立相应的管理档案，检查、保养周期可视不同仪器情况而定，不少于每月一次 （6）涉及现代物流的设施设备由设备人员每季度定期检修保养一次并记录 （7）消防、安全设施一般由安全或者设备人员负责日常监管，专业的消防设施管理人员负责维护管理，确保遇到紧急情况时能正常使用

🔧 **问题情境一**

某大型医药物流有限公司仓库阴凉库有一套自动监测、调控、显示、记录温度和自动报警设备，自 2023 年 7 月投入使用，该公司的设施设备管理制度规定对此类设备要定期进行维修保养，周期为每个季度一次，2024 年 6 月公司质量管理部进行 GSP 内审，抽查设施设备维修保养记录，发现设施设备维修保养记录分别填写了 2023 年 10 月维保一次，2024 年 5 月维保一次，请问这份维修保养记录是否符合 GSP 的管理要求，正确的应该如何记录？

解答：该设施设备维修保养记录不符合 GSP 的管理要求，正确的应该有 2023 年 10 月、2024 年 1 月、2024 年 4 月三次维保记录。

🧲 问题情境二

某医药物流公司购进 5 台运输车、1 台叉车，运输车使用部门是配送中心，平衡重叉车使用部门是仓储中心，相关设备的基本资料如下：① 2 台冷藏车的设备名称是轻型厢式货车（庆铃），设备型号庆铃牌 QL5043XLCBUHAJ，设备规格 5995mm×2270mm×2970mm，生产厂家庆铃汽车股份有限公司，出厂编号 4KH1CN6LB，安装在园区停车场；② 3 台温控车的设备名称是轻型厢式货车（江铃），设备型号新顺达 ZQ25048XLCJM6，设备规格 5995mm×2050mm×2940mm，生产厂家中汽商用汽车有限公司（杭州），出厂编号 JX4D30B6H，安装在园区停车场；③叉车的设备名称是平衡重叉车，设备型号 CPD15SQ-GB2，设备规格 1.6 吨，生产厂家安徽合力股份有限公司，出厂编号 5110103412021S5253，安装在仓库 1 楼。

请设计并完成这些设备的基本信息档案表。

解答：设备的基本信息档案表如下。

序号	设备名称	设备型号	设备规格	生产厂家	出厂编号	安装位置	数量	使用部门
1	轻型厢式货车（庆铃）	庆铃牌 QL5043XLCBUHAJ	5995mm×2270mm×2970mm	庆铃汽车股份有限公司	4KH1CN6LB	园区	2	配送中心
2	轻型厢式货车（江铃）	新顺达 ZQ25048XLCJM6	5995mm×2050mm×2940mm	中汽商用汽车有限公司（杭州）	JX4D30B6H	园区	3	配送中心
3	平衡重叉车	CPD15SQ-GB2	1.6吨	安徽合力股份有限公司	5110103412021S5253	库区1层	1	仓储中心

（四）学习结果评价

序号	评价内容	评价标准	评价结果（是/否）
1	建立设施设备档案	（1）能够填写设施设备基本信息 （2）能够收集采购和安装文件 （3）会收集技术资料 （4）能够及时做好维修和保养记录并归档 （5）能够对发生改造和更新的事项做好记录更新 （6）能对设施设备进行定期校验和检定	
2	建立维修保养记录	（1）会制定标准化记录模板 （2）明确保养计划与周期 （3）能够严格执行并记录 （4）能够审核与归档 （5）数据分析与改进	

序号	评价内容	评价标准	评价结果（是/否）
3	设施设备档案和维修保养记录的操作要求	（1）能够规范使用并操作设施设备，做好相应记录 （2）设备人员应对设备进行管理，并做好维修保养，建立记录档案 （3）掌握空调机组的运行、检修管理 （4）能够进行温湿度监测设备的维护和维修保养 （5）验收养护设备的使用、保养 （6）了解现代物流设施设备保养 （7）了解消防安全设施设备的管理维护	

五、课后作业

1. 请制作一份设施设备档案信息表。

2. 请简单概括如何建立维修保养记录。

3. 请简述设施设备档案需包括的内容。

A-4 文件和质量体系管理

A-4-1 能编制管理质量体系文件

一、核心概念

1. 质量管理体系文件

质量管理体系文件是指用于保证药品经营质量管理的文件系统，是由一切涉及药品经营质量的书面标准和实施过程中的记录结果组成的，贯穿药品质量管理全过程的连贯有序的系列文件。

2. 质量管理制度

质量管理制度是企业根据质量管理工作的实际需要而制定的质量规则，是对企业各部门和各业务环节如何实施质量管理做出的明确规定。对企业质量管理过程具有权威性和约束力，是首要的支持性文件。

3. 质量职责

质量职责是企业根据质量管理工作的需要，对组织机构中设置的各部门和岗位的工作内容、工作目标、工作结果等提出明确的要求，即明确相关的质量管理工作由谁负责完成的问题。

4. 操作规程

操作规程是为进行某项质量活动或过程所规定的途径（方法），是对各项质量活动采取方法的具体描述，也是企业规范经营活动的支持性文件。在操作规程中应明确规定何时、何地以及如何做，应采用什么材料、设备，应用哪些质量管理文件，如何对活动进行控制和记录等。

5. 质量记录

质量记录是阐明所取得的结果或提供所完成活动的证据性文件。记录是工作过程的真实记载，反映工作的质和量，为工作的有效性、在需要追溯相关质量信息时提供证据。在药品流通过程中，伴随着大量记录的流转，相关人员可以依据记录了解、追溯、控制药品流转的情况，使经营过程清晰、透明、可追溯。

二、学习目标

1. 能按 GSP 要求起草质量管理体系文件。

2. 能按 GSP 要求审核、签发质量管理体系文件。

三、基本知识

1. 质量管理文件体系建立的原则

（1）合法性原则　做到与国家现行的法律法规及行政规章一致。

（2）实用性原则　应与药品的经营与企业质量管理的实际紧密结合。

（3）先进性原则　应注意学习和借鉴外部的先进管理经验，注意先进性与实用性原则。

（4）指令性原则　严格按文件的规定去做，活动的过程和结果应有记录（资料）证实。

（5）系统性原则　编制的文件既要层次清晰，又要前后协调，各部门质量管理程序、职责应紧密衔接。

（6）可操作性原则　质量管理体系文件必须具有可操作性，文件的所有规定都是实际工作中能够达到和实现的。

（7）可检查性原则　质量管理体系文件对各部门、各环节的质量职责和工作要求应明确具体，质量活动的时限要求尽可能量化，以便于监督和检查、审核。

2. 质量管理文件体系的内容

质量管理文件体系主要包括四大类：质量管理制度、质量职责、操作程序、质量记录。

（1）质量管理制度

① 质量管理体系内审的规定。

② 质量否决权的规定。

③ 质量管理文件的管理。

④ 质量信息的管理。

⑤ 供货单位、购货单位、供货单位销售人员及购货单位采购人员等资格审核的规定。

⑥ 药品采购、收货、验收、储存、养护、销售、出库、运输的管理。

⑦ 特殊管理药品的规定。

⑧ 药品有效期管理。

⑨ 不合格药品、药品销毁管理。

⑩ 药品退货的管理。

⑪ 药品召回的管理。

⑫ 质量查询的管理。

⑬ 质量事故、质量投诉的管理。

⑭ 药品不良反应报告的规定。

⑮ 环境卫生、人员健康的规定。

⑯ 质量方面的教育、培训及考核的规定。

⑰ 设施设备保管和维护的管理。

⑱ 设施设备验证和校准的管理。

⑲ 记录和凭证的管理。

⑳ 计算机系统的管理。

㉑ 药品追溯的规定。

㉒ 其他应当规定的内容。

（2）质量职责

①质量管理、采购、储存、销售、运输、财务和信息管理等部门职责。

②企业负责人、质量负责人及质量管理、采购、储存、销售、运输、财务和信息管理等部门负责人的岗位职责。

③质量管理、采购、收货、验收、储存、养护、销售、出库复核、运输、财务、信息管理等岗位职责。

④与药品经营相关的其他岗位职责。

（3）操作程序

①药品采购的程序。

②药品收货的程序。

③药品验收的程序。

④药品储存与养护的程序。

⑤药品销售与出库复核、运输等环节的程序。

⑥计算机系统操作程序。

（4）质量记录应当包括　药品采购、验收、养护、销售、出库复核、销后退回和购进退出、运输、储运温湿度监测、不合格药品处理等相关记录。

3. 质量管理文件体系的格式

（1）质量管理体系文件的第一页用文件表头，表头格式如下。

文件名称					
文件编号					
起草		审核		审定	
日期		日期		日期	
批准		批准（执行）日期			
新订		修订		替代	
分发部门			份数		

（2）文件正文格式

①文件制定的"目的"。

②文件制定的"依据"。

③该文件所管辖的"范围"。

④对该文件负有执行责任的"责任人"。

⑤文件具体"内容"。

⑥文件包含的"附件"。

四、能力训练

（一）操作条件

1. 人员：质量管理体系文件由企业质量机构负责人组织起草，由企业质量负责人审核，由企业负责人批准后执行。

2. 设备、器具：计算机、笔、文件夹等。

3. 资料：《药品经营质量管理规范》（现行版）、药品相关法律法规等。

4. 环境：模拟质管部。

（二）安全及注意事项

1. 企业制定质量管理体系文件应当符合企业实际。

2. 文件的起草、修订、审核、批准、分发、保管，以及修改、撤销、替换、销毁等应当按照文件管理操作规程进行，并保存相关记录。

3. 文件应当标明题目、种类、目的以及文件编号和版本号。文字应当准确、清晰、易懂。文件应当分类存放，便于查阅。

4. 企业应当定期审核、修订文件，使用的文件应当为现行有效的文本，已废止或者失效的文件除留档备查外，不得在工作现场出现。

5. 企业应当保证各岗位获得与其工作内容相对应的必要文件，并严格按照规定开展工作。

（三）操作过程

序号	实施步骤	操作方法及说明	操作标准/注意事项
1	起草质量管理体系文件	（1）质量管理部组织人员参照GSP及相关法律法规要求，结合本企业实际，起草质量管理体系文件 （2）对质量管理体系文件进行编码 （3）对起草完成的质量管理体系文件进行检查 （4）交质量负责人审核	（1）质量管理文件内容应符合现行药品法律法规、政策文件的规定，围绕企业质量方针和质量目标来建立，覆盖质量管理的所有要求 （2）质量管理文件应齐全、层次清晰，包括质量管理制度、部门职责、岗位职责、操作规程、工作程序、档案、报告、记录和凭证等 （3）质量管理文件应符合经营规模、经营方式、经营范围、操作过程、控制标准等企业实际，满足实际经营需要 （4）文件之间应保持内在逻辑性、关联性、一致性，不互相矛盾 （5）计算机管理信息系统的功能设计、操作权限、数据记录等应符合质量管理文件的规定，覆盖企业能够控制和施加影响的所有质量过程 （6）质量管理文件的编码应符合以下原则。①系统性：统一编码、专人管理。②准确性（唯一性）。③可追溯性。④相关一致性：一个文件命名新的修订码，相关文件也应变更 （7）通读起草完成的质量管理体系文件，检查是否有错别字、语句不通顺、版式错误等
2	审核质量管理体系文件	（1）质量负责人审核质量管理体系文件 （2）明确修改意见，交回原起草人修改 （3）对修改后符合要求的质量管理体系文件进行定稿 （4）定稿的文件由质量管理部门按标准格式打印后，由文件的起草人、审核人签字	（1）由质量负责人审核，主要审核其与现行GSP等法规是否相符以及文件内容的可行性 （2）文字应简练、确切、易懂，不能有两种以上的解释，并且与公司已生效的其他文件没有相悖的含义 （3）经质量负责人审查后的文件如需修改，应交回原起草人员进行修改，直至符合要求
3	批准执行质量管理体系文件	（1）企业负责人签字 （2）加盖公章后生效 （3）从文件上的"执行日期"开始执行	（1）文件的起草人、审核人、批准人不可为同一人 （2）一般批准日期即为执行日期

🔖 问题情境一

某新成立药品批发企业需要编制一套药品质量管理体系文件，请问需要编制的操作程序有哪些？

解答：操作程序应当包括如下内容。

① 药品采购的程序。

② 药品收货的程序。

③ 药品验收的程序。

④ 药品储存与养护的程序。

⑤ 药品销售与出库复核、运输等环节的程序。

⑥ 计算机系统操作程序。

问题情境二

某单体药店因计算机系统升级，重新修订了《计算机操作程序》，请问后续应该如何操作？

解答：编写好的文件交质量负责人审核定稿后，由企业负责人签字批准并执行。

（四）学习结果评价

序号	评价内容	评价标准	评价结果（是/否）
1	起草质量管理体系文件	能参照GSP及相关法律法规要求，结合企业实际，起草质量管理体系文件，对质量管理体系文件进行编码，并对起草完成的质量管理体系文件进行检查	
2	审核质量管理体系文件	能审核质量管理体系文件，明确修改意见，交回原起草人修改。对修改后符合要求的质量管理体系文件进行定稿、打印和签字	
3	批准执行质量管理体系文件	能签字、批准。执行质量管理体系文件	

五、课后作业

1. 简述质量管理体系文件建立的原则。

2. 质量管理制度应当包括哪些内容？

3. 某大型医药公司的质量负责人 C 总收到由质量管理部递交的《药品召回管理制度》送审稿，请问应如何审核？

A-4-2　能制订考核质量方针

一、核心概念

质量方针是指企业总的质量宗旨和方向，其目的在于统一企业全体员工的质量和服务意识，并在此方针的指导下，完成公司的质量目标和其他经营活动。

二、学习目标

1. 能按 GSP 要求制定质量方针。

2. 能按 GSP 要求考核、改进质量方针。

三、基本知识

1. 质量方针制定内容

质量管理体系通过制定质量方针、质量目标，以使质量管理体系的各级组织、人员明确各自的质量义务和承诺。质量方针和目标的管理需要明确以下五方面内容：①质量方针和目标的内容；②质量方针和目标制定的程序；③质量方针和目标的展开；④质量方针和目标制定的方法；⑤质量方针和目标的落实与考核。

2.质量方针的考核管理

企业制定质量方针后，应定期进行考核，根据实际情况更新与调整。应确保质量方针符合如下要求。

（1）与企业的宗旨相适应。

（2）承诺满足客户需求和法规要求以及持续改进质量管理体系的有效性。

（3）提供制定和评审质量目标的框架。

（4）在组织内得到沟通和理解。

（5）在持续适宜性方面得到评审。

质量方针是通过质量管理体系内各职能部门制定，并完成各自相应的质量目标实现的。质量目标的制定、实施和完成通过下列措施体现。

（1）高层领导者应确保制定和实施与质量方针相符合的质量目标。

（2）质量目标应与业务目标相结合，并符合质量方针的规定。

（3）企业各级相关部门和员工应确保质量目标的实现。

（4）为了实现质量目标，质量管理体系的各级部门应提供必要的资源和培训。

（5）应建立衡量质量目标完成情况的工作指标，并对其进行监督，定期检查完成情况，对结果进行评估并根据情况采取相应的措施。

四、能力训练

（一）操作条件

1.人员：质量管理人员、企业负责人。

2.设备、器具：计算机、笔、文件夹等。

3.资料：《药品经营质量管理规范》（现行版）、药品相关法律法规等。

4.环境：模拟质管部。

（二）安全及注意事项

1.根据企业实际制定相适应的质量方针文件，规定企业的质量目标和质量要求，质量方针应当贯穿药品经营活动的全过程。

2.企业应对质量方针的实施过程进行管理，确保其达到所制定的目标和要求。

（三）操作过程

序号	实施步骤	操作方法及说明	操作标准/注意事项
1	制定质量方针	（1）质量管理部组织人员参照GSP及相关法律法规要求，结合本企业实际，提出质量方针初稿 （2）对质量方针进行检查 （3）交质量负责人审核	（1）制定的质量方针应符合国家相关法律法规 （2）制定的质量方针需涵盖质量有效保证的所有承诺 （3）制定的质量方针能体现企业发展的预期性 （4）制定的质量方针能满足客户的需求和期望
2	贯彻实施质量方针	（1）由质量管理部门根据质量方针制定出年度企业总体质量目标 （2）由企业负责人主持在各部门、系统宣传质量方针和质量目标 （3）由各部门系统制定各部门对应岗位质量目标，并由质量负责人进行审核批准	（1）由质量负责人审核，主要审核其与现行GSP等法规是否相符合以及文件内容的可行性 （2）文字应简练、确切、易懂，不能有两种以上的解释，并且与公司已生效的其他文件没有相悖的内容 （3）经质量负责人审查后的文件如需修改，应交回原起草人员进行修改，直至符合要求

序号	实施步骤	操作方法及说明	操作标准/注意事项
3	考核质量方针	（1）由企业负责人、质量管理部门负责人及各部门系统负责人等关键人员，对质量方针和目标贯彻进行检查、督促，并对结果进行审评评估 （2）质量管理部门出具年度质量目标实施情况考核报告 （3）质量目标的考核纳入部门系统责任制绩效考核	（1）质量方针的考核一般每年不少于1次 （2）根据考核情况，在考核报告中明确质量方针考核结果，以及是否需要改进 （3）对未按企业质量方针和目标进行展开、执行、考核改进的部门或个人，按规定给予相应的处罚 （4）对考核中执行较好的部门和个人，应给予相应奖励
4	改进质量方针	（1）对考核过程中存在的情况和问题以及考核的结果，采取有效的改进措施 （2）填写改进记录，以保证质量管理体系的正常运行，质量目标的顺利完成	（1）改进措施落实到责任人 （2）有书面文件进行存档 （3）药品经营企业的质量方针的改进是一个系统工程，需要企业全体员工的共同努力和持续投入。同时，企业还需要密切关注行业动态和市场变化，及时调整和改进质量方针，以适应市场和法规的变化

问题情境一

某新成立药品批发企业需要制定质量方针，请问应如何操作？

解答：（1）质量管理部组织人员参照GSP及相关法律法规要求，结合本企业实际，提出质量方针初稿。

（2）对质量方针进行检查。

（3）交质量负责人审核。

问题情境二

某药品批发企业2023年度质量方针考核结果有需要改进的地方，请问在改进过程中需要注意什么？

解答：（1）改进措施落实到责任人。

（2）有书面文件进行存档。

（3）药品经营企业的质量方针的改进是一个系统工程，需要企业全体员工的共同努力和持续投入。同时，企业还需要密切关注行业动态和市场变化，及时调整和改进质量方针，以适应市场和法规的变化。

（四）学习结果评价

序号	评价内容	评价标准	评价结果（是/否）
1	制定质量方针	能参照GSP及相关法律法规要求，结合本企业实际，提出质量方针初稿，并交质量负责人审核	
2	贯彻实施质量方针	各部门能根据质量方针，制定出具体的年度实施目标	
3	考核质量方针	企业负责人、质量管理部门负责人及各部门系统负责人等关键人员能对质量方针和目标贯彻进行检查、督促，并对结果进行评审评估，质量管理部门出具年度质量目标实施情况考核报告	
4	改进质量方针	对考核过程中存在的情况和问题以及考核的结果，能采取有效的改进措施，填写改进记录，以保证质量管理体系的正常运行，质量目标的顺利完成	

五、课后作业

1. 什么是质量方针？包含哪些内容？
2. 质量方针应符合哪些要求？
3. 某大型医药公司制定好了质量方针，应如何贯彻实施？

A-4-3 能传递反馈质量信息

一、核心概念

1. 信息

信息指音讯、消息、通讯系统传输和处理的对象，泛指人类社会传播的一切内容。

2. 质量信息

药品质量信息是指企业内外环境对企业质量管理体系产生影响，并作用于质量控制过程及结果的所有相关因素。这些信息对于确保药品的安全性、有效性和合规性至关重要。

3. 反馈

反馈是控制论的基本概念，指将系统的输出返回到输入端并以某种方式改变输入，进而影响系统功能的过程。

二、学习目标

1. 能按 GSP 要求收集和传递质量信息。
2. 能按 GSP 要求反馈质量信息。

三、基本知识

1. 质量信息的类别

药品经营企业的质量信息主要包括以下几类。

国家法律法规和政策信息：包括国家最新颁布的药品管理法律法规、政策、规范、标准、通知等。

行业及监管部门信息：如药监部门发布的药品质量公告、稽查通报、行政处罚决定等。

供应商信息：供应商的资质、质量保证能力、所供药品的质量情况等。

企业内部信息：企业在经营过程中收集、反馈的与质量有关的信息，包括药品质量、工作质量、服务质量等方面的信息。

客户信息：客户的质量查询、质量反馈、质量投诉等。

竞争对手信息：同行竞争对手的质量措施、管理水平、效益等。

2. 药品质量信息的管理

（1）制度建设　建立健全药品质量信息的管理制度和程序，明确信息收集、整理、储存、使用和管理的职责和流程。

（2）信息安全　加强药品质量信息的安全管理，确保信息的保密性、完整性和可用性。

采取必要的措施防止信息泄露、篡改和丢失。

（3）信息共享　在符合法律法规和保密要求的前提下，推动药品质量信息的共享和发布机制建设，提高信息透明度和公众参与度。

3. 药品质量信息的反馈机制

以质量管理部门为中心，建立覆盖企业各部门和人员的质量信息反馈系统。规定质量信息的反馈流程，包括信息的收集、分析、处理、反馈等环节。

四、能力训练

（一）操作条件

1. 人员：质量管理人员、企业负责人。
2. 设备、器具：计算机、笔、文件夹等。
3. 资料：《药品经营质量管理规范》（现行版）、药品相关法律法规等。
4. 环境：模拟质管部。

（二）安全及注意事项

1. 重视质量信息管理：质量信息管理是质量管理体系的重要组成部分，确保了质量信息的准确性和及时性。
2. 加强员工培训：定期对员工进行质量信息管理方面的培训，增强员工的质量意识和信息处理能力。
3. 建立奖惩机制：对于在质量信息管理方面表现突出的员工给予奖励；对于违反规定、造成质量信息失真或传递不及时的员工给予相应的处罚。
4. 持续改进：根据企业经营和市场环境的变化，不断优化质量信息管理流程和方法，提高质量管理水平。

（三）操作过程

序号	实施步骤	操作方法及说明	操作标准/注意事项
1	收集质量信息	（1）外部收集：通过各级药品监督管理部门的文件、网站、专业报刊、媒体信息、互联网等途径收集 （2）内部收集：通过企业内部的质量分析会、工作汇报会、统计报表、质量信息反馈单、员工意见、建议等方式收集	（1）确保收集到的质量信息准确无误 （2）快速收集并传递质量信息，避免信息滞后 （3）收集的信息应与企业经营和质量管理密切相关 （4）在保证信息质量的前提下，合理控制信息收集成本
2	传递质量信息	（1）内部渠道：通过企业内部网络、会议等方式传递 （2）外部渠道：如需向供应商或客户传递质量信息，可通过函电、邮件、电话等方式进行	（1）确保质量信息在第一时间内传递到相关部门和人员 （2）传递过程中保持信息的准确性，避免信息失真 （3）对于涉及商业秘密或敏感信息的传递，应采取相应的保密措施
3	反馈质量信息	（1）书面反馈：对于重要的质量信息，应形成书面报告，向企业负责人或相关部门反馈 （2）口头反馈：对于一般性的质量信息，可通过会议、电话等方式进行口头反馈	（1）建立药品质量信息反馈机制，及时将收集到的质量问题反馈给相关部门和人员进行处理和改进 （2）根据反馈结果和实际情况不断优化药品质量信息管理工作流程和方法，提高工作效率和质量水平

问题情境一

药品批发企业质管部的小 C 接到任务需要收集一些外部质量信息，请问有哪些需要注意的？

解答：（1）确保收集到的质量信息准确无误。

（2）快速收集并传递质量信息，避免信息滞后。

（3）收集的信息应与企业经营和质量管理密切相关。

（4）在保证信息质量的前提下，合理控制信息收集成本。

问题情境二

某药品零售连锁门店的质管员小 P 在日常药品质量管理工作中发现某药品有较重要的质量疑义，想以质量信息的形式向连锁总部反馈，请问他应如何操作？

解答：对于重要的质量信息，应形成书面报告，向企业负责人或相关部门反馈。

（四）学习结果评价

序号	评价内容	评价标准	评价结果（是/否）
1	收集质量信息	能通过各级药品监督管理部门的文件、网站、专业报刊、媒体信息、互联网等途径收集外部信息；能通过企业内部的质量分析会、工作汇报会、统计报表、质量信息反馈单、员工意见、建议等方式收集外部信息	
2	传递质量信息	能通过企业内部网络、会议、文件等内部渠道向公司内部，或通过函电、邮件、电话等外部渠道向供应商或客户传递质量信息	
3	反馈质量信息	对于重要的质量信息，能形成书面报告，向企业负责人或相关部门反馈；对于一般性的质量信息，能通过会议、电话等方式进行口头反馈	

五、课后作业

1. 什么是药品质量信息？有哪些类别？

2. 应如何收集药品质量信息？

3. 某大型医药连锁企业需要向下设备连锁店传递一项重要的药品质量信息，质管员小 F 在传递过程中应注意哪些问题？

A-4-4　能进行质量体系内审

一、核心概念

药品经营质量体系内审是药品经营企业按规定的时间、程序和标准，依照《药品经营质量管理规范》组织对企业质量管理体系进行的内部审核。

二、学习目标

1. 能按 GSP 要求制订内审计划和方案。

2. 能按 GSP 要求进行内审。

3. 能按 GSP 要求编写内审报告。

三、基本知识

1. 内审的目的

药品经营质量体系内审的主要目的如下。

（1）评价和提升整体管理水平　通过对质量管理体系的全面审查，评估企业的管理水平和运营效率，提出改进建议，推动企业管理水平的不断提升。

（2）发现潜在问题和风险　通过内审，及时发现企业质量管理体系中存在的潜在问题和风险，为企业的持续改进提供方向。

（3）验证合规性　验证药品经营企业是否符合相关法律法规和行业标准，确保企业的经营活动合法合规。

2. 内审的原则

药品经营质量体系内审应遵循以下原则。

独立性：内审机构和人员应保持独立，不受其他部门或人员的干扰和影响。

客观性：内审应以事实为依据，客观公正地评价企业的经营活动和内部控制。

保密性：内审过程中应严格保密，不得泄露企业的商业秘密和内部信息。

专业性：内审人员应具备相应的专业知识和技能，能够对企业的经营活动和内部控制进行有效的评价和改进。

3. 内审的分类

药品经营质量体系内审可分为以下几种类型。

定期内审：企业定期组织 GSP 内审，一般每年至少进行一次全面内审。

专项内审：由企业的组织机构、关键岗位人员、设施设备、质量管理体系文件及计算机系统等变化引起的专项内审。

4. 内审的内容

药品经营质量体系内审的内容如下。

（1）质量管理体系审核　检查和评估企业是否建立和有效运行质量管理体系，包括质量方针、质量目标、工作程序等。

（2）药品采购和供应商管理审核　检查和评估企业的采购管理制度、供应商评价、合同管理、供应商质量管理和供应链风险管理等。

（3）药品存储和配送审核　检查和评估企业的药品存储条件、设备、记录等是否符合要求，以及药品的配送程序、记录和温度控制措施等。

（4）药品销售和客户管理审核　检查和评估企业的销售管理制度、销售记录、发货过程和销售数据的准确性，以及客户投诉处理、产品回收和召回管理制度等。

四、能力训练

（一）操作条件

1. 人员：质量管理人员、企业负责人。

2. 设备、器具：计算机、笔、文件夹等。

3. 资料：《药品经营质量管理规范》（现行版）、药品相关法律法规等。

4. 环境：模拟质管部。

（二）安全及注意事项

1. 内审应按照预先制订的计划进行，并涵盖所有相关的部门和活动。

2. 审核人员应接受适当的培训，了解审核的目的、范围、方法和程序。

3. 如果审核涉及仓库或特殊存储区域，确保审核员穿戴适当的个人防护装备，如安全鞋、反光背心、手套等。

4. 保护敏感信息不被泄露，确保电子记录的安全性，遵守数据保护规定。

（三）操作过程

序号	实施步骤	操作方法及说明	操作标准/注意事项
1	制订内审计划	（1）根据公司的实际情况和需求制订内审计划 （2）确定内审的目的、范围、时间、频次等 （3）选择合适的内审人员，考虑其专业背景和独立性	（1）确保计划覆盖所有重要领域，如采购、储存、销售等 （2）与相关部门沟通，确保计划的可行性和合理性 （3）保持计划的灵活性，以便应对突发情况
2	采集和分析数据	（1）通过现场检查、访谈、文件审查等方式收集数据 （2）使用评分卡、GSP实施细则等工具进行评估 （3）分析数据以识别趋势和潜在问题	（1）保持数据的客观性和准确性 （2）确保数据收集过程中的隐私性和保密性 （3）确保数据分析的有效性
3	编制内审报告	（1）总结内审发现的问题和优点 （2）提出具体的改进建议 （3）形成正式的内审报告	（1）确保报告的准确性和完整性 （2）使用清晰的语言描述问题及其影响 （3）提供具体、可操作的改进建议
4	跟踪问题整改情况	（1）制订整改措施计划 （2）分配责任并设定完成期限 （3）定期复查改进措施的实施情况 （4）更新质量管理体系	（1）确保整改措施计划的可行性 （2）跟踪整改进度，确保问题得到解决 （3）评估整改措施的有效性 （4）定期评估质量管理体系的有效性 （5）保持改进措施的持续性 （6）鼓励员工参与质量改进活动

问题情境一

某新成立药品批发企业在申请《药品经营许可证》前需要进行一次质量体系的全面内审，请问应如何操作？

解答：①制订内审计划；②采集和分析数据；③编制内审报告；④跟踪问题整改情况。

问题情境二

某药品批发企业法定代表人A最近退休了，变更成了B，请问是否需要对公司质量体系进行内审？

解答：由企业的组织机构、关键岗位人员、设施设备、质量管理体系文件及计算机系统等变化引起的需专项内审。法定代表人属于关键岗位人员，因此需要内审。

（四）学习结果评价

序号	评价内容	评价标准	评价结果（是/否）
1	制订内审计划	能根据公司的实际情况和需求制订内审计划；确定内审的目的、范围、时间、频次等；选择合适的内审人员，考虑其专业背景和独立性	

序号	评价内容	评价标准	评价结果（是/否）
2	采集和分析数据	能通过现场检查、访谈、文件审查等方式收集数据；使用评分卡、GSP实施细则等工具进行评估；分析数据以识别趋势和潜在问题	
3	编制内审报告	能总结内审发现的问题和优点；提出具体的改进建议；形成正式的内审报告	
4	跟踪问题整改情况	能制订整改措施计划；分配责任并设定完成期限；定期复查改进措施的实施情况；更新质量管理体系	

五、课后作业

1. 什么是质量体系内审？其目的是什么？

2. 简述质量体系内审的原则。

3. 某药品连锁企业近期在年度内审中发现了一些问题，请问应如何跟踪问题整改情况？

A-5　计算机和信息化管理

A-5-1　能按GSP要求管理计算机系统

一、核心概念

1.计算机系统
计算机系统是按人的要求接收和存储信息，自动进行数据处理和计算，并输出结果信息的机器系统。

2.操作系统
操作系统是一种内置的程序，用来协作计算机的各种硬件，以与用户进行交互。

3.药品追溯
药品追溯，是通过药品的电子监管系统，对药品的生产和流通环节进行全程监管，出现问题就可以进行责任追溯的系统。

二、学习目标

1. 能建立涵盖药品经营全过程的计算机系统。
2. 能维护计算机系统。

三、基本知识

1.药品经营企业计算机系统的一般组成结构

（1）计算机硬件
① 服务器：用于存储数据和运行应用程序的核心设备。
② 终端机：供工作人员使用的电脑终端。
③ 外围设备：如打印机、条形码扫描器、RFID 阅读器等辅助设备。
（2）计算机软件
① 操作系统：如 Windows Server、Linux 等，为系统提供基础的操作环境。
② 数据库管理系统：如 Oracle、MySQL、SQL Server 等，用于存储和管理数据。
③ 应用软件：定制开发的应用程序，用于处理药品经营的各种业务流程。
（3）功能模块
① 药品信息管理模块：管理药品的基本信息，如名称、批号、有效期、生产商等。
② 采购管理模块：处理药品的采购订单、供应商管理、入库验收等。

③ 销售管理模块：管理客户的订单、发货、退货等销售活动。

④ 库存管理模块：跟踪药品的库存水平，处理库存变动，如入库、出库、盘点等。

⑤ 质量管理与追溯体系：确保药品的质量符合标准，实现药品的全程追溯。

⑥ 财务管理模块：处理与药品交易相关的财务事项，如发票管理、结算等。

⑦ 报表与统计分析：生成各种业务报表，支持决策制定。

⑧ 电子监管接口：与国家药品监管部门的电子监管系统对接，支持数据上报和接收监管指令。

（4）系统管理

① 用户管理：包括用户权限分配、用户认证、访问控制等。

② 数据备份与恢复：定期备份重要数据，并制订数据恢复计划。

③ 安全防护：包括防火墙、入侵检测系统、病毒防护等措施。

④ 系统监控与维护：监控系统性能，定期进行系统维护工作。

（5）法规遵从

① 符合GSP要求：确保系统的设计和运行符合《药品经营质量管理规范》（GSP）的要求。

② 药品追溯：支持药品的全程追溯，符合国家药品追溯制度的要求。

③ 电子监管：系统需具备与药品监管部门进行数据交换的能力，支持电子监管政策的实施。

2. 药品经营企业计算机系统涵盖的关键环节

药品经营企业计算机系统必须涵盖药品从采购到销售的全过程，以及与此相关的质量管理和内部管理流程。这些环节确保了药品的可追溯性和安全性。

（1）药品信息管理

① 管理药品的基本信息，如名称、规格、批号、有效期、生产厂家等。

② 维护药品目录和分类信息。

③ 与国家药品监管机构的数据库同步信息。

（2）采购与入库管理

① 处理药品的采购订单。

② 管理供应商信息，包括资质审核和评价。

③ 收货确认和验收记录。

（3）销售与出库、运输管理

① 客户订单处理。

② 销售发票的生成和管理。

③ 发货和配送管理。

④ 运输安排和监控。

⑤ 特殊条件下的运输管理，如温度控制。

⑥ 运输过程中药品状态的跟踪。

（4）库存管理

① 库存状态监控，如实时库存数量。

② 入库、出库操作记录。

③ 库存盘点和调整。

（5）质量管理与追溯

①质量控制点的设置和执行。

②不合格药品的处理流程。

③药品追溯体系的建立和维护。

④与电子监管系统接口的数据交换。

⑤实现药品电子监管码的扫描、上传等功能。

⑥与药品电子监管平台的数据同步。

（6）财务管理与报告分析

①采购成本和销售收入的核算。

②应收应付账款的管理。

③税务申报合规。

④生成各类业务报表。

⑤数据分析支持决策。

（7）内部管理

①用户权限管理。

②数据安全和备份。

③系统维护和支持。

这些环节确保了药品经营企业能够在遵守相关法律法规的同时，有效地管理其业务流程，保证药品的质量和安全。药品经营企业计算机系统的设计和实施应该充分考虑到这些方面的需求，并且要随着法规的变化和技术的进步不断更新和完善。

四、能力训练

（一）操作条件

1. 人员：质量管理人员、计算机管理人员。

2. 设备、器具：计算机、笔、文件夹等。

3. 资料：《药品经营质量管理规范》（现行版）、药品相关法律法规等。

4. 环境：模拟质管部、信息部。

（二）安全及注意事项

1. 系统设计时应考虑质量控制功能，以确保药品的质量。

2. 系统应能够记录完整的交易历史，便于追溯，所有操作都应有明确的操作规程，并确保记录的原始性、真实性、准确性和可追溯性。

3. 系统应具有防止未授权访问和操作的功能。

4. 必须定期进行系统性能和安全性的评估。

（三）操作过程

序号	实施步骤	操作方法及说明	操作标准/注意事项
1	建立维护药品经营基础数据	（1）数据录入：确保所有基础数据（如药品信息、供应商信息、客户信息等）正确无误地录入到系统中 （2）数据审核：由专门的信息管理人员审核录入的数据，确保其完整性和准确性	（1）确保所有录入的数据都是经过验证的真实信息 （2）数据应及时更新，避免因数据延迟而导致的问题 （3）确保数据处理过程符合相关的法律法规要求 （4）确保所有数据更改都有记录，以便追溯

序号	实施步骤	操作方法及说明	操作标准/注意事项
2	维护管理人员权限	（1）用户账号创建：为新员工创建用户账号，并分配适当的权限 （2）权限管理：根据员工的工作职责调整其访问权限，确保最小权限原则 （3）培训与教育：定期为员工提供计算机系统的使用培训，提高他们的操作技能 （4）离职管理：当员工离职时，及时注销其账号或调整其权限 （5）用户支持：提供技术支持和帮助，解决员工在使用系统过程中遇到的问题	（1）确保每个用户仅能访问其工作职责所需的信息 （2）制定严格的密码策略，鼓励使用强密码，并定期更换 （3）记录员工的培训情况，确保每个人都接受过适当的培训 （4）建立有效的沟通渠道，以便员工能够快速获得技术支持 （5）离职员工的账号和权限应立即被撤销，防止未授权访问
3	备份计算机系统的经营数据	（1）备份策略制定：确定备份的频率、类型（全备份、增量备份等）和保存期限 （2）备份介质选择：选择适合的备份介质，如磁盘阵列、磁带、云存储等 （3）备份软件配置：配置备份软件以自动执行备份任务 （4）备份测试：定期测试备份数据的可恢复性 （5）异地存储：将备份数据存储在安全的位置，最好是在不同的地理位置	（1）确保每次备份都是完整的，并且能够成功恢复 （2）在传输和存储过程中加密备份数据，确保备份介质的安全，防止丢失或损坏 （3）遵守相关法律法规对数据备份的要求 （4）维护备份记录，包括备份时间和内容
4	更新升级计算机系统	（1）定期进行内部审计，确保系统合规 （2）定期更新操作系统和应用软件	（1）关注软件供应商发布的更新通知 （2）在安全环境下测试新版本 （3）更新前备份重要数据

问题情境一

　　某新成立药品批发企业需要在药品经营计算机系统中录入药品基础信息，有哪些需要注意的？

　　解答：（1）确保所有录入的数据都是经过验证的真实信息。

　　（2）数据应及时更新，避免因数据延迟而导致的问题。

　　（3）确保数据处理过程符合相关的法律法规要求。

　　（4）确保所有数据更改都有记录，以便追溯。

问题情境二

　　某单体药店驻店药师王某离职了，该药店在药品经营计算机系统中有什么需要操作的？

　　解答：当员工离职时，及时注销其账号或调整其权限。

（四）学习结果评价

序号	评价内容	评价标准	评价结果（是/否）
1	建立维护药品经营基础数据	能按要求进行数据录入和审核	
2	维护管理人员权限	（1）能进行用户账号创建，为新员工创建用户账号，并分配适当的权限 （2）能定期为员工提供计算机系统的使用培训，提高他们的操作技能，员工离职时，及时注销其账号或调整其权限，提供技术支持和帮助，解决员工在使用系统过程中遇到的问题	
3	备份计算机系统的经营数据	能按要求制订备份策略，选择备份介质，配置备份软件，定期测试备份数据的可恢复性，将备份数据存储在安全的位置，最好是在不同的地理位置	
4	更新升级计算机系统	能定期进行内部审计，确保系统合规，定期更新操作系统和应用软件	

五、课后作业

1. 简述药品经营企业计算机系统的一般组成结构。
2. 药品经营企业计算机系统应涵盖哪些关键环节？
3. 某连锁药店总部新进一名质量管理员，该公司在药品经营计算机系统中有什么需要操作的？

A-5-2 能对电子数据进行管理

一、核心概念

电子记录，即电子数据，是指使用计算机数据处理系统、照相技术或其他可靠方式记录的数据资料。新版 GSP 中的电子记录分为两类：①计算机化系统自动生成的记录；②药品经营各环节的操作人员手动录入数据形成的记录。其中，第二类记录主要包括基础数据和不能自动采集，必须经由操作人员手动从终端录入的数据。

二、学习目标

1. 能录入电子数据。
2. 能按照 GSP 要求维护电子数据。

三、基本知识

1. 电子数据的优势

与传统纸质记录相比，电子数据具有以下优势。

（1）采集的数据更完整，产品质量的追溯性更强。

（2）数据易进行统计分析。GSP 记录有助于质量追溯和质量系统的持续改进。计算机化系统自动采集的数据可直接由数据软件处理，高效可靠。

（3）检索方便，速度快捷。计算机化系统的优点在于检索速度快且方便。

（4）记录真实可靠。为避免电子记录的变更、替代或伪造，各类数据的录入、修改、保存等操作应当符合授权范围、操作规程和管理制度的要求，保证数据的原始、真实、准确、安全和可追溯，且记录的保存应根据操作规程由专门人员及时备份。

（5）计算机系统识别性极强。计算机系统应能自动识别零售门店的经营范围，拒绝超出经营范围配送订单的生成；计算机系统应能自动识别购货单位的法定资质，拒绝超出经营方式或经营范围销售订单的生成。

2. 电子记录的管理措施

（1）生成电子记录的计算机化系统必须经过验证，其后的运行状态应当和验证过的状态一致。

（2）生成和管理电子记录的系统应该是封闭的系统。该系统应该为不同的管理人员和使用人员配置不同的权限。只有经授权的人员方可使用电子数据处理系统输入或更改数据，且更改和删除数据应当有记录；应当使用密码或其他方式控制系统的登录；关键数据输入后，应由他人独立复核。

（3）在药品经营和质量管理过程中，计算机化系统所获得电子记录要保持真实、准确完整。

（4）改动电子记录时，不能覆盖改动前的信息，即系统必须将改动前的信息完整保留，且改动人须准确填写改动的原因并签名，该信息同时保留在数据库中。用电子方法保存的批记录，应当采用磁带、缩微胶卷、纸质副本或其他方法进行备份，以确保记录的安全且数据资料在保存期内便于查阅。

（5）计算机化系统在获得权限之后，能够拷贝、转存、发送数据。由计算机化系统自动获取的数据形成的记录，应按时间顺序存储。在遭遇断电或其他突发事故后，记录的内容能够立即恢复并且不失真。

（6）应重视电子记录系统的开发者、维护者和使用者的学历、资历培训经历和经验其所具备的资历以保证其能胜任工作。

四、能力训练

（一）操作条件

1. 人员：质量管理人员、计算机管理人员。
2. 设备、器具：计算机、笔、文件夹等。
3. 资料：《药品经营质量管理规范》（现行版）、药品相关法律法规等。
4. 环境：模拟质管部、信息部。

（二）安全及注意事项

1. 企业经营和管理的数据应当在计算机系统中储存并按日备份，备份数据应当存放在安全场所，防止与服务器同时遭遇灾害造成损坏或丢失。

2. 记录及凭证应当至少保存 5 年。疫苗、特殊管理的药品的记录及凭证按相关规定保存。①疫苗：超过有效期 2 年。②麻醉药品和精神药品：自药品有效期期满之日起不少于 5 年。③易制毒化学品：有效期期满之日起不少于 2 年。

（三）操作过程

序号	实施步骤	操作方法及说明	操作标准/注意事项
1	录入数据	（1）将收集到的数据录入到计算机系统中 （2）验证数据的准确性和一致性	（1）建立数据录入流程，确保数据录入的准确性 （2）使用双录入或其他校验方法减少录入错误 （3）定期审核录入的数据以确保其完整性 （4）定期进行人工复查以确认数据的准确性 （5）确认数据格式符合要求
2	储存数据	（1）选择合适的方式存储电子数据 （2）确保只有授权人员可以访问数据	（1）选择安全的数据存储解决方案 （2）定期备份数据以防止丢失 （3）使用加密技术保护敏感数据 （4）为不同级别的用户分配不同的访问权限 （5）使用身份验证和授权机制 （6）定期审查用户权限
3	更新和销毁数据	（1）按流程和规定更新数据 （2）根据法规要求销毁不再需要的数据	（1）建立数据更新和销毁流程 （2）记录每一次数据更改的原因和人员 （3）定期审核数据更新、销毁记录 （4）确保数据销毁过程不会泄漏敏感信息

问题情境一

某药品批发企业使用计算机管理系统管理各种经营数据，请问应该如何备份？

解答：企业经营和管理的数据应当在计算机系统中储存并按日备份，备份数据应当存放在安全场所，防止与服务器同时遭遇灾害造成损坏或丢失。

问题情境二

某药品批发企业在整理电子数据时，有一些2015～2018年的普通药品销售电子记录，请问是否可以销毁？

解答：记录及凭证应当至少保存5年，可以销毁。

（四）学习结果评价

序号	评价内容	评价标准	评价结果（是/否）
1	录入数据	能将收集到的数据录入计算机系统中，并验证数据的准确性和一致性	
2	储存数据	能选择合适的方式存储电子数据，并确保只有授权人员可以访问数据	
3	更新和销毁数据	能按流程和规定更新数据，并根据法规要求销毁不再需要的数据	

五、课后作业

1. 什么是电子数据？
2. 与传统记录相比，电子数据有哪些优势？
3. 某药品零售连锁企业在整理电子数据时，有一些2022年的第二类精神药品销售电子记录，请问是否可以销毁？

A-5-3　能进行药品经营信息化管理

一、核心概念

1. 药品经营信息化管理

药品经营企业的信息化管理是指通过使用信息技术和信息系统来提高药品流通、销售和服务的效率与质量。这种管理模式可以帮助企业更好地控制药品的质量、追踪药品的流向，并确保符合国家的法律法规要求。

2. 条形码

条形码是将宽度不等的多个黑条和空白，按照一定的编码规则排列，用以表达一组信息的图形标识符。

3. 二维码

二维码是用某种特定的几何图形按一定规律在平面（二维方向上）分布的、黑白相间的、记录数据符号信息的图形。

二、学习目标

1. 能使用药品经营信息化管理系统管理各项经营事务。
2. 能维护、更新、分析药品经营信息化数据。

三、基本知识

1. 药品经营企业信息化管理的内容

（1）药品追溯系统

① 实现从生产到最终使用的全程追溯。

② 通过条形码、二维码等技术实现药品的唯一标识。

（2）库存管理系统

① 实时监测药品有效期，防止药品过期。

② 实时监控库存水平，避免缺货或过量存储。

③ 自动化采购流程，根据需求自动下单补货。

（3）销售管理系统

① 记录销售数据，分析销售趋势。

② 提供客户关系管理工具，增强客户服务体验。

（4）物流配送系统

① 优化配送路线，降低运输成本。

② 实时跟踪药品位置，保证按时送达。

（5）质量管理与合规性

① 确保所有操作符合国家药品监管机构的要求。

② 记录和监控药品的温湿度等环境条件。

（6）电子处方系统

① 支持医生开具电子处方，提高处方处理效率。

② 减少手写处方可能带来的错误。

（7）数据分析与决策支持

① 利用大数据分析技术预测市场变化。

② 为管理层提供决策依据。

（8）网络安全与数据保护

① 确保所有敏感信息的安全，防止数据泄露。

② 遵守相关的数据保护法规。

（9）培训与教育

① 定期对员工进行信息化技能培训。

② 提高员工对新系统的接受度和使用能力。

（10）移动应用开发

① 开发移动应用程序方便用户查询药品信息、购买药品等。

② 便于药师或销售人员在外出时访问重要信息。

2.药品经营企业信息化管理的意义

（1）提高效率　自动化工作流程，减少人工错误，加快信息流转速度。

（2）降低成本　优化库存管理，减少不必要的库存积压；优化物流路径以降低运输成本。

（3）质量控制　实现药品全程追溯，监控存储条件以确保药品质量。

（4）确保合规　满足药品监管要求，保持操作记录完整，便于审计。

（5）风险管理和应急响应　通过数据分析提前识别风险，建立快速响应机制。

（6）提升客户服务　提供电子处方和在线服务，改善患者体验。

（7）支持决策制定　利用数据分析提供决策支持，帮助管理层制定策略。

（8）优化供应链　加强与供应商的合作，提高供应链的整体效率。

（9）人力资源发展　提高员工工作效率，实施专业技能培训和发展计划。

（10）节约环保　减少纸张使用，优化物流以减少碳排放。

四、能力训练

（一）操作条件

1. 人员：质量管理人员、计算机管理人员。

2. 设备、器具：计算机、笔、文件夹等。

3. 资料：《药品经营质量管理规范》（现行版）、药品相关法律法规等。

4. 环境：模拟质管部、信息部。

（二）安全及注意事项

1. 通过数据加密、访问控制、定期备份和灾难恢复计划确保数据安全；实施防火墙、入侵检测系统等技术手段，加强网络安全防护。

2. 遵守法律法规，确保所有信息化操作符合当地法律法规要求；确保录入系统的数据准确、完整。

3. 将信息化管理融入质量管理体系，加强供应链管理，制定应急预案以应对信息安全事件，并根据反馈和技术进步不断改进系统，定期评估系统中的潜在风险，并采取预防措施。

4. 保护客户个人信息，确保不泄露给未经授权的第三方。

（三）操作过程

序号	实施步骤	操作方法及说明	操作标准/注意事项
1	初始信息化数据	（1）整理已有资料，确保资料完整无误 （2）录入质量管理基础数据，包括供货单位、购货单位、经营品种等信息	（1）确认所有资料的完整性和准确性，避免因信息不全或错误导致后续问题 （2）保证数据的及时更新，尤其是对于供货单位资质的有效性进行定期核查
2	处理日常业务	（1）进行药品购销存全过程管理，包括购进、入库验收、在库养护、销售、出库复核等环节 （2）进行养护管理、库房温湿度记录、设备设施管理等GSP日常管理 （3）确保每个环节都有详细的记录，并且记录内容真实完整	（1）采购计划应考虑库存上限和下限，避免积压或缺货，验收时确保采购药品符合质量标准，入库通知需明确指定货位，便于快速定位，退货流程需严格记录，避免混淆 （2）库存查询时应考虑到多仓库的情况，货位调整时需记录调整前后的信息，库存盘点要定期进行，并及时调整库存记录，报损报溢需有明确的原因说明 （3）销售时需遵循先产先出的原则，优先销售即将到期的药品，POS销售时要确保条码的准确性 （4）温湿度监控要符合规定，确保药品储存环境适宜，设备设施需定期维护保养，确保其处于良好的工作状态，停售药品管理要严格按照规定执行

序号	实施步骤	操作方法及说明	操作标准/注意事项
3	维护和更新数据	（1）定期检查和更新数据库中的信息，确保数据的时效性和准确性 （2）更新供货单位、购货单位及经营品种等信息 （3）定期进行系统维护和升级，确保系统的稳定运行 （4）实施数据备份和灾难恢复计划	（1）确保数据更新及时，避免使用过期信息，数据更新时需保持数据的连贯性和一致性 （2）定期进行安全审计，确保系统的安全性，数据备份要定期进行，并确保备份数据的可用性
4	生成报告分析数据	（1）生成各类业务报告和统计数据，用于内部管理和外部监管 （2）分析销售趋势、库存状况等，辅助决策	（1）报告和统计数据需真实反映实际情况 （2）使用报表进行分析时要考虑全面因素，以支持决策

问题情境一

某药品批发企业新上一套药品经营计算机信息化管理系统，系统使用初期首先应做哪些工作？

解答：首先初始信息化数据。①整理已有的资料，确保资料完整无误；②录入质量管理基础数据，包括供货单位、购货单位、经营品种等信息。

问题情境二

小 H 是某药品批发企业的信息管理员，负责更新和维护药品经营信息化系统，请问他在该工作中有哪些需要注意的？

解答：①确保数据更新及时，避免使用过期信息，数据更新时需保持数据的连贯性和一致性；②定期进行安全审计，确保系统的安全性，数据备份要定期进行，并确保备份数据的可用性。

（四）学习结果评价

序号	评价内容	评价标准	评价结果（是/否）
1	初始信息化数据	能整理已有的资料，确保资料完整无误；并录入质量管理基础数据，包括供货单位、购货单位、经营品种等信息	
2	处理日常业务	能进行药品购销存全过程管理，包括购进、入库验收、在库养护、销售、出库复核等环节；能进行养护管理、库房温湿度记录、设备设施管理等GSP日常管理；确保每个环节都有详细的记录，并且记录内容真实完整	
3	维护和更新数据	能定期检查和更新数据库中的信息，确保数据的时效性和准确性；能更新供货单位、购货单位及经营品种等信息；能定期进行系统维护和升级，确保系统的稳定运行；能实施数据备份和灾难恢复计划	
4	生成报告分析数据	能生成各类业务报告和统计数据，用于内部管理和外部监管；分析销售趋势、库存状况等，辅助决策	

五、课后作业

1. 什么是药品经营信息化管理？包含哪些内容？
2. 药品经营企业信息化管理的意义是什么？
3. 某药品零售连锁企业新上一套药品经营信息化管理系统，请问可以涵盖哪些业务？

B

购进管理

B-1 药品采购管理

B-1-1 能进行药品首营企业审核管理

一、核心概念

1. 首营企业

首营企业指采购药品时，与本企业首次发生供需关系的药品生产或经营企业。

2. 供货单位

供货单位指在药品经营活动中，向具有合法经营资格的药品经营企业提供符合质量标准和法律法规要求的药品，并具备相应生产或经营资质的药品生产企业或药品经营企业。

3. 原印章

原印章指企业在购销活动中，为证明企业身份在相关文件或者凭证上加盖的企业公章、发票专用章、质量管理专用章、药品出库专用章的原始印记，不能是印刷、影印、复印等复制后的印记。

二、学习目标

1. 能理解药品首营企业审核的目的。
2. 能识记并区分药品生产企业和经营企业在首营审核中所需的资料。
3. 能索取并审核首营企业资料，确保资料的真实、有效、一致。
4. 能阐述首营企业审核的操作标准、注意事项并处理审核过程中发现的问题。

三、基本知识

1. 首营企业审核的目的

《药品经营质量管理规范》（现行版）第六十二条要求"对首营企业的审核，应当查验加盖其公章原印章的以下资料，确认真实、有效"。通过首营企业审核，可以全面了解首营企业，确认供货单位的合法资质和质量保证能力；同时降低药品在流通环节中的质量风险，为建立长期稳定的供应链合作关系奠定坚实的基础。

2. 首营企业审核的内容

首营企业审核内容主要包括供货单位的资格审核、供货单位生产或经营环境的考察以及对供货单位质量信誉的考察。审核工作由质量管理部门和采购部门共同完成，可以采用资料审查和验证的方式，必要时进行实地考察。

资格审核涉及验证供货单位的工商营业执照、药品经营或生产许可证等法定资质，确保其合法性和经营范围的合规性。生产或经营环境的考察则侧重于评估药品生产企业的生产条件和经营企业的仓储条件，确保其符合 GMP 要求和药品储存、运输的安全。质量信誉考察则考察供货单位的质量管理体系、管理水平、历史质量问题及其纠正预防措施的有效性。

审核过程中需保持高度警惕性和责任心，确保审核结果的准确性和可靠性，并对存在疑虑或不符合要求的企业及时采取处理措施。

3. 首营企业审核资料

首营企业资料审核目录，详见表 B-1-1-1。

表 B-1-1-1　首营企业资料审核目录

项目	序号	资料目录
企业资料	1	《药品生产许可证》或《药品经营许可证》正本或副本复印件，若在有效期内有过许可变更的，必须提供副本的变更内容
	2	营业执照、税务登记、组织机构代码的证件复印件，及上一年度企业年度报告公示情况
	3	《药品生产质量管理规范》认证证书或者《药品经营质量管理规范》认证证书复印件[注]
	4	供货单位公司的相关印章样式，至少包括企业公章、财务专用章、发票专用章、质量管理专用章、合同专用章、出库专用章、法人印章（或签字）等
	5	随货同行单（票）样式
	6	开票信息：开户户名、开户银行及账号、公司地址
销售人员资料	7	供货单位销售人员身份证复印件
	8	法人授权委托书原件

注：国家药监局关于贯彻实施《中华人民共和国药品管理法》有关事项的公告（2019年第103号）声明：自2019年12月1日起，取消药品GMP、GSP认证，不再受理GMP、GSP认证申请，不再发放药品GMP、GSP证书。2019年12月1日以前受理的认证申请，按照原药品GMP、GSP认证有关规定办理。2019年12月1日前完成现场检查并符合要求的，发放药品GMP、GSP证书。

四、能力训练

（一）操作条件

1. 人员：企业质量负责人应当具有大学本科以上学历、执业药师资格和 3 年以上药品经营质量管理工作经历，在质量管理工作中具备正确判断和保障实施的能力；企业质量管理部门负责人应当具有执业药师资格和 3 年以上药品经营质量管理工作经历，能独立解决经营过程中的质量问题；从事质量管理工作的，应当具有药学中专或者医学、生物、化学等相关专业大学专科以上学历或者具有药学初级以上专业技术职称；从事采购工作的人员应当具有药学或者医学、生物、化学等相关专业中专以上学历。从事质量管理、验收工作的人员应当在职在岗，不得兼职其他业务工作。

2. 设备、器具：计算机、互联网、打印机、电话、文件柜、电子文档管理系统。

3. 资料：《药品经营质量管理规范》（现行版）、《中华人民共和国药品管理法》（现行版）首营企业资质文件、审核记录表。

4. 环境：整洁、明亮、互联网连接稳定的场所。

（二）安全及注意事项

1. 在首营企业审核过程中，采用电子存储方式保管企业资料和个人信息时，必须采取加密措施并定期备份，以防止数据丢失和信息泄露。

2. 法人授权委托书有效期一般不得超过一年。生产企业委托授权品种可表述为"我公司合法生产的品种"并附品种目录；经营企业委托授权品种可表述为"我公司经营的品种"，无须附品种目录。

3. 同一销售人员不得同时在两家或多家药品企业兼职。

（三）操作过程

序号	实施步骤	操作方法及说明	操作标准/注意事项
1	索取材料	采购员向供货单位索取企业资质、印章样式、随货同行单（票）样式、开户信息、销售人员资料	收集的资料应齐全、清晰、无涂改；尤其注意复印件的清晰度和公章的清晰、完整
2	填写"首营企业审批表"	（1）采购员收集齐全资料后，完成"首营企业审批表"填写 （2）采购员在"首营企业审批表"上签字并提交表格给采购部门负责人 （3）采购部门负责人进一步审核并签署意见，同意后将表格提交给质量管理部审核	（1）填写首营企业审批表时，要确保信息准确、完整，符合法规标准，逻辑一致，附件齐全且清晰，遵循内部审核流程，及时完成填写与提交 （2）在填写审核表时，注意保密企业信息，及时沟通确认疑问，若企业信息变更时，应及时更新审核表中的相关信息
3	审核审批企业资质	（1）质量管理部审核资质证明文件的完整性、真实性、有效性、一致性，并对企业的质量保证能力进行考查，确定供货单位及其销售人员的合法性，签署意见并上报质量管理部负责人 （2）质量管理部负责人审核并确认是否为合格供货方，签署意见并上报质量负责人 （3）质量负责人签署批准文件，即是否建立供货关系	（1）确保所有材料均加盖供货单位公章原印章 （2）审核《药品生产企业许可证》《GMP证书》《药品经营许可证》《GSP证书》的真实性和有效性 ①登录国家药品监督管理局网站以及各省食品药品监督管理局网站进行查询核实，核对许可证上的单位名称、法定代表人、注册地址、仓库地址、生产范围或经营范围等是否与网站公布的内容相符，如有不符是否有变更证明 ②核查许可证、认证证书是否在批准的有效期内 ③核查拟供药品是否在生产或经营许可范围内 （3）审核《营业执照》的真实性、一致性和有效性 ①登录该企业所在地的市场监督管理局网站进行企业信息查询，核查企业是否存续，执照是否有效，是否按时填报年度报告； ②核对《营业执照》的名称、法定代表人、住所等与许可证相关信息的一致性，以及营业执照是否在有效期内，是否加盖公章原印章 （4）供货单位印章式样应为原尺寸、原规格的原印章 （5）随货同行单（票）样式须为加盖供货单位企业公章及出库专用章的原始件，不得使用复印件加盖公章样式 （6）销售人员资料的法人授权委托书必须为原件，并且必须加盖公章原章和法人印章或签名。同时委托书必须载明被授权人姓名、身份证号，以及授权的品种、地域、期限
4	录入计算机系统	审核审批通过后，质量管理部在计算机系统内录入并更新维护供货方信息	保证计算机系统中的供货方信息准确、最新，便于后续查询和管理
5	建立合格供货方的档案	将审批表和相关资料存档，建立维护合格供货方档案	供货方档案应包含初次提供及所有变更的材料，确保合法资质和证明文件持续有效，便于追溯和审查
6	签订质量保证协议	采购部门根据质量负责人签字的首营表，和供货单位签订质量保证协议	（1）采购部门必须收到有质量负责人签字的首营表才能进行业务活动 （2）质量保证协议应当至少按年度签订 （3）质量保证协议应从药品的合法性、质量情况、有效期、合法票据、药品包装情况、运输方式、运输条件等按照药品特性做出明确规定，并明确协议的有效期、双方质量责任，注明签约时间并加盖供货单位公章或合同章原印章

🔖 问题情境一

某连锁大药房计划从一家新合作的药品生产企业采购一批新型降压药。在进行首营企业审核时，连锁大药房质管部发现药品生产企业提供的《药品生产许可证》即将到期。请问针对《药品生产许可证》即将到期的情况，连锁大药房质管部应如何处理？

解答：连锁大药房质管部应要求药品生产企业提供《药品生产许可证》的续期证明或已完成的续期证件，并在确认其有效性后再进行后续合作。若续期证明无法及时提供，企业可暂停与该企业的合作，直至其证件更新完毕。

问题情境二

一家药品经营企业拟与药品生产企业"A制药"建立合作关系，但在审核过程中发现其提供的销售人员授权书虽为原件，但授权期限已过期，且未明确授权的地域范围。请问该如何处理销售人员授权书期限过期和地域范围不明确的问题？

解答：针对销售人员授权书期限过期和地域范围不明确的问题，药品经营企业应要求"A制药"提供新的、在有效期内的授权书，并明确授权销售的品种、地域和期限。对于地域范围不明确的情况，应要求其在授权书中详细列出具体地域范围，以确保销售人员在授权范围内进行销售活动。

（四）学习结果评价

序号	评价内容	评价标准	评价结果（是/否）
1	索取材料	能准确向供货单位索取首营企业资料，收集的资料齐全、清晰、无涂改，并且资料上的公章清晰、完整	
2	填写"首营企业审批表"	能完整、准确、及时填写首营企业审核表，提交的附件齐全且清晰；企业信息变更时，能及时更新审核表中的相关信息	
3	审核审批企业资质	能审核资质证明文件的完整性、真实性、有效性、一致性、合法性并准确给出审核意见	
4	录入计算机系统	能准确、完整地输入供货方信息到计算机系统	
5	建立合格供货方的档案	能将审批表和相关资料及时存档，并能建立和维护合格供货方档案	
6	签订质量保证协议	能审核质量保证协议内容的完整性、有效性	

五、课后作业

1. 请简述首营企业质量审核的作用是什么？
2. 请简述质量管理部在审核首营企业时，主要审核哪些资料？
3. "某某药店"计划和E企业建立采购关系，在首营资料审核中，质量管理部发现E企业提供的营业执照复印件上的法定代表人姓名与工商注册信息不一致。针对该资料错误，"某某药店"应该如何处理？

B-1-2　能进行药品首营品种审核管理

一、核心概念

1. 首营品种

首营品种是指本企业首次采购的药品，包括首次从药品批发企业、药品生产企业采购的同一品种、规格、批号的药品和已有同一品种的新规格、新剂型、新包装药品。

2. 药品注册批件

药品注册批件是国家药品监督管理局批准某药品生产企业生产该品种，发给"批准文号"的法定文件。

3. 药品质量标准

药品质量标准是指对药品质量指标、生产工艺和检验方法等所作的技术要求和规范，是鉴别药品真伪，控制药品质量的依据。

二、学习目标

1. 能理解药品首营品种审核的目的。
2. 能识记并区分国产药品和进口药品在首营审核中所需的资料。
3. 能索取并审核首营品种资料，确保资料的真实、有效、一致。
4. 能阐述首营品种审核的操作标准、注意事项并处理审核过程中发现的问题。

三、基本知识

1. 首营品种审核的目的

《药品经营质量管理规范》（现行版）第六十三条要求"采购首营品种应当审核药品的合法性，索取加盖供货单位公章原印章的药品生产或者进口批准证明文件复印件并予以审核，审核无误的方可采购。"通过首营品种审核，可以确定购入药品的合法性，了解药品的质量、储存条件等基本情况，明确企业有无经营该品种的能力和条件。

2. 首营品种审核的内容

首营品种审核内容主要包括核实药品的批准文号及质量标准，审核药品包装、说明书、标签等是否符合规定，明确药品适应证或功能主治、储存条件、检验方法及质量状况。核实药品是否符合供货单位《药品生产（经营）许可证》规定的生产（经营）范围，是否超出本企业经营范围，严禁采购超生产（经营）范围的药品。

3. 首营品种审核资料

首营品种资料审核目录，详见表 B-1-2-1。

四、能力训练

（一）操作条件

1. 人员：企业质量负责人应当具有大学本科以上学历、执业药师资格和 3 年以上药品经营质量管理工作经历，在质量管理工作中具备正确判断和保障实施的能力。企业质量管理部门负责人应当具有执业药师资格和 3 年以上药品经营质量管理工作经历，能独立解决经营过程中的质量问题。从事质量管理工作的，应当具有药学中专或者医学、生物、化学等相关专业大学专科以上学历或者具有药学初级以上专业技术职称；从事采购工作的人员应当具有药学或者医学、生物、化学等相关专业中专以上学历。从事质量管理、验收工作的人员应当在职在岗，不得兼职其他业务工作。

表 B-1-2-1　首营品种资料审核目录

项目	序号	国产药品	进口药品		
			进口药品	进口分装药品	进口中药材
首营品种	1	《药品注册批件》或《再注册批件》《药品补充申请批件》复印件	（1）《进口药品注册证》《医药产品注册证》或者《进口药品批件》复印件 （2）进口麻醉药品、精神药品还应提供《进口准许证》复印件	（1）进口分装的《药品补充申请批件》复印件 （2）原注册证号的《药品注册证》《进口药品注册证》或《医药产品注册证》复印件	《进口药材批件》复印件
	2	药品质量标准复印件	药品质量标准复印件	进口药品注册标准复印件	进口药材质量标准复印件
	3	（1）供货单位为药品生产企业，需要提供药品的包装、标签、说明书实样 （2）供货单位为药品经营企业，需提供药品的包装、标签、说明书实样或复印件	药品标签、说明书、包装的实物或复印件	药品的包装、标签、说明书实样	药材的包装、标签、说明书实样
	4	法定检验机构或本生产企业的检验报告书	加盖"已抽样"的"进口药品通关单"或"进口药品检验报告书"复印件	进口药品检验报告书	进口药品检验报告书
	5	该药品的生产企业证明性文件，包括《药品生产企业许可证》复印件、《营业执照》复印件	/	该药品的生产企业证明性文件，包括《药品生产企业许可证》复印件、《营业执照》复印件	/

2.设备、器具：计算机、互联网、打印机、电话/传真机、文件柜/电子文档管理系统等。

3.资料：《药品经营质量管理规范》（现行版）《中华人民共和国药品管理法》（现行版）、首营品种资质文件、审核记录表。

4.环境：整洁、明亮、互联网连接稳定的场所。

（二）安全及注意事项

1.在首营品种审核过程中，采用电子存储方式保管企业资料和个人信息时，必须采取加密措施并定期备份，以防止数据丢失和信息泄露。

2.原有经营品种发生规格、剂型或包装变更时，应重新进行首营品种审核。

3.药品批发和零售连锁企业购进首营品种需进行药品内在质量检验，如无内在质检能力的，应向供货单位索要该批号药品的质量检验报告书，或送官方药品检验所检验。

（三）操作过程

序号	实施步骤	操作方法及说明	操作标准/注意事项
1	索取首营材料	采购员根据拟购品种，向供货单位索取加盖原章的首营品种证明文件材料，并对材料进行初步审核	确保所有材料均加盖原章，并对材料的完整性和合规性进行初步检查
2	填写"首营品种审批表"	（1）采购员收集齐全资料后，完成"首营品种审批表"填写 （2）采购员在"首营品种审批表"上签字并提交表格给采购部门负责人审核 （3）采购部门负责人进一步审核并签署意见，同意后将表格提交给质量管理部审核	（1）填写首营品种审核表时，要确保信息准确、完整，符合法规标准，逻辑一致，附件齐全且清晰，遵循内部审核流程，及时完成填写与提交 （2）在填写审核表时，注意保密企业信息，及时沟通确认疑问，若出现信息变更，应及时更新审核表中的相关信息

序号	实施步骤	操作方法及说明	操作标准/注意事项
3	审核审批首营品种资质	（1）质量管理部审核资质证明文件的完整性、真实性、有效性、一致性、合法性，签署意见并上报质量管理部负责人 （2）质量管理部负责人审核、签署意见并上报质量负责人 （3）质量负责人审核并确认是否批准购进首营品种，签署意见	（1）确保材料齐全，并且均加盖供货单位公章原印章 （2）首营品种必须在供货单位《药品生产许可证》或《药品经营许可证》的经营范围内，并在本公司《药品经营许可证》的经营范围内 （3）审核资质文件的真实性和有效性 ①登录国家药品监督管理局网站对药品批准文号进行查询，确认所提供资质的真实性 ②国产药品《药品注册批件》及《药品再注册批件》有效期为5年，超过有效期的，需要提供新的《药品再注册批件》或《再注册受理通知书》 （4）审核资质文件的一致性 ①国产药品需核对药品包装、标签、说明书的品名、规格、生产企业、批准文号、药品标准、有效期等信息与《药品注册批件》或《再注册批件》上载明的相关信息是否一致，如不一致的需提供相应的《药品补充申请批件》或其他证明文件。药品标准变更需提供《国家药品标准颁布件》及新的标准 ②进口药品及进口分装药品需与《药品注册批件》《药品补充申请批件》《进口药品注册证》《医药产品注册证》《进口准许证》上载明的相关信息核对，如不一致应重新提供正确的资料 ③进口中药材需核对产地是否与《进口药材批件》一致 （5）药品包装、标签、说明书应符合国家药品监督管理局关于药品标签说明书的相关规定
4	计算机系统录入药品信息	审核审批通过后，在计算机系统内录入并更新维护药品信息	保证计算机系统中的药品信息准确、最新，便于后续查询和管理
5	建立药品质量档案	将审批表和相关资料存档，建立并维护药品质量档案	质量档案应包含初次提供及所有变更的材料，确保合法资质和证明文件持续有效，便于追溯和审计

问题情境一

某药品经营企业在进行首营品种审核时，发现生产企业提供的药品检验报告中部分检验项目结果与国家药品质量标准不一致。该企业应如何处理？

解答：药品经营企业应首先暂停该首营品种的审核流程，并与供货单位沟通，要求对检验报告中的不一致之处提供解释和补充材料。如果供货单位无法提供合理的解释或补充材料，企业应考虑重新选择供货来源或等待供货单位提供符合标准的检验报告。

问题情境二

某药品经营企业近期计划采购一批抗生素，在进行首营品种审核时，发现供货单位提供的该抗生素药品执行标准与在《药品再注册批件》中的信息不一致。该企业应如何进行下一步操作？

解答：该药品经营企业首先应先与供货单位沟通，明确执行标准的具体内容与要求，再要求供货单位提供准确的执行标准证明，如《药品补充申请批件》，核实新证明文件的真实性和有效性；在必要时可以更换供货来源；同时详细记录审核问题处理过程，确保药品信息的准确性和一致性。

（四）学习结果评价

序号	评价内容	评价标准	评价结果（是/否）
1	索取首营材料	能准确向供货单位索取首营企业资料，收集的资料齐全、清晰、无涂改，并且资料上的公章清晰、完整	

序号	评价内容	评价标准	评价结果（是/否）
2	填写"首营品种审批表"	能完整、准确、及时填写首营企业品种审核表，提交的附件齐全且清晰；品种信息变更时，能及时更新审核表中的相关信息	
3	审核审批首营品种资质	能审核资质证明文件的完整性、真实性、有效性、一致性、合法性并准确给出审核意见	
4	计算机系统录入药品信息	能准确、熟练、及时地在计算机系统中输入药品信息	
5	建立药品质量档案	能建立和维护药品质量档案的完整性、组织性和可追溯性，并能对所有相关材料做好整理和存档	

五、课后作业

1. 请简述首营品种质量审核的目的是什么？

2. 质量管理部在审核首营品种时，主要审核哪些资料？

3. 某药品经营企业准备和"C制药"企业合作，在审核首营资料时发现"C制药"提供的某款新药尚未获得国家药品监督管理局（NMPA）的正式批准文号，但"C制药"声称该产品已通过临床试验并即将获得批准。请问未获得正式批准文号的药品能否进行销售？药品经营企业应如何处理这种情况？

B-1-3 能进行购销合同管理

一、核心概念

1. 采购合同

采购合同指供货方与需求方之间，就货物的采购数量、价格、质量要求、交货时间、地点和交货方式、结算方式等事项，经过谈判协商一致同意而签订的"供需关系"的法律性文件。根据采购业务的不同情况，采购合同的形式可分为书面形式和口头形式。

2. 合同管理

合同管理是指对采购合同的签订、履行、变更和解除等进行全过程监控和管理的一系列活动。

二、学习目标

1. 能理解药品采购合同的主要内容与订立原则。

2. 能概述药品采购合同中质量保证协议的作用和关键内容。

3. 能进行药品采购合同的审核和签订。

三、基本知识

1. 药品采购合同的主要内容

药品采购合同，其构成需全面、详尽，以确保合同双方的权益得到充分保障。合同条款一般包含以下内容。

（1）药品的详细描述：包括名称、规格、生产厂家、批准文号和有效期。

（2）数量与质量要求：明确药品的数量、单位、质量标准及技术要求，特别是符合国家药品标准或注册标准。

（3）价款与支付方式：规定药品的单价、总价、支付时间、支付方式和发票要求。

（4）履行期限、地点和方式：明确交货时间、地点、运输方式及费用承担。

（5）包装与验收：明确药品的包装要求、验收标准、方法和期限。

（6）质量条款：企业如果与供货方签订了质量保证协议，则不必在每份合同上都写明质量条款，但需说明按双方另行签订的质量保证协议执行。

（7）违约责任：规定违反合同条款时的责任和可能涉及的违约金或赔偿。

（8）争议解决：包括合同争议的解决方式和仲裁或诉讼的管辖地。

（9）合同当事人的详细信息：如名称、地址、联系方式和法定代表人或授权代表。

（10）其他条款：如保密、合同变更与解除等。

2. 订立采购合同的原则

为确保药品采购合同的顺利履行并预防合同纠纷，签订合同时应遵循以下原则。

（1）法人原则：合同当事人必须具备法人资格，即依法成立、具有独立组织机构、拥有独立财产，并能以自身名义独立承担民事责任的组织。法人应依法登记设立，并以其全部财产对合同义务承担责任。若需委托代理人签订合同，必须提供相应的委托证明。

（2）合法原则：合同的签订必须遵守国家的法律、法令、方针和政策，内容和手续应符合合同管理相关的条例和细则，确保合同的合法性。

（3）诚实信用原则：合同双方应诚实遵守合同规定，积极履行合同义务，不得故意隐瞒事实、提供虚假信息或存在欺诈行为。

（4）平等互利原则：合同的签订应基于平等互利的基础上，通过充分协商达成共识，确保双方权利和义务的平衡。

（5）书面原则：为保障双方利益，采购合同应采用书面形式明确各项条款。虽然允许预先通过口头形式进行要约，但最终合同的确认和条款的约定必须以书面形式呈现。

3. 质量保证协议

质量保证协议是药品采购合同中不可或缺的部分，对于保障药品质量、维护双方利益具有重要意义，它不仅规定了供应商必须遵循的质量标准和保证措施，也明确了不合格药品的处理流程、药品召回的具体步骤，以及解决质量纠纷的途径。

根据《药品经营质量管理规范》（现行版）第六十五条的要求，药品采购合同中的质量保证协议应至少包含以下关键内容。

（1）明确双方质量责任。

（2）供货单位应当提供符合规定的资料且对其真实性、有效性负责。

（3）供货单位应当按照国家规定开具发票。

（4）药品质量符合药品标准等有关要求。

（5）药品包装、标签、说明书符合有关规定。

（6）药品运输的质量保证及责任。

（7）质量保证协议的有效期限。

4. 采购合同审核与签订流程

签订合同的程序是指合同当事人双方对合同的内容进行协商，达成共识，并签署书面协议的过程。企业对所拟订的采购合同，都应经过严格的审核，审核通过后方可进行合同签订，同时应及时建立合同档案，标准书面合同均需进行编号、登记，设立管理台账。凡有关合同履行、变更和解除的往来文书、电话记录、电报、传真一并归入档案保存。采购合同审核与签订的流程参见图 B-1-3-1。

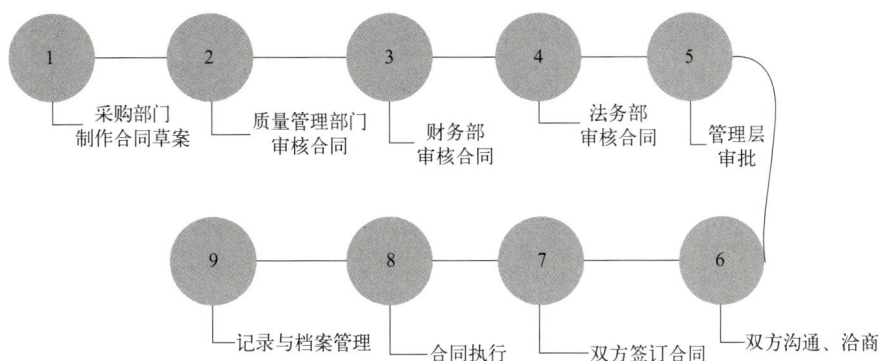

图B-1-3-1　采购合同审核与签订流程

四、能力训练

（一）操作条件

1. 人员：企业质量负责人应当具有大学本科以上学历、执业药师资格和 3 年以上药品经营质量管理工作经历，在质量管理工作中具备正确判断和保障实施的能力。企业质量管理部门负责人应当具有执业药师资格和 3 年以上药品经营质量管理工作经历，能独立解决经营过程中的质量问题。从事质量管理工作的，应当具有药学中专或者医学、生物、化学等相关专业大学专科以上学历或者具有药学初级以上专业技术职称；从事采购工作的人员应当具有药学或者医学、生物、化学等相关专业中专以上学历。从事质量管理、验收工作的人员应当在职在岗，不得兼职其他业务工作。财务应当具备财务管理相关专业背景及相应资格证书，法务应当具备法学专业背景及法律职业资格证书。

2. 设备、器具：计算机、互联网、打印机、电话 / 传真机、文件柜 / 电子文档管理系统等。

3. 资料：《药品经营质量管理规范》(现行版)、《中华人民共和国药品管理法》(现行版) 药品采购合同、质量保证协议。

4. 环境：整洁、明亮、互联网连接稳定的场所。

（二）安全及注意事项

1. 企业必须与供应商签订正式的书面采购合同，并且安全存储合同文档，确保在监管检查或法律诉讼中能够迅速调取。

2. 合同中应明确规定产品的质量标准和技术要求，严格依据注册资料和国家标准，确保产品质量并避免合规风险。

3. 合同签订是一个严肃的法律行为，应避免任何非正式或延迟签订的做法。

4. 供货方提供的质量保证协议书条款不全时不可采用手工添加质量条款的形式，可签订补充协议。双方均要盖公章，若条款有标明签字生效，则必须法人或授权委托人签字，且授权委托上必须有授权签订质量保证协议的内容；若条款标明盖章生效，则无须签字。

（三）操作过程

序号	实施步骤	操作方法及说明	操作标准/注意事项
1	合同草案制定	（1）采购部门详细列出采购药品的名称、规格、数量、质量要求等 （2）明确价款、支付方式、履行期限、地点和方式 （3）规定包装、验收标准、方法和期限 （4）合同中写入质量条款或引用质量保证协议 （5）设定违约责任和解决争议的方式	（1）确保所有必要信息都被包括在内，避免遗漏 （2）遵循国家药品采购的相关法律法规 （3）拟定采购合同时必须使用清晰、准确的语言，避免模糊表述
2	合同审核	（1）质量管理部门对合同中的质量条款进行审核，确保药品质量符合标准 （2）财务部门对合同中的财务条款进行审核，评估成本效益并确认符合财务政策 （3）法务部门对合同的法律条款进行全面审查，审查合同条款是否合法合规，是否存在潜在风险。确认质量保证协议的有效性和完整性 （4）各部门审核后，合同提交给管理层进行最终审批	（1）审核过程应有记录，包括审核人、审核时间、审核意见等 （2）如发现问题，应及时与采购部门沟通，要求修改 （3）确保审核的全面性和细致性
3	合同修订与完善	（1）采购部门根据审核意见对合同草案进行必要的修改 （2）确保所有修改都经过双方同意，并记录在案 （3）对修改后的合同进行再次审核，确保无误	（1）修改过程应保持合同的连贯性和一致性 （2）确保所有修改都符合法律法规和企业政策 （3）修改后的合同应再次经过质量管理部门、财务和法务确认
4	合同签订	（1）双方就修订后的合同达成一致意见后，由法定代表人或授权代表签字，并加盖公章或合同专用章 （2）必要时，报请见证机关见证，或报请公证机关公证。有的经济合同，法律规定还应获得主管部门的批准或工商行政管理部门的签证。对没有法律规定必须签证的合同，双方可以协商决定是否见证或公证	（1）签字前，双方应再次仔细阅读合同内容，确保无误 （2）确保签字、盖章手续齐全，符合法律要求
5	合同执行与监督	（1）采购部门按照合同规定进行药品采购，确保按时、按量、按质完成 （2）质量管理部门对采购过程进行全程监督，确保药品质量符合合同要求 （3）如有变动，应及时通知对方，并签订补充协议	（1）执行过程中，应保持与对方的沟通，及时解决问题 （2）确保所有采购活动都符合合同规定，避免违约 （3）如有纠纷，应及时处理，避免影响合同执行
6	合同归档与管理	（1）合同签订后，将合同原件及相关资料归档保存，建立合同管理台账 （2）定期对合同进行复审，确保合同的有效性 （3）对合同执行过程中的所有文件进行整理、归档	（1）归档过程应确保合同资料的完整性和安全性，避免丢失或泄漏 （2）定期对合同进行复审，确保合同内容仍符合法律法规和企业政策

🔧 问题情境一

作为一家药品经营公司的质量管理负责人，你正在与一家新的药品供应商签订质量保证协议。在签订协议之前，你觉得协议中应包含哪些关键要素以确保药品的质量？

解答：在签订药品的质量保证协议时，关键要素包括确保供应商所提供资料的真实性和有效性，符合国家规定的合格证明和检验报告要求；明确供应商按照国家税务规定开具合规发票的责任；保证药品的包装、标签和说明书遵守国家药品管理相关规定；规定供应商在药品运输过程中的质量管理责任，确保运输条件满足药品保存要求；以及设定质量保证协议的有效期限，并建立法规变化或其他情况下重新评估和更新协议的机制。

某省一规模较大的供应商，有一个降级发货条件的发货习惯，比如应该 -20℃ 的改为 -4℃ 发货，这家供应商在合同的运输条款里是有明确规定的，只是在执行中走了样。作为采购经理，你应该如何处理这个问题？

解答：作为采购经理，面对供应商未遵守合同规定的运输条件时，首先需在合同中明确运输条件要求及其违规后果；其次，建立并执行严格的药品验收流程，确保每次收货都核实运输条件；此外，要求现场确认运输条件并记录，对于不符合规定的药品坚决拒绝验收；同时，持续监督供应商的运输流程，确保其符合规定；必要时，更新合同以包含更严格的质量控制和违规惩罚条款。

（四）学习结果评价

序号	评价内容	评价标准	评价结果（是/否）
1	合同草案制定	能准确列出采购药品的关键信息，明确合同核心条款，规定包装、验收标准以确保药品质量，同时在合同中明确质量条款，并设定违约责任和争议解决方式	
2	合同审核	能对合同草案进行全面审核，确保条款符合法规政策，识别并指出潜在风险或不明确之处，与采购部门有效沟通并就审核意见达成一致，同时确保审核过程有详细记录	
3	合同修订与完善	能根据审核意见对合同草案进行必要的修改和完善，确保所有修改都经过双方同意并记录在案，同时能对修改后的合同进行再次审核以确保无误	
4	合同签订	能确保双方就修订后的合同达成一致后再行签订，确认合同由法定代表人或授权代表签字盖章，手续齐全合法，并在签订前确认合同内容无误，避免纠纷	
5	合同执行与监督	能按照合同规定进行药品采购，确保按时、按量、按质完成，对采购过程进行全程监控。能及时处理合同执行过程中的变动或问题，定期回顾合同执行情况	
6	合同归档与管理	能及时将合同原件及相关资料归档保存，建立合同管理台账，定期复审合同，整理归档执行文件	

五、课后作业

1. 请简述药品采购合同中质量保证协议的主要作用是什么？
2. 请说明在药品采购合同中，为什么需要特别关注药品的运输条件？
3. 你是一家药品经营企业的负责人，目前正在与一家药品生产企业进行采购合同的续签工作。在过去的合作中，你注意到虽然药品质量总体良好，但偶尔会出现交货延迟的情况，这对你们的业务运营造成了一定的影响。你希望在新的合同中解决这一问题，请问你将如何操作？

B-1-4　能进行药品采购情况质量评审

一、核心概念

1. 药品采购质量评审

药品采购质量评审指对药品采购过程中的质量进行全面、系统的评价活动，确保所采购药品的质量符合法定标准。

2. 入库验收合格率

入库验收合格率指药品入库前经过验收合格的批次数与总批次数的比值，是衡量药品采购质量的重要指标之一。

3. 药品在库稳定性

药品在库稳定性指药品在储存过程中保持其质量和疗效稳定的能力，药品在库稳定性受储存条件、包装材料、有效期等多种因素影响。

二、学习目标

1. 能理解药品采购质量评审的目的并概述关键步骤。
2. 能分析药品采购质量评审的数据和信息，识别潜在的质量问题和风险点。
3. 能综合信息，对药品采购质量进行全面、客观的评价，并形成综合性的评审报告。

三、基本知识

1. 质量评审的目的

根据《药品经营质量管理规范》（现行版）第七十一条规定，企业应当定期对药品采购的整体情况进行综合质量评审，建立药品质量评审和供货单位质量档案，并进行动态跟踪管理。因此，药品采购质量评审的目的主要在于通过严格的评审流程，全面评估供货单位的资质、产品质量控制体系、历史供货表现以及市场信誉等关键指标，有效淘汰那些质量不可靠和信誉不良的供货单位，从而确保所采购的药品质量满足高标准要求。

2. 质量评审的内容

药品采购质量评审的内容应当全面而详尽，以确保对所采购药品的质量进行全方位、多层次的评估。具体评审内容参见图 B-1-4-1 药品采购质量评审表。

_____年度药品采购质量评审表

被评审部门： 评审组员： 评审时间：

供应商	药品名称	规格	单位	生产企业	进货批次	进货验收合格率%	储存养护合格率%	销售退回次数	退货原因

评审内容	评审结果 是 否	评审内容	评审结果 是 否	评审内容	评审结果 是 否
首营品种是否有审批表及相应资料		是否制订有计划，并按计划执行		药监部门监督抽查是否有质量情况	
是否有供货方的档案资料及有关证明文件		是否有采购合同或电话要货记录		客户使用产品是否有相关质量投诉	
是否有供货方的质量保证协议		购进的药品是否手续完全		所供药品是否出现过质量事故	
购进是否完整		进货验收质量情况，购进环节是否有假劣药品发生		所供药品是否符合国家药品标准	

存在问题	无质量问题	原因分析	
改善措施	—	评定结果	

采购部门： 储运部： 销售部： 质管部： 质量负责人：

图B-1-4-1 药品采购质量评审表

3.质量评审的要求

（1）建立评审体系：企业必须建立并维护一个完善的药品采购质量评审体系，确保评审活动的合规性、有效性和质量可控性。

（2）供货单位档案管理：为每个供货单位建立并定期更新独立的质量档案，包括资质证明、供货记录、信誉评价等，并在问题发生时记录风险预警及处理过程。

（3）定期评审与报告：至少每年进行一次药品采购质量评审，评审结束后编写包含目的、范围、方法、结果及改进建议的详细报告。

（4）档案动态管理：建立药品采购质量评审档案，实行动态管理，及时更新评审结果和改进措施，确保信息的准确性和可追溯性。

4.质量评审的方法

实际工作中可以通过审查、验证、现场考察等方式方法对采购质量进行多维度的评审。对供货单位质量管理体系的审核和验证，主要包括供应商及药品的资质审核、质量保证协议审查、历史质量记录核查，以及对检验报告和质量标准的核实。现场考察是评审的关键环节，主要是对生产环境、生产流程、设备设施的检查，以及对储存条件、库存管理的考察评估。

为了提高评审的准确性和有效性，评审人员需掌握文件审查、现场检查、数据分析等技巧，并熟悉如何应用质量评审表格、报告模板等实用工具，以规范记录和分析评审数据，编制详尽的评审报告。

四、能力训练

（一）操作条件

1.人员：由采购部、质量部、销售部、储运部等业务部门共同组成药品采购质量评审组织。

2.设备、器具：计算机、互联网、打印机、电话/传真机、文件柜/电子文档管理系统等。

3.资料：《药品经营质量管理规范》（现行版）、《中华人民共和国药品管理法》（现行版）药品采购合同、质量保证协议、采购发票、验收记录、供应商以及药品的资质文件。

4.环境：整洁、明亮、互联网连接稳定的场所。

（二）安全及注意事项

1.在进行药品采购情况质量评审前，应制订详细的评审计划和方案，明确评审的目标、内容、方法和步骤。

2.评审过程中应保持客观、公正的态度，不受任何外部因素的干扰和影响。

3.对评审中发现的问题和不足，应及时提出并要求供应商进行整改，确保问题得到妥善解决。

4.评审结束后，应编写详细的评审报告，对评审结果进行总结和分析，并提出改进建议。

5.评审人员应不断学习和提升自己的专业能力，以适应药品采购质量评审工作的需要。

6.严格遵守保密规定，不得泄露评审过程中的敏感信息和数据。

（三）操作过程

序号	实施步骤	操作方法及说明	操作标准/注意事项
1	收集采购资料	（1）从采购部门获取药品采购合同、发票、验收记录等文件 （2）从质量管理部门获取药品质量检验报告、供应商资质审核资料等	（1）资料必须完整、准确，无遗漏或错误。所有文件均符合国家和地方药品采购相关法规要求 （2）注意资料的时间范围，确保评审的时效性
2	审核供应商资质	（1）仔细检查供应商的营业执照、药品生产/经营许可证等资质文件，确认其合法性和有效性 （2）评估供应商的信誉度，包括历史合作情况、客户反馈等 （3）对有不良记录的供应商进行特别关注，并考虑是否继续合作	（1）供应商资质必须齐全、有效，且在有效期内 （2）对供应商的信誉度进行客观评估，不受主观因素影响 （3）对有不良记录的供应商进行深入调查，并记录在案
3	分析采购药品质量	（1）根据质量检验报告，详细分析药品的质量指标，包括有效成分含量、杂质含量等 （2）对比历史数据，评估药品质量的稳定性。对异常数据或趋势进行深入调查，并找出原因	（1）质量指标必须符合国家药品标准，且数据准确可靠 （2）对历史数据进行全面分析，确保评估的准确性 （3）对异常数据或趋势进行及时报告和处理
4	审查采购过程合规性	（1）仔细检查采购合同，确保其中明确质量条款、交货期限、违约责任等 （2）评估采购过程是否符合公司规定和法规要求 （3）对违规行为进行记录和报告，并提出改进建议	（1）采购合同必须明确质量责任，确保双方权益 （2）采购过程必须符合公司规定和法规要求，无违规行为 （3）对违规行为进行及时报告和处理，并提出有效的改进建议
5	做出评审结论	（1）综合以上分析，判断药品采购情况的质量是否合格 （2）编写评审报告，详细阐述评审过程、结果和改进建议 （3）提交评审报告给领导审阅	（1）评审结论必须客观、公正，无偏见或主观臆断 （2）评审报告必须详细、清晰，易于理解和执行 （3）对改进建议进行充分论证，确保其针对性和可行性
6	跟踪改进措施	（1）将评审报告和改进建议提交给业务部门（采购部、质量部、销售部、储运部），并跟踪其执行情况 （2）定期回顾和总结改进措施的实施效果，并进行持续改进	（1）确保改进措施得到有效执行，无拖延或敷衍现象 （2）对改进效果进行定期回顾和总结，确保持续改进的有效性。对未执行的改进措施进行及时催办和跟踪

问题情境一

某药品零售连锁公司在向本省大型药品批发企业采购药品的过程中，为了确保所采购药品的质量，公司设定了严格的进货验收合格率标准。作为质量评审人员，你应如何进行全面检查，以确保每批次药品的进货验收合格率符合公司设定的标准？

解答：作为质量评审人员，在药品采购情况质量评审中，我应严格检查进货验收环节，确保每批次药品均经过严格的验收程序，如核对药品名称、规格、数量、生产厂家、生产日期、有效期等关键信息，并进行必要的外观检查、包装完整性检查等。同时，建立进货验收合格率的统计机制，对不合格批次进行及时记录和处理，通过定期分析和改进，确保整体进货验收合格率稳定在公司设定的标准之上。

问题情境二

在药品采购质量评审过程中，供应商的供货质量稳定性及可靠性是评估的重点之一。作为评审人员，你应如何综合考虑多方面因素，全面评估供应商的供货质量稳定性及可靠性，以确保药品采购的合规性和质量？

解答：作为评审人员，在评估供应商的供货质量稳定性及可靠性时，我会综合考虑多方面因素。首先，详细审查供应商的历史供货记录，包括药品质量投诉情况、退货率等关键指标。其次，定期实地考察供应商的生产环境、质量管理体系及质量控制能力，确保其符合相关法规和公司要求。此外，还应关注供应商的市场信誉和口碑，以及其在行业内的地位和持续提供高质量药品的能力。通过综合这些信息，形成对供应商供货质量稳定性及可靠性的全面评估报告。

（四）学习结果评价

序号	评价内容	评价标准	评价结果（是/否）
1	收集采购资料	能完整、准确地收集药品采购合同、发票、验收记录等文件，并能从质量管理部门获取药品质量检验报告、供应商资质审核资料等，确保所有资料均为期限内的版本，并核对资料的完整性和准确性	
2	审核供应商资质	能仔细检查供应商的营业执照、药品生产/经营许可证等资质文件，确认其合法性和有效性，并能对供应商的信誉度进行客观评估，包括历史合作情况、客户反馈等，对有不良记录的供应商进行特别关注，并考虑是否继续合作	
3	分析采购药品质量	能根据质量检验报告，详细分析药品的质量指标，并能对比历史数据，评估药品质量的稳定性，对异常数据或趋势进行深入调查，并找出原因	
4	审查采购过程合规性	能仔细检查采购合同，确保其中明确质量条款、交货期限、违约责任等，并能评估采购过程是否符合公司规定和法规要求，对违规行为进行记录和报告，并提出改进建议	
5	做出评审结论	能综合以上分析，判断药品采购情况的质量是否合格，并能编写评审报告，详细阐述评审过程、结果和改进建议，提交评审报告给相关部门和领导审阅，确保评审结论客观、公正	
6	跟踪改进措施	能将评审报告和改进建议提交给相关部门，并跟踪其执行情况，定期回顾和总结改进措施的实施效果，并进行持续改进，确保改进措施得到有效执行，无拖延或敷衍现象	

五、课后作业

1. 请简述药品采购情况质量评审的主要目的。

2. 请简述药品采购情况质量评审的基本流程。

3. 请设计一个药品采购情况质量评审的方案，包括评审目标、评审内容、评审方法、评审步骤等，并说明该方案如何确保药品采购的质量和安全。

B-2 药品收货管理

B-2-1 能进行一般药品的收货管理

一、核心概念

1. 收货

药品收货是指企业对到货药品通过检查运输方式和运输条件、查验票据、检查核对货源和实物等环节，将符合条件的药品按照其特性放入相应待验区的过程。

2. 随货资料

随货资料是指随着货物一起到货的销售单据及相关的证明文件，包括随货同行单、注册证、检验报告、出库单等。

3. 物流凭证

物流凭证是指记录药品运输过程中重要信息的各种证明文件。常用的物流凭证包括运输单据、装箱单、提单等。

二、学习目标

1. 能按药品的收货流程完成一般药品的收货，并完成相应记录的填写。
2. 能识别一般药品收货环节中的异常情况并进行处理。

三、基本知识

1. 随货同行单

随货同行单是各供货单位的发货单据即出库单。随货同行单应当包括供货单位、生产厂商、上市许可持有人、药品的通用名称、剂型、规格、批号、数量、收货单位、收货地址、发货日期等内容，并加盖供货单位药品出库专用章原印章。随货同行单样式可不一致，但必须在购货单位处对其样式及出库红章样式进行备案，且单据上必须有"随货同行"字样，详见表 B-2-1-1。

2. 采购记录

药品到货时，系统应当支持收货人员查询采购记录，收货人员应当按采购记录，对照供货单位的随货同行单，确认货品发送正确、单据无误后再将随货同行单与实物对照，确认相关信息，做到票、账、货相符后方可收货。采购记录应当包括供货单位、生产厂商、上市许可持有人、药品的通用名称、剂型、规格、批准文号、数量、收货单位、购货日期等内容，采购中药材、中药饮片的还应当标明产地（或来源）及重量，并加盖供货单位合同专用章或公章原印章。药品采购记录应当至少保存 5 年，详见表 B-2-1-2。

表 B-2-1-1　某医药有限公司随货同行单

药品名称	生产厂商/上市许可持有人	批准文号	规格	数量	金额	生产日期	件数	产品批号	有效期至

收货单位：　　　　　　　　　　　　　　　编号：
收货地址：　　　　　　　　　　　　　　　发货日期：

制单：　　　　　开票：　　　　　发货：　　　　　签收：

表 B-2-1-2　采购通知单

药品名称	生产厂商/上市许可持有人	批准文号	规格	剂型	件数	数量	单价	金额

采购员
供货单位：　　　　　　　　　采购日期：

3. 收货记录项目

收货须做好记录，不同企业使用的收货记录样式有所差异，但均应包含药品通用名称、剂型、规格、批准文号（注册证号）、批号、生产日期、有效期、生产企业、上市许可持有人、供货单位、到货数量、收货合格数量、收货日期和时间、收货结果和收货人员等项目，如遇中药材应包括产地，详见表 B-2-1-3。

表 B-2-1-3　收货记录

药品通用名称	剂型	规格	批准文号	批号	生产企业/上市许可持有人	生产日期	有效期至	供货单位	到货数量	收货合格数量	收货结果

供货单位：

收货日期：　　　　　　　收货时间：　　　　　　　收货员：

当到货药品出现信息与实物不符、包装异常不符合规定等情况时，应第一时间联系采购部门，等待处理。如果处理结果为拒收，应及时填写拒收记录，内容包含药品通用名称、剂型、规格、批准文号（注册证号）、批号、生产日期、有效期、生产企业、上市许可持有人、供货单位、到货数量、拒收数量、拒收原因、拒收日期和时间、收货人员等项目，详见表 B-2-1-4。

表 B-2-1-4　拒收记录

供货单位：											
药品通用名称	剂型	规格	批准文号	批号	生产企业/上市许可持有人	生产日期	有效期至	供货单位	到货数量	拒收数量	拒收原因
收货日期：			收货时间：				收货员：				

4. 收货的异常情况及处理

（1）单据缺失　药品到货时，收货人员应当查验随货同行单以及相关的药品采购记录。无随货同行单或无采购记录的应当拒收。

（2）随货同行单不符合要求　收货员在药品收货环节核查随货同行单据时，如发生以下情况，可认定为随货同行单不符合要求。

① 手写版随货同行单　GSP 第五十七条规定，企业应当建立能够符合经营全过程管理及质量控制要求的计算机系统，实现药品可追溯。药品采购订单中的质量管理基础数据应当依据药品经营企业数据库生成。采购订单确认后，系统自动生成采购记录及随货同行单。因此，如果随货同行单是手写的，需要格外警惕，立即报采购部门进行追查。

② 普通白纸打印　一般情况下，药品生产经营企业提供的都是正规多联票据打印的随货同行单。若发现随货同行单是用普通白纸打印的，应引起警惕，有可能是供货人员伪造随货同行单，自行销售药品，是不合法行为，须报采购部门追查。

③ 随货同行单所盖公章不符合规定　GSP 第七十三条规定，随货同行单应当加盖供货单位药品出库专用章原印章。如果随货同行单上加盖的是企业公章、合同专用章、财务专用章、发票专用章、药检专用章、品质保证章等，应格外重视，并报采购部门进行深入调查。此外，随货同行单与采购记录、发票上加盖的印章都应该属于同一供货单位，且印章与表头应一致。如不一致，应报采购部门进行深入调查。

④ 随货同行单样式多样　GSP 第六十二条规定，对首营企业的审核，应当查验加盖其出库专用章原印章的随货同行单样式及相关印章，并进行保存，确认其真实、有效。因此，一个单位一般仅有一种固定格式的随货同行单和出库专用章样式，专章专用，纸质固定。如果发现一个单位出现两种纸质或式样的随货同行单，或单据上出现多种样式的出库专用章，或单据样式及印章样式多样，企业应认真核查，确认哪些是企业的，哪些不是企业而是不法人员伪造的。

⑤ 发票或随货同行单样式过期或经鉴别为假的　供货单位的发票和随货同行单样式可能随着时间的推移而发生变更，企业应及时更新变更后的发票和随货同行单样式。如在收货过程中发现供货者使用的是企业过期的资料或发票，应引起重视。

⑥ 随货同行单格式不规范或内容不全　随货同行单除包括供货单位、生产厂商、药品的通用名称、剂型、规格、批号、数量、收货单位、收货地址、发货日期等内容，并加盖供货单位药品出库专用章原印章外，还包括表头、制单员、开票人等内容，合法企业的合规操作不应该出现漏项现象。

⑦ 随货同行单内容有误　如供货单位名称有误、药品金额计算错误、药品金额大小写不一致，这有可能是因为企业工作人员的态度不认真造成，也有可能是伪造者对单据不熟悉而出错。企业是使用计算机系统进行单据打印，是固定格式，正常情况下不应出现。

（3）随货同行单或到货药品与采购记录的有关内容不相符　收货过程中，随货同行单记载的供货单位、生产厂商、药品的通用名称、剂型、规格、批号、数量、收货单位、收货地址、发货日期等内容，或到货药品与采购记录的有关内容以及本企业实际情况不符的，应当拒收，并通知采购部门处理。

① 对于随货同行单内容中，除数量以外的其他内容与采购记录、药品实物不符的，经供货单位确认并提供正确的随货同行单后，方可收货。

② 对于随货同行单与采购记录、药品实物数量不符的，经供货单位确认后，应当由采购部门确定并调整采购数量后，方可收货。

③ 供货单位对随货同行单与采购记录、药品实物不相符的内容，不予确认的，应当拒收，存在异常情况的，报质量管理部门处理。

（4）随货同行单与实物不符　核对随货同行单与实物有任何信息不符时均当拒收，并通知采购部门进行处理。

（5）其他　外包装出现明显破损、污染、标识不清、挤压等情况的，应拒收处理。

四、能力训练

（一）操作条件

1. 人员：应具有药学或者医学、生物、化学等相关专业中专以上学历或者具有药学初级以上专业技术职称，定期接受包括药品法律法规、药品知识、职业道德等内容的教育或培训。

2. 设备、器具：计算机、WMS 仓储管理系统、托盘、美工刀、剪刀、打印机、笔、RF 手持终端、相关单据、散件药品、整件药品、小推车等。

3. 资料：《药品经营质量管理规范》（现行版）等。

4. 环境：模拟药品仓库。

（二）安全及注意事项

1. 模拟药品仓库环境温度应不超过 20℃，相对湿度应控制在 35% ~ 75%。场地干净整洁，符合 GSP 要求。

2. 一般药品的收货操作建议在药品到货后半个工作日内完成，若当天订单量大，可适当放宽时限，但也应做到日清。对于加急药品，应随到随收。

3. 药品不得直接接触地面，与地面距离不小于 10cm，一般要求在托盘上严格按照药品外包装标示要求规范进行收货操作，严禁随意放置或丢弃药品。

（三）操作过程

序号	实施步骤	操作方法及说明	操作标准/注意事项
1	检查运输工具和运输状况	（1）根据现行版GSP要求检查运输工具和车内状况是否符合要求 （2）检查运输时限是否符合采购订单约定的在途时限 （3）如遇委托运输，须检查委托运输信息	（1）收货员应检查运输工具是否为封闭式货车，车厢内有无雨淋、腐蚀、污染等可能影响药品质量的现象，如有发现及时通知委托企业采购部门并报质量管理部处理 （2）仔细核对运输单据上载明的启运时间和到达时间，检查是否符合采购订单约定的在途时限，不符的应及时报质量管理部门进行处理 （3）如遇到药品为供货方委托运输的，企业采购部门应提前告知收货人员供货单位委托的运输方式、承运方式、承运单位、起运时间等信息。收货员提取订单后，仔细核对运输单据上载明的启运时间是否符合采购订单约定的在途时限，同时核对采购订单上约定的承运方式、承运单位等信息，如内容不一致，应通知采购部门并报质量管理部门处理

序号	实施步骤	操作方法及说明	操作标准/注意事项
2	接收药品及相关单据	（1）与运输员交接，接收随货同行单，并与采购合同进行药品信息的核对 （2）装卸员拆除药品外包装上的运输防护包装，收货员检查药品外包装 （3）辨别药品是否为一般药品，有无特殊收货需求	（1）药品到货时，收货人员应当场查验随货同行单以及相关的药品采购记录。接收单据后，查看随货同行单上的"收货单位""收货地址"是否为本单位，避免将其他单位采购的药品收货入库；确认为本单位地址后，再将随货同行单和采购记录进行核对，确认药品是否正确 （2）地址和药品信息无误后，接收药品，检查药品外包装是否完整、有无破损及明显质量问题 （3）通过查验药品名称、国药准字号等信息，确认到货药品是否为一般药品
3	核查随货资料	（1）接收药品无问题后，移至阴凉库收货区 （2）核查该批药品对应的相关随货资料与文件是否齐全 （3）检查随货资料上的盖章是否齐全、合规	（1）一般药品收货在阴凉区域内完成，并要求在规定时间内完成收货 （2）将相关文件与随货资料逐条核查，确认文件齐全 （3）若出库专用章原印章模糊或与备案不符、缺失，应报质量管理部门处理
4	查验实物与随货同行单	（1）在收货区再次检查药品外包装有无破损、污染、漏液、挤压、异常响动、标签模糊不清等其他可疑质量情况 （2）对照实物，逐项查验药品随货同行单上供货单位、生产厂商、药品的通用名称、剂型、规格、批号、数量、收货单位、收货地址、发货日期等内容是否一致	（1）如发现药品外包装存在异常情况，应立即通知质量管理部门进行处理 （2）若有内容与实物不符或内容模糊，应当拒收，并报采购部门进行处理
5	执行处理意见	（1）填写收货记录 （2）移交药品	（1）根据药品收货的实际情况及药品质量状况填写收货记录，并作出明确结论。对照药品实物在计算机系统中录入药品信息、到货数量、收货合格数量、收货结果等内容 （2）对于收货完毕的药品及时将合格药品至待验区移交给验收员，待确认药品放至待处理区

问题情境一

某医药物流有限公司今日到货一批一般药品，收货员与运输员对接时发现在途时间超出了采购订单约定的在途时限。请问你作为收货员该如何处理？

解答：药品到货时，收货员需要核查采购订单约定的在途时限与实际在途时间是否相符，目的是确认药品是否按照约定路线、约定时间准时到达，确保药品在途安全，以防运输车辆在路途中出现绕路、不合理的停滞等情况。所以，作为收货员如果发现在途时间超出采购订单约定的在途时限时，应立即停止收货并上报质量管理部门，由质量管理部门确认无质量问题可以收货后再进行后续操作。

问题情境二

某医药物流公司收到一批来货。收货员在收货过程中发现有一种药品的规格信息和随货同行单上不一致，请问该如何处理？

解答：在收货时，收货员通过核对随货同行单和药品实物来确认到货药品是否为本单位所采购的药品，如发现有药品信息和随货同行单上信息不符时，收货员应立即将不符药品单独移至待处理区并做好标识，同时通知采购部门前往处理，由采购部门和对方单位确认信息和药品无误后再进行后续处理。

（四）学习结果评价

序号	评价内容	评价标准	评价结果（是/否）
1	检查运输工具和运输状况	能与运输员交接，确认运输工具及运输状况，确保药品在途安全	
2	接收药品及相关单据	能与运输员交接，接收随货资料及药品，并完成随货同行单与采购记录的核对，辨别药品是否为一般药品	
3	核查随货资料	能辨别随货资料的真实性、有效性、合规性，能准确识别异常情况并处理	
4	查验实物与随货同行单	能逐一查验实物与随货同行单的信息，分辨信息不符或不合规处，及时作出相应处理	
5	执行处理意见	能填写收货记录，调整药品质量状态标识，并将药品移交验收员	

五、课后作业

1. 请简述随货同行单不符合要求的情况有哪些？
2. 请简单概括收货员在收货时发现哪些情况时需要通知采购部门？
3. 某供货单位委托第三方物流公司运输药品，请问在接收药品时需要核查哪些承运信息？

B-2-2　能进行冷链药品的收货管理

一、核心概念

1. 冷链药品

冷链药品是指对药品储藏、运输有冷藏、冷冻等温度要求的药品。

2. 冷藏药品

冷藏药品是指对储藏、运输有冷藏温度要求的药品，温度要求为 2 ~ 10℃。

3. 冷冻药品

冷冻药品是指对储藏、运输有冷冻温度要求的药品，温度要求为 -10 ~ -25℃。

4. 拒收

拒收是指不得将不符合要求的药品收货验收入库，应按照要求通知相关部门进行处理。

二、学习目标

1. 能根据冷链药品的特殊性完成冷链药品的收货，并完成相应记录的填写。
2. 能识别冷链药品收货环节中的异常情况并进行处理。

三、基本知识

1. 冷藏、冷冻药品的运输检查

（1）冷藏车配送　冷藏车应装配性能可靠的温度自动控制设备、温度自动记录与自动报警系统，具有良好的温控性能，在正常工作情况下能实现对运输途中温度的控制及实时监测。此外，冷藏车还需具备良好的保温性能，在控温设备出现故障时能使车厢内温度在一定时间内保持在设定范围内。当车厢内温度超出设定的温度范围时，温度报警系统应该能发出报警，报警时应进行相应的应急处理措施，由专人进行处理。当药品经冷藏车运至时，收货员用红外测温仪在车厢内对角线不同位置测量箱体温度，并按抽样原则抽查到货药品温度，测量时红外测温仪距离药品 5～30cm，并取温度最差值做好记录；同时向对方索取运输过程温度记录。

（2）冷藏箱或保温箱配送　采用冷藏箱或保温箱运输冷链药品时，应在冷藏箱上注明储藏条件、运输警告及特殊注意事项等文字标识。此外，采用冷藏箱或保温箱运输时，应根据冷藏箱或保温箱的性能验证结果，在符合药品储藏条件的保温时间内送达。当药品经冷藏箱或保温箱运至时，收货员应查看冷藏箱或保温箱温度记录仪，并逐箱测量到货温度，并做好温度记录及到达时间记录；收货员将温度记录仪数据导出备查，同时将记录仪委托企业采购人员寄回供应商或原车带回，并在收货凭证上记录。

2. 冷链运输交接单

对冷藏、冷冻药品进行收货检查时，需查验冷藏车、车载冷藏箱或保温箱到货时的温度数据，导出、保存并核查运输过程和到货时的温度记录，完成冷链运输交接单的填写。符合规定的，将药品放置在符合温度要求的收货待验区域待收货；不符合规定的应当拒收，将药品隔离存放于符合温度要求的环境中，并报质量管理部门处理。详见表 B-2-2-1。

表 B-2-2-1　冷链药品运输交接单

日期：					
供货单位（发运单位）					
购货单位（接收单位）					
药品简要信息（应与随货同行单相对应）	药品名称	规格	生产企业/上市许可持有人	批号	数量
温度控制要求			温度控制设备		
运输方式			运输工具		
启运时间			启运温度		
保温期限			随货同行联编号		
发货人签字			运货员签字		
备注			送货人		
以上信息发运时填写					
以下信息收货时填写					
到达时间			在途温度		
到达时温度			接收人签字		
备注					

3. 异常情况及处理

（1）对未采用规定的冷藏设施运输的　冷藏、冷冻药品到货时，企业应当按照 GSP 要求检查是否使用符合规定的冷藏车或冷藏箱、保温箱运输药品，对未按对应使用冷藏设施设备运输的药品不得收货。收货人员应当予以记录，将药品放置于符合温度要求的场所，并明显标识，报质量管理部门进一步核查处理。药品到货时，收货人员完成运输方式核实，确认运载车辆符合标准后，须登记车牌号码，并录入系统。

（2）不符合温度要求的　企业应当按照 GSP 要求对其运输方式及运输过程的温度记录、运输时间等质量控制状况进行重点检查并记录。不符合温度要求的应当拒收，不得擅自退回供货方或由承运方自行处理。

四、能力训练

（一）操作条件

1. 人员：应具有药学或者医学、生物、化学等相关专业中专以上学历或者具有药学初级以上专业技术职称，定期接受包括药品法律法规、药品知识、职业道德等内容的教育或培训。

2. 设备、器具：计算机、WMS 仓储管理系统、托盘、美工刀、剪刀、打印机、笔、RF 手持终端、相关单据、冷链药品、保温箱或冷藏箱、蓄冷剂、红外测温仪、运输警告等标识、小推车等。

3. 资料：《药品经营质量管理规范》（现行版）及附录 1 冷藏、冷冻药品的储存与运输管理、《中华人民共和国药品管理法》《药品冷链物流运作规范》（GB/T 28842—2021）。

4. 环境：模拟药品仓库。

（二）安全及注意事项

1. 模拟药品冷藏仓库环境温度应在 2 ～ 10℃，冷冻仓库环境温度应在 -10 ～ -25℃，相对湿度应控制在 35% ～ 75%。场地干净整洁，符合 GSP 要求。

2. 冷链药品的收货操作应当按照经过验证的标准在规定时间内完成。

3. 药品不得直接接触地面，与地面距离不小于 10cm，一般要求在托盘上严格按照药品外包装标示要求规范进行收货操作，严禁随意放置或丢弃药品。

（三）操作过程

序号	实施步骤	操作方法及说明	操作标准/注意事项
1	检查冷链药品的运输状况	（1）根据现行版GSP要求检查运输车辆和运输工具是否符合要求 （2）按照GSP要求对其运输方式及运输过程的温度记录、运输时间等质量控制状况进行重点检查并记录	（1）药品到货时，收货员完成运输方式核实，确认运载车辆是否为封闭式车厢，有无配备温湿度控制和监测设备以及记录和报警系统等，并登记车牌号码入系统。如遇冷藏箱、保温箱配送时，检查冷藏箱、保温箱上是否注明储藏条件、运输警告等特殊注意事项等文字标识。对未按要求运输的药品进行记录，将药品放置于符合温度要求的场所，并明显标识，报质量管理部门进一步核查处理 （2）仔细核对运输单据上载明的启运时间和到达时间，索取运输过程温度记录，同时用红外测温仪测量药品温度，并做好记录；如遇冷藏箱、保温箱运输，收货员应查看冷藏箱或保温箱温度记录仪，并逐箱测量到货温度，做好温度记录及到达时间记录。不符的应及时报质量管理部门进行处理
2	接收药品及相关单据	（1）与运输员交接，接收随货同行单，并与采购合同进行药品信息的核对 （2）接收药品，收货员检查药品外包装	（1）药品到货时，收货人员应当查验随货同行单以及相关的药品采购记录。无随货同行单或无采购记录的应当拒收。接收单据后，查看随货同行单上的"收货单位""收货地址"是否为本单位，避免将其他单位采购的药品收货入库；确认为本单位地址后，再将随货同行单和采购记录进行核对，确认药品是否正确 （2）地址和药品信息无误后，接收药品，检查药品外包装是否完整、有无破损及明显质量问题
3	核查随货资料	（1）接收药品无问题后，移至冷库收货区 （2）核查该批药品对应的相关随货资料与文件是否齐全 （3）检查随货资料上的盖章是否齐全、合规	（1）冷链药品收货按照药品温度要求在冷库内完成，并要求在经过验证的标准时间内完成收货 （2）将相关文件与随货资料逐条核查，确认文件齐全 （3）若出库专用章原印章模糊或与备案不符、缺失，应报质量管理部门处理

序号	实施步骤	操作方法及说明	操作标准/注意事项
4	查验实物与随货同行单	（1）在收货区再次检查药品外包装有无破损、污染、漏液、挤压、异常响动、标签模糊不清等其他可疑质量情况 （2）对照实物，逐项查验药品随货同行单上供货单位、生产厂商、药品的通用名称、剂型、规格、批号、数量、收货单位、收货地址、发货日期等内容是否一致	（1）如发现药品外包装存在异常情况，应立即通知质量管理部门进行处理 （2）若有内容与实物不符或内容模糊，应当拒收，并报采购部门进行处理
5	执行处理意见	（1）填写收货记录 （2）移交药品	（1）根据冷链药品收货的实际情况及药品质量状况填写冷链药品收货记录，并作出明确结论。对照药品实物在计算机系统中录入药品信息、到货数量、收货合格数量、收货结果等内容 （2）收货完成后，将合格药品移交给验收员，由验收员进行接下来的验收；将不符合要求的药品放至冷库待处理区

问题情境一

你作为收货员今日收到一批冷链药品，在核对冷链运输交接单时，发现没有启运温度的记录。请问你打算如何处理？

解答：冷链药品到货时，收货员对其运输过程的温度记录、运输时间等质量控制状况应进行重点检查并记录，确保冷链药品的在途质量，防止"断链"情况。如遇到冷链运输单上没有启运温度的情况时，就很难确保药品启运时的质量状况，所以作为收货员应当予以记录，将药品放置于符合温度要求的场所，并明显标识，报质量管理部门进一步核查处理。

问题情境二

某医药物流公司收到一批来货。收货员在与运输员交接时发现冷藏箱表面没有注明储藏条件、运输警告及特殊注意事项等文字标识，请问这批药品是否可以收货？

解答：采用冷藏箱或保温箱运输冷链药品时，应在冷藏箱上注明储藏条件、运输警告及特殊注意事项等文字标识。对于未注明特别事项、储藏条件等文字标识的情况，收货人员可以先将药品卸下放置于符合温度要求的场所并明显标识，但不进行收货操作，同时立即报质量管理部门进一步核查处理，由质量管理部门确认药品无误后再进行后续处理。

（四）学习结果评价

序号	评价内容	评价标准	评价结果（是/否）
1	检查冷链药品的运输状况	能确认运输车辆和运输工具是否符合冷链药品运输要求，运输过程无"断链"情况，确保冷链药品质量	
2	接收药品及相关单据	能与运输员交接，接收随货资料及药品，并完成随货同行单与采购记录的核对	
3	核查随货资料	能辨别随货资料的真实性、有效性、合规性，能准确识别异常情况并处理	
4	查验实物与随货同行单	能逐一验实物与随货同行单的信息，分辨信息不符或不合规处，及时作出相应处理	
5	执行处理意见	能填写收货记录，将合格药品移交验收员，不符合要求的药品移至待处理区	

五、课后作业

1. 请简述冷链药品收货时可能会遇到哪些异常情况？
2. 请口头简述冷链药品的收货流程和注意事项。
3. 今日到货一批冷藏车配送的冷链药品，但是在交接时对方提供不了在途温度记录单，请问你该如何处理这批药品？

B-2-3　能进行特殊管理药品的收货管理

一、核心概念

1. 特殊管理药品

特殊管理药品，一般指根据国家现行法律法规，对其种植、研制、生产、经营、管理、使用、储存或运输等活动，实行比其他药品更为严格监督管理的药品。目前，我国实行特殊管理的药品主要包括麻醉药品、精神药品、医疗用毒性药品、放射性药品、药品类易制毒化学品、蛋白同化制剂、终止妊娠药品、含特殊药品复方制剂、疫苗和部分有特殊要求的生物制品。

2. 药品专有标识

药品专有标识是指用于特定类型药品的标签、说明书、内包装、外包装上的专有标记或图案，旨在区分药品的类别、用途、管理要求及安全性等信息。这些标识通常由国家药品监督管理部门制定并公布，以确保药品市场的规范性和患者用药的安全性。

3. 特殊管理药品专用标识

特殊管理药品专用标识是用于标识那些因具有特殊的药理作用、潜在成瘾性、毒性或需要特殊监管措施的药品。这些标识的目的是确保这些药品在生产、储存、运输、销售和使用过程中得到严格的管理和控制，以防止滥用、误用或非法流通。

二、学习目标

1. 能根据特殊管理药品的特殊性合作完成特殊管理药品的收货，并完成相应记录的填写。
2. 能识别特殊管理药品收货环节中的异常情况并进行处理。

三、基本知识

1. 特殊管理药品范围

（1）麻醉药品　麻醉药品指对中枢神经有麻醉作用，连续使用、滥用或不合理使用后易产生生理依赖性和精神依赖性，能成瘾癖的药品、药用原植物或物质。主要为中枢性镇痛药，包括天然、半合成、合成的阿片类、可卡因类、可待因类、大麻类、合成麻醉药类、药用原植物及其制剂等。

（2）精神药品　精神药品指直接作用于中枢神经系统，使之兴奋或抑制，连续使用能产生依赖性的药品，包括兴奋剂、致幻剂、镇静催眠剂等。依据精神药品使人体产生的依赖性和危害人体健康的程度，分为第一类和第二类，第一类精神药品比第二类精神药品作用更强，也更易令人产生依赖性。

（3）医疗用毒性药品 医疗用毒性药品（简称毒性药品），系指毒性剧烈、治疗剂量与中毒剂量相近，使用不当会致人中毒或死亡的药品。

毒性中药品种包括原药材和饮片，共27种：砒石（红砒、白砒）、砒霜、生川乌、生马钱子、生甘遂、雄黄、生草乌、红娘虫、生白附子、生附子、水银、生巴豆、白降丹、生千金子、生半夏、斑蝥、青娘虫、洋金花、生天仙子、生南星、红粉（红升丹）、生藤黄、蟾酥、雪上一枝蒿、生狼毒、轻粉、闹羊花。

西药品种仅指原料，不包括制剂，共12种：去乙酰毛花苷丙、阿托品、洋地黄毒苷、氢溴酸后马托品、三氧化二砷、毛果芸香碱、升汞、水杨酸毒扁豆碱、亚砷酸钾、氢溴酸东莨菪碱、士的宁、A型肉毒素及其制剂。其中A型肉毒素及其制剂需要冷藏保存。

（4）放射性药品 放射性药品是指用于临床诊断或者治疗的放射性核素制剂或者其标记化合物。放射性药品与其他药品的不同之处在于，放射性药品含有的放射性核素能放射出射线。因此，凡在分子内或制剂内含有放射性核素的药品都称为放射性药品。

（5）蛋白同化制剂 蛋白同化制剂又称同化激素，俗称合成类固醇，是合成代谢类药物，具有促进蛋白质合成和减少氨基酸分解的特征，可促进肌肉增生，提高动作力度和增强男性的性特征等作用。如睾酮、丙酸睾酮、庚酸睾酮、十一酸睾酮、苯丙酸诺龙、司坦唑醇等。这类药物如果出于非医疗目的而使用（滥用）此类药物则会导致人体出现生理、心理的不良后果。此外，滥用这类药物会形成强烈的心理依赖。

（6）含特殊药品复方制剂 含特殊药品复方制剂包括含麻黄碱类复方制剂、复方地芬诺酯片、复方甘草片、复方甘草口服溶液、尿通卡克乃其片、复方枇杷喷托维林颗粒等。

（7）药品类易制毒化学品 药品类易制毒化学品是指用于非法制造麻醉药和精神药品的物质。《易制毒化学品管理条例》第二条规定易制毒化学品分为三类：第一类是可以用于制毒的主要原料，第二类、第三类是可以用于制毒的化学配剂。药品类易制毒化学品是可用于制造毒品前体、原料的药品，仅指第一类易制毒化学品中的麦角酸、麦角胺、麦角新碱和麻黄素类物质，包括其原料药及单方制剂。其中麻黄素类物质包括麻黄素、伪麻黄素、消旋麻黄素、去甲麻黄素、甲基麻黄素、麻黄浸膏、麻黄浸膏粉等。

（8）终止妊娠药品 终止妊娠药品指用于终止母体内胎儿在其体内发育成长的过程的药品，包括米非司酮、卡前列素、卡前列甲酯、米索前列醇、缩宫素、乳酸依沙吖啶、地诺前列素、天花粉蛋白、硫前列酮、甲烯前列素、环氧司坦、吉美前列素、芫花萜。

2.特殊管理药品的运输检查

托运或者自行运输麻醉药品和第一类精神药品的单位，应当向所在地设区的市级药品监督管理部门申请领取运输证明。运输证明有效期为1年。药品到货时收货人员应当查验运输证明副本，并检查货物包装。

四、能力训练

（一）操作条件

1.人员：双人收货，双人均应具有药学或者医学、生物、化学等相关专业中专以上学历或者具有药学初级以上专业技术职称，定期接受包括药品法律法规、药品知识、职业道德等内容的教育或培训。

2.设备、器具：计算机、WMS仓储管理系统、托盘、美工刀、剪刀、打印机、笔、RF手持终端、相关单据、特殊管理药品专用账册、小推车等。

3.资料：《药品经营质量管理规范》（现行版）、《中华人民共和国药品管理法》《麻醉药品和精神药品管理条例》。

4.环境：模拟特殊管理药品专库。

（二）安全及注意事项

1.模拟特殊管理药品仓库环境温度应不超过20℃，相对湿度应控制在35%～75%。场地干净整洁，符合GSP要求。

2.特殊管理药品的收货操作应当即到即收。

3.药品不得直接接触地面，与地面距离不小于10cm，一般要求在托盘上严格按照药品外包装标示要求规范在专库内进行双人收货操作，严禁随意放置或丢弃药品。

（三）操作过程

序号	实施步骤	操作方法及说明	操作标准/注意事项
1	检查运输工具和相关运输证明	（1）根据现行版GSP要求检查运输工具和车内状况是否符合要求 （2）检查运输时限是否符合采购订单约定的在途时限 （3）向承运人索取麻醉药品和第一类精神药品的运输证明副本	（1）双人检查运输工具是否为封闭式车厢，车厢是否上锁，车厢内有无雨淋、腐蚀、污染等可能影响药品质量的现象，如遇异常情况及时通知委托企业采购部门并报质量管理部处理 （2）双人核对运输单据上载明的启运时间和到达时间，检查是否符合采购订单约定的在途时限，不符的应及时报质量管理部门进行处理 （3）如遇到药品为麻醉药品和第一类精神药品的，收货人员应当向承运人索取运输证明副本进行核查，没有运输证明文件的不得收入
2	接收药品及相关单据	（1）与运输员交接，接收特殊管理药品随货同行单，并与采购合同进行核对 （2）装卸员拆除药品外包装上的运输防护包装后，双人检查药品外包装 （3）辨别药品是否为特殊管理药品，按要求进行双人收货	（1）双人查验随货同行单以及相关的药品采购记录。无随货同行单或无采购记录的应当拒收。接收单据后，查看随货同行单上的"收货单位""收货地址"是否为本单位，避免将其他单位采购的药品收货入库；确认为本单位地址后，再将随货同行单和采购记录进行核对，确认药品是否正确 （2）地址和药品信息无误后，双人接收药品，检查药品外包装是否完整、有无破损及漏液等情况 （3）通过查验药品名称、药品专有标识等信息，确认到货药品是否为特殊管理药品
3	核查随货资料	（1）接收药品无问题后，移至特殊管理药品专库收货区 （2）核查该批药品对应的相关随货资料与文件是否齐全 （3）检查随货资料上的盖章是否齐全、合规	（1）特殊管理药品收货在特殊管理药品专库的收货区内完成（有冷藏要求的应在药品冷库缓冲间完成收货），并要求双人收货、即到即收 （2）将相关文件与随货资料逐条核查，确认文件齐全；对于进口麻醉药品、精神药品以及蛋白同化制剂、肽类激素须有加盖供货单位质量管理专用章原印章的《进口准许证》和《进口药品注册证》 （3）若出库专用章原印章模糊或与备案不符、缺失，应报质量管理部门处理
4	查验实物与随货同行单	（1）在收货区再次检查药品外包装 （2）双人查验随货同行单与实物信息是否一致	（1）需仔细检查药品运输储存包装上的封条有无损坏，包装上是否清晰注明品名、规格、生产厂商、生产批号、生产日期、有效期、批准文号、贮藏、包装规格及储运图示标志，对于特殊管理药品还需检查其专有标识等标记。特殊管理药品的包装、标签及说明书上均有规定的标识"麻""精""毒"和放射性药品的警示说明，进口药品的包装、标签以中文注明药品通用名称、主要成分以及注册证号，并有中文说明书 （2）对照实物，双人逐项查验药品随货同行单上供货单位、生产厂商、药品的通用名称、剂型、规格、批号、数量、收货单位、收货地址、发货日期等内容，核对无误后在随货票据上双人签收。若有内容与实物不符或内容模糊，应当拒收，并报采购部门进行处理

序号	实施步骤	操作方法及说明	操作标准/注意事项
5	执行处理意见	（1）双人填写收货记录 （2）移交药品	（1）根据特殊管理药品收货的实际情况及药品质量状况填写收货记录，并双人签字，生成专用账册，专用账册的保存期限应当自药品有效期满之日起不少于5年。对照药品实物在计算机系统中录入药品信息、到货数量、收货合格数量、收货结果等内容并进行双人确认 （2）对于收货完毕的特殊管理药品及时将合格药品放至特殊管理药品专库待验区移交给验收员，待确认药品放至专库待处理区并通知专人看管

问题情境一

某医药物流公司收到一批特殊管理药品来货，订单内有盐酸氯丙嗪片、氢溴酸东莨菪碱注射液两种药品，你打算和搭档如何配合进行卸货？

解答：首先参考特殊管理药品的分类及范围，根据《麻醉药品和精神药品品种目录》可以明确盐酸氯丙嗪片为一类精神药品，氢溴酸东莨菪碱注射液属于毒性药品，两种药品均属于特殊管理药品需进行双人收货、即到即收。我和搭档作为收货员首先对其运货的运输车辆和工具进行检查，其次向运输员索取一类精神药品的运输证明副本，确认对方的证明文件合规、有效符合运输资质后，再进行药品和相关单据的接收。

接收药品和单据时，我和搭档双人进行随货同行单和采购合同的核对，确认地址信息和药品均无误后，拆除到货药品的运输包装，双人进行外包装的核对，检查药品外包装是否完整、有无破损或封条损坏等情况。确认无误后再将药品卸下移至特殊管理药品库收货区等待收货。

问题情境二

小明和小红合作进行特殊管理药品的收货，结果在进行收货记录单填写的时候，小明临时有事走开了，这时小赵过来和小红一起填写特殊管理药品收货记录单，请问你觉得这样做符合规定吗？

解答：不符合规定。特殊管理药品要求双人收货、双人核查、双人填写记录并签字，同时应确保全程由相同两人在场并全程参与。

（四）学习结果评价

序号	评价内容	评价标准	评价结果（是/否）
1	检查运输工具和相关运输证明	能确认运输车辆、人员和承运方是否符合特殊管理药品运输要求，确保药品安全及社会安全	
2	接收药品及相关单据	能与运输员交接，双人接收随货资料及药品，共同完成随货同行单与采购记录的核对，辨别药品是否为特殊管理药品	
3	核查随货资料	能辨别特殊管理药品随货资料的齐全性、真实性、有效性、合规性，能准确识别异常情况并处理	
4	查验实物与随货同行单	能双人合作逐一查验实物与随货同行单的信息，分辨信息不符或不合规处，及时作出相应处理	
5	执行处理意见	能合作填写收货记录作出明确结论，并进行药品的移交	

五、课后作业

1. 请简述需要实施特殊管制的药品有哪几类？
2. 请口述核查特殊管理药品外包装时需检查的内容。
3. 上午到货一批进口的冷藏麻醉药品，请问你作为收货员打算向运输员索要哪些随货资料？

B-2-4　能进行销退药品的收货管理

一、核心概念

1. 销退

销退是指公司与客户协商后，同意将已售出的商品退回给销售方的一种行为。

2. 退货

退货指的是买方在购买药品后，由于某种原因（如药物损坏、不符合订单要求、质量问题等）将药品退还给卖方的行为。

3. 药品退货凭证

药品退货凭证是指购货单位在退回药品时，所需提供的能够证明其购买行为、退货原因及符合退货条件的书面文件或电子记录。这些凭证对于确保退货过程的合法性和有效性至关重要。

二、学习目标

1. 能根据销退药品的特性完成销退药品的收货，并完成相应记录的填写。
2. 能识别销退药品收货环节中的特殊情况并进行处理。

三、基本知识

1. 拒收交接

完成送货后返回物流中心，拒收商品交退货组，拒收商品填写临时退货凭证，运输员做好回单的交接工作。在送货过程中有异常情况应及时报告调度室。将回收的周转箱送至后勤组。保温箱、冰袋等返还仓库，并放到指定位置。《临时退货凭证》样式多样，但必须在购货单位处对其样式及退货红章样式进行备案，临时退货凭证可参考图 B-2-4-1。

2. 退货返回交接

车辆提回销退药品，不允许将药品存放在车上或驾驶员休息室，应在工作日内及时完成交接；将销退药品与提货单一起与退货组交接，冷藏药品需提供温度数据；退货组人员根据提货单与销退记录，清点退回药品实物，核对品名、规格、批号、退货数量、退货原因，检查外包装；冷藏药品需检查过程温度数据；若检查发现退回药品与提货单不符，退货组人员则在提货单上进行记录，若冷链药品温度超标则反馈给运输部门及质量管理部门，并需提货人员签字确认。

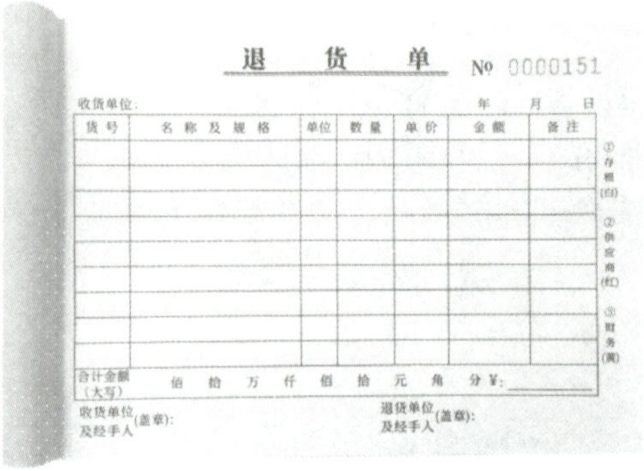

图B-2-4-1 临时退货凭证

3. 销退药品收货

销退药品收货须做好记录，应包含药品通用名、剂型、规格、批准文号（注册证号）、批号、生产日期、有效期、生产企业、上市许可持有人、退货单位、退货数量、退货原因、收货合格数量、收货日期和时间、收货结果和退货组收货人员等项目，如遇中药材应包括产地，详见表 B-2-4-1。

表B-2-4-1 销退药品收货记录

退货单位：

药品通用名称	剂型	规格	批准文号	批号	生产企业/上市许可持有人	生产日期	有效期至	退货单位	退货数量	退货原因	收货合格数量	收货结果

收货日期：	收货时间：	退货组收货员：

3. 异常情况及处理

（1）冷藏、冷冻药品销退处理 对于冷藏、冷冻药品，还需查验冷藏车、车载冷藏箱或保温箱的温度状况，并核查运输过程和到货时的温度记录。

应当对退货单位提供的药品售出期间储存、运输质量控制情况说明，确认符合规定储运条件的方可收货。

如不能提供证明或超过温度控制要求的，按不合格品处理。

（2）特殊管理药品销退 销退药品中如有特殊管理药品、危险品，不得进入普通药品仓库，应立即转移到相应属性的特殊管理药品仓库或危险品仓库，并按规定的工作程序处理。

四、能力训练

（一）操作条件

1.人员：应具有药学或者医学、生物、化学等相关专业中专以上学历或者具有药学初级以上专业技术职称，定期接受包括药品法律法规、药品知识、职业道德等内容的教育或培训。

2. 设备、器具：计算机、WMS 仓储管理系统、托盘、美工刀、剪刀、打印机、笔、RF 手持终端、相关单据、销退药品、保温箱或冷藏箱、蓄冷剂、红外测温仪、运输警告等标识、小推车等。

3. 资料：《药品经营质量管理规范》（现行版）及附录1冷藏、冷冻药品的储存与运输管理《中华人民共和国药品管理法》《麻醉药品和精神药品管理条例》《药品冷链物流运作规范》（GB/T 28842—2021）。

4. 环境：模拟药品仓库。

（二）安全及注意事项

1. 模拟药品仓库销退药品专用待收货场所，环境温度应不超过20℃，相对湿度应控制在35%～75%，针对有危险品的情况，应设置特殊的应急措施，仓库场地应保持干净整洁，符合 GSP 要求。

2. 针对销退的一般药品的收货操作建议在药品到货后半个工作日内完成；销退冷链药品的应当按照经过验证的标准在规定时间内完成；销退的特殊管理药品应做到即到即收。

3. 药品不得直接接触地面，与地面距离不小于10cm，一般要求在托盘上严格按照药品外包装标示要求规范进行收货操作，严禁随意放置或丢弃药品。

（三）操作过程

序号	实施步骤	操作方法及说明	操作标准/注意事项
1	检查运输工具和运输状况	（1）根据现行版GSP要求检查运输工具和车内状况是否符合要求 （2）如遇销退药品为冷链药品，应按照GSP要求对其运输方式及运输过程的温度记录、运输时间等质量控制状况进行重点检查并记录 （3）如遇销退药品为麻醉药品和第一类精神药品的，再向承运人索取麻醉药品和第一类精神药品的运输证明副本	（1）收货员应检查运输工具是否为封闭式货车，车厢内有无雨淋、腐蚀、污染等可能影响药品质量的现象，如有发现及时通知委托企业采购部门并报质量管理部处理 （2）仔细核对销退的冷链药品退回的启运时间和到达时间，索取运输过程温度记录，同时用红外测温仪测量药品温度，并做好记录；如用冷藏箱、保温箱运输，收货员应查看冷藏或保温箱温度记录仪，并逐箱测量到货温度，做好温度记录及到达时间记录。不符的应及时报质量管理部门进行处理 （3）收货人员应当向承运人索取运证明副本进行核查，没有运输证明文件的不得收入
2	接收药品及相关单据	（1）与运输员交接，接收退货凭证或提货单，确认为本企业销售的药品后，方可进行后续操作 （2）装卸员拆除药品外包装上的运输防护包装后，收货员检查药品外包装	（1）如遇拒收药品，到货时需查验退货凭证，如遇退货的销退药品，需向运输员索取提货单 （2）销退地址无误后，接收销退药品，检查药品外包装是否完整、有无破损及明显质量问题
3	核查销退资料	（1）接收销退药品无问题后，移至专用收货区 （2）核查该批药品销退资料与销退记录 （3）检查销退资料上的盖章是否符合要求	（1）销退药品收货在专用收货区域内完成，并要求在规定时间内完成收货 （2）将销退资料与销退记录逐条核查，确认销退药品信息无误 （3）若印章模糊或与备案印章不符，应立即报质量管理部门处理
4	查验实物与销退资料	（1）在销退收货区再次检查销退药品外包装有无破损、污染、漏液、挤压、异常响动、标签模糊不清等其他可疑质量情况 （2）根据提货单或退货凭证，逐项清点退回药品实物，核对品名、规格、批号、退货数量、退货原因等	（1）如发现销退药品外包装存在异常情况，应立即通知质量管理部门进行处理 （2）若有销退信息与实物不符或内容模糊，应当做暂存处理，并报采购部门进行处理

序号	实施步骤	操作方法及说明	操作标准/注意事项
5	执行处理意见	（1）填写销退药品收货记录 （2）移交药品	（1）根据销退药品收货的实际情况及药品质量状况填写销退药品收货记录，并作出明确结论。对照药品实物在计算机系统中录入销退药品信息、销退数量、退货原因等内容 （2）对于收货完毕的销退药品及时将合格药品转移至销退待验区移交给验收员，待确认药品放至待处理区，不合格药品单独存放在不合格品区，同步启动质量调查程序

问题情境一

今日上午本公司送往上海一家医院的药品被拒收退回，药品中有一批麻醉药品，现在药品已退回至仓库。请问你打算在哪里进行收货操作？

解答：首先麻醉药品作为特殊管理药品，应当是在麻醉药品的专库进行收货操作，其次考虑到该批药品为销退药品，所以应设置一个麻醉药品销退专用收货区。所以，我打算在麻醉药品专库的销退专用收货区进行收货操作。

问题情境二

某医药物流公司收到一批销退药品。药品中包含一般药品、冷链药品和特殊管理药品，请问你作为退货组收货员打算按照什么顺序进行收货？

解答：一般药品的收货操作建议在药品到货后半个工作日内完成；冷链药品的收货操作应当按照经过验证的标准在规定时间内完成；特殊管理药品的收货操作应当即到即收。因此根据收货时间和特殊管理药品的特殊性及冷链药品的时效性，我打算先进行特殊管理药品的收货，其次是冷链药品，最后是一般药品。

（四）学习结果评价

序号	评价内容	评价标准	评价结果（是/否）
1	检查运输工具和运输状况	能与运输员交接，确认运输工具及运输状况，确保药品在途安全	
2	接收药品及相关单据	能与运输员交接，接收退货凭证或提货单及销退药品	
3	核查销退资料	能辨别销退资料的真实性、有效性、合规性，能确认销退药品信息无误	
4	查验实物与销退资料	能逐一查验实物与销退资料单的信息，分辨信息不符或不合规处，及时作出相应处理	
5	执行处理意见	能填写销退药品收货记录，移交药品给退货组验收员	

五、课后作业

1. 请分析一般药品收货和销退药品收货的相同点和不同点。

2. 请简述被拒收药品的交接流程。

3. 你作为退货组收货人员，在对被退货的药品收货时，发现药品存在包装破损，请问你打算如何处理？

B-3　药品验收管理

B-3-1　能进行一般药品的验收管理

一、核心概念

1. 一般药品

一般药品指在验收作业中无温度、生物制品批签发合格证、进口药品相关证明文件、增重等特殊查验项目的药品，主要包括国产化学药、中成药等。

2. 验收

验收指验收员依据国家药品标准、药品质量条款、相关法律法规及企业验收标准操作规程在待验区内对药品的质量状况进行查验的过程。

3. 抽样

抽样指验收员根据既定目标，按照抽样要求对每次到货的药品抽取部分样品进行查验的过程。

4. 药品追溯码

药品追溯码指中国政府对产品实施电子监管为每件产品赋予的标识。每件产品的药品追溯码唯一，即"一件一码"，好像商品的身份证，简称监管码。

二、学习目标

1. 能识别一般药品。
2. 能按药品的验收流程完成一般药品的验收，并完成相应记录的填写。

三、基本知识

1. 药品成品检验报告书

药品成品检验报告书指是由药品生产企业出具的对药品成品质量做出技术鉴定的检测报告。一般药品在验收管理过程中需要查验的文件为到货药品同批号的药品成品检验报告单，该文件在传递和保存过程中可以采用电子数据形式。目前，部分批发企业提供到货药品同批次的药品成品检验报告书的在线下载服务，但应当注意保证其合法性和有效性。

其中供货单位为生产企业的，药品检验报告单的原件或复印件上应加盖生产企业质量检验专用章的原印章；供货单位为批发企业的，应在加盖有生产企业质量检验专用章原印章的药品检验报告单的原件或复印件上加盖供货单位的质量管理专用章原印章。

药品成品检验报告书的检查项目应符合国家药品标准，且检验结论为合格。

2. 产品合格证

对于整件药品，在包装中应有产品合格证，其中所含的相关信息应与实物信息一致。可以单独将一张纸质合格证装在包装箱中，如图 B-3-1-1 所示；也可印在箱体表面，如图 B-3-1-2 所示。

图B-3-1-1 产品合格证（一）

图B-3-1-2 产品合格证（二）

3. 抽样原则

根据 GSP 要求，应当对每次到货药品进行逐批抽样验收，样品应具有代表性和均匀性。

对于同一批号的整件药品按照堆码情况随机抽样检查。整件数量在 2 件及以下的应当全部抽样检查；整件数量在 2 件以上至 50 件以下的至少抽样检查 3 件；整件数量在 50 件以上的每增加 50 件，至少增加抽样检查 1 件，不足 50 件的按 50 件计。对整件药品存在破损、污染、渗液、封条损坏等包装异常以及零货、拼箱的，应当开箱检查至最小包装。对抽取的整件药品进行检查时应当开箱抽样，从每整件的上、中、下不同位置随机抽样检查至最小包装；每整件药品中至少抽取 3 个最小包装。对发现被抽取样品存在封口不牢、标签污损、有明显重量差异或外观异常等情况的，应当加倍抽样检查。

对于非整件零散、拼箱的药品应当逐箱检查，对同一批号的药品至少随机抽取一个最小包装进行检查。

4. 药品追溯

药品追溯是通过药品的电子监管系统，对药品的生产和流通环节进行全程监管。对于纳入电子监管的药品，验收员应根据系统提示用手持终端（PDA）或其他扫码设备及时准确地扫描药品追溯码，扫码设备采集的监管码信息，将由系统自动上传至"药品监管码平台"。

5. 验收记录项目

不同企业使用的验收记录样式有所差异，但均应包含药品通用名、剂型、规格、批准文号、批号、生产日期、有效期、生产企业、上市许可持有人、供货单位、到货数量、验收合格数量、到货日期、验收日期、验收结果和验收员等项目，详见表 B-3-1-1。

表 B-3-1-1　验收记录

药品通用名称	剂型	规格	批准文号	批号	生产企业/上市许可持有人	生产日期	有效期至	供货单位	到货数量	验收合格数量	验收结果

| 验收日期： | | 验收时间： | | 验收员： | |

四、能力训练

（一）操作条件

1. 人员：应具有药学或者医学、生物、化学等相关专业中专以上学历或者具有药学初级以上专业技术职称，定期接受包括药品法律法规、药品知识、职业道德等内容的教育或培训。

2. 设备、器具：计算机、WMS 仓储管理系统、托盘、货架、美工刀、打印机、笔、RF 手持终端、验收标签、相关单据、散件药品、整件药品等。

3. 资料：《药品经营质量管理规范》（现行版）、企业一般药品验收标准操作规程等。

4. 环境：模拟药品仓库。

（二）安全及注意事项

1. 模拟药品仓库环境温度应不超过 20℃，相对湿度应控制在 35% ～ 75%。场地干净整洁，符合 GSP 要求。

2. 一般药品的验收操作建议在半个工作日内完成，若当天订单量大，可适当放宽时限，但也应做到日清。对于加急药品，应随到随验。

3. 药品不得直接接触地面，与地面距离不小于 10cm，一般要求在托盘上严格按照药品外包装标示要求规范进行验收操作，严禁随意放置或丢弃药品。

4. 整件药品开箱抽样时要注意药品保护和人员保护，避免破坏最小销售包装，及时收纳好开箱工具，以免误伤工作人员。

（三）操作过程

序号	实施步骤	操作方法及说明	操作标准/注意事项
1	接收药品及相关单据	（1）与收货员交接，接收随货同行单、药品成品检验报告书及药品 （2）根据随货同行单再次核对药品 （3）辨别药品是否为一般药品，有无特殊验收需求	（1）接收单据后，再次查看随货同行单上的"收货单位""收货地址"是否为本单位，避免将其他单位采购的药品验收入库 （2）再次将药品实物与随货同行单中药品通用名称、国药准字号、规格、批号、效期、生产企业等信息逐一核对，检查随货同行单上是否有与备案样章一致的供货单位药品出库专用章原印章，避免将未采购的药品验收入库 （3）通过查验药品名称、国药准字号等信息，确认到货药品是否为一般药品
2	查验相关合格证明文件	（1）核查该批药品对应的相关合格证明文件是否齐全 （2）查验药品成品检验报告书与实物信息是否一致 （3）查验整件药品是否有产品合格证	（1）将相关合格证明文件与随货同行单逐条核查，确认是否所有到货药品都配有合格证明文件 （2）对照实物，逐项查验药品成品检验报告书上药品名称、国药准字号、规格、生产企业名称、注册证号、质量检验章、质量管理章等内容。若质量检验章或质量管理专用章原印章模糊或与备案不符、缺失，应报质量管理部门处理；若为除章以外的其他内容与实物不符或内容模糊，应报采购部门处理 （3）对于整件药品，应关注箱体表面是否有产品合格证；若箱体表面无产品合格证，需在开箱抽样环节在箱体内部确认

序号	实施步骤	操作方法及说明	操作标准/注意事项
3	查验药品实物	（1）依据抽样原则计算抽样量并抽取样品 （2）检查最小包装 （3）还原样品	（1）对整件样品进行抽样时需用美工刀等工具打开整件封签，应注意不要划割过深，避免破坏最小包装 （2）对抽取样品的包装、标签、说明书、外观性状等逐一进行检查核对，发现药品包装、标签、说明书等内容不符合药品监督管理部门要求的，将药品移入不合格区，并上报药品监督管理部门处理；发现药品包装封条损坏、最小包装封口不严、破损渗漏、污染、包装及标签标识不清晰、标签粘贴不牢、无包装/标签/说明书等情况，应将药品移入不合格品区，办理拒收手续；发现药品外观性状有不符合规定的或其他可疑质量情况，报质量管理部门处理 （3）完成抽样检查的完好样品应放回原包装。对于整件药品，应用专用封箱带和封签进行封箱，并在抽样的整件包装上标明"已抽样"标志
4	追溯药品	用手持终端（PDA）或其他扫码设备及时准确地扫描药品追溯码	若验收员发现扫码后获取的信息与药品包装信息不符，应当及时向来货单位查询，并向质量管理人员报告
5	执行处理意见	（1）填写验收记录 （2）调整药品质量状态标识 （3）整理资料	（1）根据药品验收的实际情况及药品质量状况填写验收记录，并做出明确结论。对照药品实物在计算机系统中录入药品信息、到货数量、验收合格数量、验收结果等内容 （2）对于验收完毕的药品及时调整质量状态标识，并通知仓库保管员及时将合格药品入库至指定位置 （3）在相关合格证明文件上加盖本企业"质量管理章"并扫描上传至计算机系统，并将收到的随货同行单、相关合格证明文件分别整理，按月装订存档，确保药品质量数据信息的真实性、完整性、准确性、可追溯性

问题情境一

某大型医药物流有限公司今天到货50件药品，无破损、污染、渗液、封条损坏等包装异常情况。其中2件一个批号，另外48件一个批号。请问你作为验收员该如何抽样？

解答：对于整件药品，整件数量在2件及以下的应当全部抽样检查；整件数量在2件以上至50件以下的至少抽样检查3件；整件数量在50件以上的每增加50件，至少增加抽样检查1件，不足50件的按50件计。对于2件一个批号的药品，2件均应抽样检查；对于另外48件药品，至少应抽3件。对整件药品进行开箱抽样时，从每整件的上、中、下不同位置随机抽样检查至最小包装，每整件药品中至少抽取3个最小包装。

问题情境二

某医药物流公司收到一批来货。验收员在验收过程中发现药品成品检验报告书上未加盖供货单位药品质量管理专用章原印章，请问该如何处理？

解答：验收员应对照实物，逐项查验药品成品检验报告书上药品名称、国药准字号、规格、批号、生产企业名称、注册证号、质量检验章、质量管理章等内容。当发现药品成品检验报告书上未加盖供货单位药品质量管理专用章原印章时，应报质量管理部门处理，由质量管理部门通知供货企业，补全相关资料后再进行验收。

（四）学习结果评价

序号	评价内容	评价标准	评价结果（是/否）
1	接收药品及相关单据	能与收货员交接，接收随货同行单、药品成品检验报告书及药品，并完成随货同行单与药品信息的再次核对，辨别药品是否为一般药品	

序号	评价内容	评价标准	评价结果（是/否）
2	查验相关合格证明文件	能核查该批药品对应的相关合格证明文件的完整性、一致性及整件药品是否有产品合格证	
3	查验药品实物	能依据抽样原则抽取样品并检查最小包装，查验完成后能还原样品	
4	追溯药品	能用扫码设备及时准确地扫描药品追溯码，并辨识扫码后获取的信息与药品包装信息的相符性	
5	执行处理意见	能填写验收记录，调整药品质量状态标识，并将资料整理归档	

五、课后作业

1. 请简述抽样原则。

2. 请简单概括验收员在验收药品发现哪些情况时需要通知质管部门？

3. 某大型医药物流公司购进一批阿莫西林分散片，验收员在验收过程中发现药品的最小包装封口不严，请问该如何处理？

B-3-2 能进行进口药品的验收管理

一、核心概念

1. 进口药品

进口药品指在中国境外或在港、澳、台地区生产，并在大陆注册、进口和销售的药品。

2. 进口药品注册证号

从国外进口的药品应该在药品外包装上印有"进口药品注册证号"，格式为"国药准字H（Z、S）J+ 四位年号 + 四位顺序号"。

3. 医药产品注册证号

从中国香港、澳门、台湾地区进口的药品应该在药品外包装上印有"医药产品注册证号"，格式为"国药准字H（Z、S）C+ 四位年号 + 四位顺序号"。

二、学习目标

1. 能识别进口药品。
2. 能按药品的验收流程完成进口药品的验收，并完成相应记录的填写。

三、基本知识

1. 进口药品包装要求

进口药品的包装、标签应以中文注明药品的名称、主要成分以及对应注册证号，并有中文说明书。

2. 进口药品相关证明文件

进口药品应有符合规定的《进口药品注册证》或《医药产品注册证》；进口预防性生物

制品、血液制品应有《生物制品进口批件》复印件；进口药材应有《进口药材批件》复印件；进口麻醉药品、精神药品以及蛋白同化制剂、肽类激素应当有《进口准许证》。此外，上述所有类型的进口药品都须提供《进口药品检验报告书》或注明“已抽样”字样的《进口药品通关单》。以上所有相关证明文件均应加盖供货单位质量检验机构或质量管理机构原印章。

3. 进口药品注册证

《进口药品注册证》是国家药品监督管理局核发的允许国外生产的药品在中国大陆注册、进口和销售使用的批准文件。国家药品监督管理局各口岸药品检验所凭《进口药品注册证》接受报验。其样式详见图 B-3-2-1，应包含注册证号、公司名称及地址、国家、药品通用名称、商品名、主要成分、剂型、规格、包装规格、药品有效期、生产厂名称及地址、国家、注册证有效期、注册标准、发证机关及印鉴、发证时间等内容。《进口药品注册证》分为正本和副本，自发证之日起，有效期为 5 年。

4. 医药产品注册证

从中国香港、澳门和台湾地区进口的药品，在中国大陆注册销售时，须取得《医药产品注册证》。其样式详见图 B-3-2-2，应包含注册证号、公司名称及地址、产地、药品通用名称、商品名、主要成分、剂型、规格、包装规格、药品有效期、生产厂名称及地址、产地、注册证有效期、注册标准、发证机关及印鉴、发证时间等内容。《医药产品注册证》分为正本和副本，自发证之日起，有效期为 5 年。

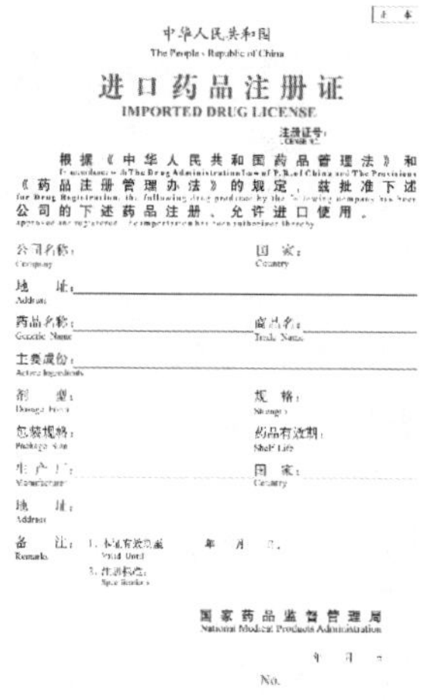

中华人民共和国
The People's Republic of China
进口药品注册证
IMPORTED DRUG LICENSE
注册证号：
根据《中华人民共和国药品管理法》和《药品注册管理办法》的规定，兹批准下述公司的下述药品注册，允许进口使用。
公司名称： Company　国　家： Country
地　址： Address
药品名称： Generic Name　商品名： Trade Name
主要成分： Active Ingredients
剂　型： Dosage Form　规　格： Strength
包装规格： Package Size　药品有效期： Shelf Life
生产厂： Manufacturer　国　家： Country
地　址： Address
备　注： Remarks
国家药品监督管理局
National Medical Products Administration
年　月　日
No.

图B-3-2-1　进口药品注册证

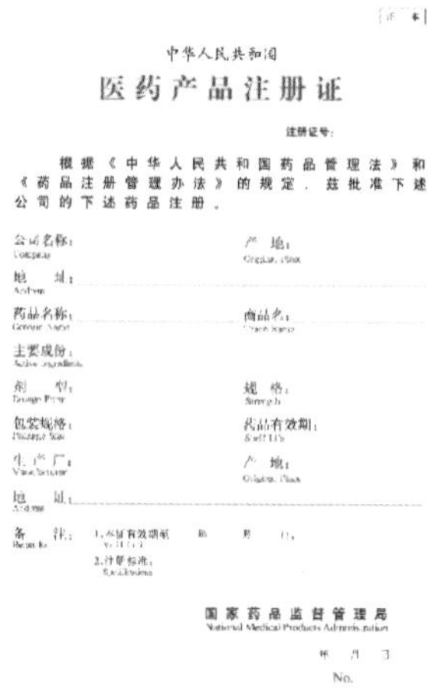

中华人民共和国
医药产品注册证
注册证号：
根据《中华人民共和国药品管理法》和《药品注册管理办法》的规定，兹批准下述公司的下述药品注册。
公司名称：　产　地：
地　址：
药品名称：　商品名：
主要成分：
剂　型：　规　格：
包装规格：　药品有效期：
生产厂：　产　地：
地　址：
备　注：
国家药品监督管理局
National Medical Products Administration
年　月　日
No.

图B-3-2-2　医药产品注册证

5. 进口药品通关单

进口药品通关单是国家药品监督管理局及其授权发证机关依法对进口药品实施监督管理所签发的准予药品进口的许可证件，是进口药品报关验放手续的主要依据。进口单位凭《进口药品通关单》向海关申报，并按规定办理通关手续。

6. 进口药品验收记录项目

进口药品的验收应设计单独的“进口药品入库验收记录”。除应记录药品通用名称、剂型、规格、批号、生产日期、有效期、生产企业、上市许可持有人、供货单位、到货数量、验收合格数量、到货日期、验收日期、验收结果和验收员等项目外，还需记录注册证号、生产国等信息。详见表 B-3-2-1。

表 B-3-2-1　进口药品验收记录

药品通用名称	剂型	规格	注册证号	批号	生产企业/上市许可持有人	生产国	生产日期	有效期至	供货单位	到货数量	验收合格数量	验收结果

验收日期：		验收时间：		验收员：	

四、能力训练

（一）操作条件

1. 人员：应具有药学或者医学、生物、化学等相关专业中专以上学历或者具有药学初级以上专业技术职称，定期接受包括药品法律法规、药品知识、职业道德等内容的教育或培训。

2. 设备、器具：计算机、WMS 仓储管理系统、托盘、货架、美工刀、打印机、笔、RF 手持终端、验收标签、相关单据、进口药品等。

3. 资料：《药品经营质量管理规范》（现行版）、《药品经营质量管理规范现场检查指导原则》（修订稿）、企业进口药品验收标准操作规程等。

4. 环境：模拟药品仓库。

（二）安全及注意事项

1. 模拟药品仓库环境温度应不超过 20℃，相对湿度应控制在 35%～75%。场地干净整洁，符合 GSP 要求。

2. 进口药品的验收操作建议在半个工作日内完成，若当天订单量大，可适当放宽时限，但也应做到日清。对于加急药品，应随到随验。

3. 药品不得直接接触地面，与地面距离不小于 10cm，一般要求在托盘上严格按照药品外包装标示要求规范进行验收操作，严禁随意放置或丢弃药品。

（三）操作过程

序号	实施步骤	操作方法及说明	操作标准/注意事项
1	接收药品及相关单据	（1）与收货员交接，接收随货同行单、药品及相关证明文件 （2）根据随货同行单再次核对药品 （3）辨别药品是否为进口药品	通过查验药品外包装上的注册证号或前往国家药品监督管理局官网"药品查询"模块确认药品信息，确认到货药品是否为进口药品
2	查验相关合格证明文件	（1）核查该批药品对应的相关合格证明文件是否齐全、有效 （2）查验药品成品检验报告书与实物信息是否一致 （3）查验整件药品是否有产品合格证	（1）《进口药品注册证》或《医药产品注册证》有规定格式，《生物制品进口批件》复印件、《进口药材批件》复印件、《进口药品通关单》无规定格式，查验时需注意以上批准文件应加盖供货单位质量检验机构或质量管理机构原印章，若无，须报质量管理部门处理 （2）《进口药品注册证》《医药产品注册证》的有效期为5年，核查相关证明文件时需要确认其是否在有效期内，只有在有效期内使用的证件才是合法的，若超出有效期，须报采购部门进行处理

序号	实施步骤	操作方法及说明	操作标准/注意事项
3	查验药品实物	（1）依据抽样原则计算抽样量并抽取样品 （2）检查最小包装 （3）还原样品	（1）进口药品的验收抽样原则与一般药品一致 （2）进口药品的最小包装需以中文注明药品的名称、主要成分以及对应注册证号，并有中文说明书。若无，须报质量管理部门处理 （3）开启最小包装时，应在验收专用场所(验收养护室)内进行。打开最小包装可能对药品质量有影响的，可不打开最小包装 （4）开启后包装不能复原的，不能再作正常药品销售
4	追溯药品	用手持终端（PDA）或其他扫码设备及时准确地扫描药品追溯码	若验收员发现扫码后获取的信息与药品包装信息不符，应当及时向来货单位查询，并向质量管理人员报告
5	执行处理意见	（1）填写验收记录 （2）调整药品质量状态标识 （3）整理资料	（1）根据药品验收的实际情况及药品质量状况填写进口药品验收记录，尤其注意填写注册证号、生产国等信息，并作出明确结论 （2）对于验收完毕的药品及时调整质量状态标识，并通知仓库保管员及时将合格药品入库至指定位置 （3）在相关合格证明文件上加盖本企业"质量管理章"并扫描上传至计算机系统。将进口药品入库验收记录与《进口药品注册证》《进口药品检验报告书》复印件等同时归档，不得分开存档，确保药品质量数据信息的真实性、完整性、准确性、可追溯性，相关记录应当至少保存5年

问题情境一

某医药物流公司2024年7月15日收到一批来货。验收员在验收过程中发现从美国进口的某药品的《进口药品注册证》有效期为2024年6月30日，请问该如何处理？

解答：验收员在验收进口药品时，需核查该批药品对应的相关合格证明文件是否齐全、有效。《进口药品注册证》的有效期为5年，从国外进口的药品需提供在有效期内的《进口药品注册证》。从美国进口的某药品的《进口药品注册证》有效期为2024年6月30日，在来货日期已超出有效期，需报采购部门进行处理。

问题情境二

某大型医药物流有限公司今天到货50盒进口药。验收员小王在检查最小包装时，发现该批药品的外包装、内包装均无中文标识，且无中文说明书。请问该如何处理？

解答：根据要求，进口药品的最小包装需以中文注明药品的名称、主要成分以及对应注册证号，并有中文说明书。小王在检查最小包装时发现中文标识缺失，此时需报质量管理部门处理。

（四）学习结果评价

序号	评价内容	评价标准	评价结果（是/否）
1	接收药品及相关单据	能与收货员交接，接收随货同行单、药品成品检验报告书及药品，并完成随货同行单与药品信息的再次核对，辨别药品是否为进口药品	
2	查验相关合格证明文件	能核查该批药品对应的相关合格证明文件的完整性、一致性、有效性及整件药品是否有产品合格证	
3	查验药品实物	能依据抽样原则抽取样品并检查最小包装，查验完毕后能还原样品	
4	追溯药品	能用扫码设备及时准确地扫描药品追溯码，并辨识扫码后获取的信息与药品包装信息的相符性	
5	执行处理意见	能填写进口药品验收记录，调整药品质量状态标识，并将资料整理归档	

五、课后作业

1. 请简述进口药品验收时需查验哪些相关证明文件。
2. 请简单概括《医药产品注册证》的项目。
3. 某大型医药物流公司从台湾地区进口一批药品，验收员小李在操作过程中发现《医药产品注册证》与规定样式不符，请问该如何处理。

B-3-3 能进行中药材和中药饮片的验收管理

一、核心概念

1. 中药材

中药材指药用植物、动物、矿物的药用部分采收后经产地初加工形成的原料药材。初加工指为防止中药材霉变、虫蛀、有效成分流失或者便于储存运输等，在产地对药材进行洁净、除去非药用部位、简单切制、干燥及分级等一般不改变药用部位基本自然性状和化学性质的处理。

2. 中药饮片

中药饮片系指药材经过净制、切制或炮炙等处理后可直接用于中医临床或制剂生产使用的药品。制剂处方中的药味，均指中药饮片。

二、学习目标

1. 能识别中药材和中药饮片。
2. 能按中药材和中药饮片的验收流程完成中药材和中药饮片的验收，并完成相应记录的填写。

三、基本知识

1. 中药材和中药饮片的经营管理要求

《药品经营和使用质量监督管理办法》第二十条规定，药品批发企业经营范围包括中药饮片、中成药、化学药、生物制品、体外诊断试剂（药品）、麻醉药品、第一类精神药品、第二类精神药品、药品类易制毒化学品、医疗用毒性药品、蛋白同化制剂、肽类激素等。其中麻醉药品、第一类精神药品、第二类精神药品、药品类易制毒化学品、医疗用毒性药品、蛋白同化制剂、肽类激素等经营范围的核定，按照国家有关规定执行。

《药品经营和使用质量监督管理办法》第二十一条规定，药品零售企业经营范围包括中药饮片、中成药、化学药、第二类精神药品、血液制品、细胞治疗类生物制品及其他生物制品等。其中第二类精神药品、血液制品、细胞治疗类生物制品经营范围的核定，按照国家有关规定执行。经营冷藏冷冻药品的，应当在经营范围中予以标注。药品零售连锁门店的经营范围不得超过药品零售连锁总部的经营范围。

2. 中药材的包装要求

中药材应当有包装，并标明品名、规格、产地、收购日期、发货日期、供货单位等，其样式详见图 B-3-3-1。

3. 中药饮片的包装要求

中药饮片的包装或容器应当与药品性质相适应并符合药品质量要求。中药饮片的标签应当注明品名、规格、产地、生产企业、产品批号、生产日期等信息；整件包装上应当有品名、产地、日期、供货单位等，并附有质量合格的标志。实施批准文号管理的中药饮片，还需注明批准文号，其样式详见图 B-3-3-2。

4. 中药材、中药饮片的验收方法

验收中药材、中药饮片时一般采用感官验收法，主要通过手摸、眼观、嘴尝、鼻闻等方式。有条件的也可做显微、理化等方面的检查，对中药材、中药饮片的内部结构、成分、含量进行检定。

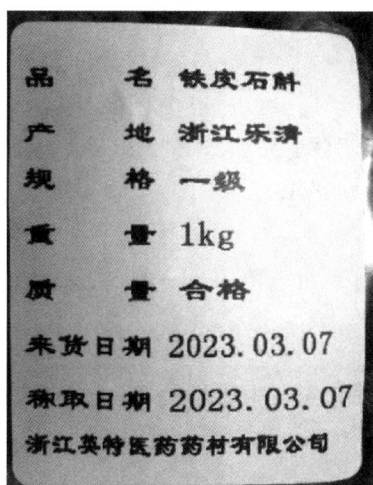

图B-3-3-1　中药材包装样式　　　　图B-3-3-2　中药饮片包装样式

5. 中药饮片的片型验收要求

中药饮片应切成规定的片型，如极薄片、薄片、厚片、斜片、直片等，其厚度要求详见表 B-3-3-1。片型应平整、均匀、无翘曲。

表 B-3-3-1　中药饮片的厚度要求

类型		要求	示例
片	极薄片	厚度<0.5mm	鹿茸片
	薄片	厚度1～2mm	半夏、槟榔
	厚片	厚度2～4mm	大黄、泽泻、山药、白术
段		长10～15mm	全草类
块		方块8～12mm	何首乌、葛根、茯苓
丝及类丝		宽2～3mm	黄柏、陈皮、合欢皮、厚朴
叶类丝		宽5～10mm	荷叶、枇杷叶

6. 中药饮片、中药材验收记录项目

中药饮片验收记录除了包括品名、规格、批号、生产日期、生产企业、供货单位、到货数量、验收合格数量、到货日期、验收日期、验收结果和验收员等项目外，还需记录产地信息；中药材验收记录内容相对较少，一般包括品名、产地、供货单位、到货数量、验收合格数量等，详见表 B-3-3-2。

表 B-3-3-2　中药饮片、中药材验收记录

品名	规格	批号	批准文号	生产企业	生产日期	产地	供货单位	到货数量	到货日期	验收合格数量	验收结果
验收日期：			验收员：				验收时间：				

四、能力训练

（一）操作条件

1. 人员：应具有中药学中专以上学历或者具有中药学专业初级以上专业技术职称，定期接受包括药品法律法规、药品知识、职业道德等内容的教育或培训。

2. 设备、器具：计算机、WMS 仓储管理系统、托盘、货架、美工刀、打印机、笔、RF 手持终端、验收标签、相关单据、中药材、中药饮片等。

3. 资料：《药品经营质量管理规范》（现行版）、《药品经营质量管理规范现场检查指导原则》（修订稿）、《药品经营和使用质量监督管理办法》、企业中药材和中药饮片验收标准操作规程等。

4. 环境：模拟药品仓库。

（二）安全及注意事项

1. 模拟药品仓库环境温度应不超过 20℃，相对湿度应控制在 35% ～ 75%。场地干净整洁，符合 GSP 要求。

2. 中药材的安全含水量应在 10% ～ 15%，杂质应控制在 2% ～ 3%。因中药材的经营管理要求变更，目前中药材的验收一般靠有经验的工作人员通过感官验收法判断。

3. 菌藻类中药饮片安全含水量应在 5% ～ 10%，其余类中药饮片安全含水量应在 7% ～ 13%。中药饮片的药屑、杂质，根、根茎、藤木类、花、叶及动物、矿物类、菌类的药屑、杂质不超过 2%，果实、种子类、树脂类、全草类的药屑、杂质不超过 3%。中药饮片属于药品管理范畴，在验收时除靠有经验的工作人员通过感官验收法判断外，还需仔细核验《检验报告书》。

4. 一般中药材、中药饮片应在到货 2 日内验收完毕，贵细中药材、中药饮片应随到随验。

（三）操作过程

序号	实施步骤	操作方法及说明	操作标准/注意事项
1	接收中药材/中药饮片及相关单据	（1）与收货员交接，接收中药材/中药饮片 （2）与收货员交接，接收随货同行单及《检验报告书》等相关证明文件 （3）根据随货同行单再次核对到货物品 （4）辨别到货物品是否为中药材或中药饮片	通过查验到货物品外包装上有无生产企业、产品批号、生产日期等信息，确认到货物品具体类型

序号	实施步骤	操作方法及说明	操作标准/注意事项
2	查验相关合格证明文件	（1）核查中药饮片对应的相关合格证明文件是否齐全、有效 （2）查验中药饮片检验报告书与实物信息是否一致 （3）查验整件中药饮片是否有产品合格证	因中药材的经营管理要求变更，目前中药材除随货同行单外，无其他相关合格证明文件
3	查验实物	（1）依据抽样原则计算抽样量并抽取样品 （2）运用手摸、眼观、嘴尝、鼻闻等感官验收法检查中药材、中药饮片质量	（1）在查验实物时发现中药材、中药饮片有虫蛀、发霉、泛油、变色、气味散失、潮解融化、腐烂等现象时应向质量管理人员报告，并判断为质量检验不合格 （2）对于含水量不符合规定、杂质超标、片型不符合规定的应向质量管理人员报告，并判断为质量检验不合格 （3）对于利用嘴尝法进行质量检查的样品部分不可进行还原，但需做好重新包装封口等工作 （4）对于地产中药材，如果对到货中药材存在质量疑问，应当将实物与企业中药样品柜中收集的相应样品进行比对，确认无误后方可收货
4	追溯药品	用手持终端（PDA）或其他扫码设备及时准确地扫描药品追溯码	若验收员发现扫码后获取的信息与药品包装信息不符，应当及时向来货单位查询，并向质量管理人员报告
5	执行处理意见	（1）填写验收记录 （2）调整药品质量状态标识 （3）整理资料	（1）根据中药材/中药饮片验收的实际情况及药品质量状况填写验收记录，尤其注意填写产地等信息，并做出明确结论 （2）对于验收完毕的药品及时调整质量状态标识，并通知仓库保管员及时将合格药品入库至指定位置 （3）在相关合格证明文件上加盖本企业"质量管理章"并扫描上传至计算机系统，并将收到的随货同行单、相关合格证明文件分别整理，按月装订存档，确保药品质量数据信息的真实性、完整性、准确性、可追溯性

🧲 问题情境一

某中药经营企业于2024年7月20日收到一批西洋参来货。验收员在验收过程中发现到货产品外包装标签上无生产企业、产品批号、生产日期等信息。请问该产品属于中药饮片还是中药材？

解答：中药饮片包装的标签上应当注明品名、规格、产地、生产企业、产品批号、生产日期等信息；而中药材包装的标签上只需标明品名、规格、产地、供货单位、收购日期、发货日期、供货单位等信息。因该产品外包装标签上无生产企业、产品批号、生产日期等信息，因此判断该批西洋参为中药材。

🧲 问题情境二

某大型医药物流有限公司今天到货20件中药饮片。现要求验收员小李完成该批中药饮片的验收操作。请问小李至少需查验哪些相关合格证明文件？

解答：根据要求，验收员小李需核查中药饮片对应的相关合格证明文件是否齐全、有效，包括查验中药饮片检验报告书与实物信息是否一致，查验整件中药饮片是否有产品合格证。因此小李至少需查验中药饮片检验报告书、产品合格证。

（四）学习结果评价

序号	评价内容	评价标准	评价结果（是/否）
1	接收中药材/中药饮片及相关单据	能与收货员交接，接收随货同行单、检验报告书及到货物品，并完成随货同行单与到货物品信息的再次核对，辨别到货物品类型	
2	查验相关合格证明文件	能核查中药饮片对应的相关合格证明文件的完整性、一致性、有效性及整件药品是否有产品合格证	
3	查验实物	能依据抽样原则抽取样品，并运用感官验收法检查中药材、中药饮片质量，查验完成后能做好重新包装封口	
4	追溯药品	能用扫码设备及时准确地扫描药品追溯码，并辨识扫码后获取的信息与药品包装信息的相符性	
5	执行处理意见	能填验收记录，调整药品质量状态标识，并将资料整理归档	

五、课后作业

1. 请简述中药饮片与中药材验收时的异同点。

2. 请仔细阅读图 B-3-3-3，简单概括中药饮片《检验报告书》的项目。

图B-3-3-3　南沙参检验报告书

3. 某中药经营企业从 A 公司购入一批铁皮石斛，验收员小李在验收过程中发现其摸起来潮湿柔软，部分表面有霉斑、虫蛀现象，请问该如何处理？

B-3-4　能进行特殊管理药品的验收管理

一、核心概念

1. 麻醉药品

麻醉药品指连续使用后易产生生理依赖性、能成瘾癖的药品。包括天然、半合成、合成的阿片类、可卡因、可待因类、大麻类、药用原植物及其制剂等。

2. 精神药品

精神药品指直接作用于中枢神经系统，使之兴奋或抑制，连续使用能产生依赖性的药品。包括兴奋剂、致幻剂、镇静催眠剂等。

3. 医疗用毒性药品

医疗用毒性药品（简称"毒性药品"）系指毒性剧烈、治疗量与中毒剂量相近，使用不当会致人中毒或死亡的药品。

4. 放射性药品

放射性药品是用于临床诊断或者治疗的放射性核素或其标记药物。

二、学习目标

1. 能识别特殊管理药品。
2. 能按药品的验收流程及要求完成特殊管理药品的验收，并完成相应记录的填写。

三、基本知识

1. 麻醉药品品种

国家食品药品监管总局、公安部、国家卫生计生委，于 2013 年 11 月 11 日联合公布的《麻醉药品和精神药品品种目录（2013 年版）》2023 年进行了调整，共 123 个品种，其中我国生产及使用的品种及包括的制剂、提取物、提取物粉共有 27 个品种，包括可卡因、罂粟浓缩物、罂粟果提取物、罂粟果提取物粉、二氢埃托啡、地芬诺酯、芬太尼、氢可酮、氢吗啡酮、美沙酮、吗啡、吗啡阿托品注射液、阿片、复方樟脑酊、阿桔片、羟考酮、哌替啶、瑞芬太尼、舒芬太尼、蒂巴因、可待因、右丙氧芬、双氢可待因、乙基吗啡、福尔可定、布桂嗪、罂粟壳。

麻醉药品的品种实时更新，应以国家最新发布的目录为准。

2. 精神药品品种

国家食品药品监管总局、公安部、国家卫生计生委，于 2013 年 11 月 11 日联合公布的《麻醉药品和精神药品品种目录（2013 年版）》2023 年进行了调整，共有 160 个品种，其中第一类精神药品有 70 个品种，第二类精神药品有 90 个品种。目前，我国生产及使用的第一类精神药品有 7 个品种，包括哌醋甲酯、司可巴比妥、丁丙诺啡、γ- 羟丁酸、氯胺酮、马吲哚、三唑仑；我国生产及使用的第二类精神药品有 28 个品种，包括异戊巴比妥、格鲁米特、喷他佐辛、戊巴比妥、阿普唑仑、巴比妥、氯硝西泮、地西泮、艾司唑仑、氟西泮、劳拉西泮、甲丙氨酯、咪达唑仑、硝西泮、奥沙西泮、匹莫林、苯巴比妥、唑吡坦、丁丙诺啡透皮贴剂、布托啡诺及其注射剂、咖啡因、安钠咖（CNB）、地佐辛及其注射剂、麦角胺咖啡因片、氨酚氢可酮片、曲马多、扎来普隆、佐匹克隆。

精神药品的目录经常有调整，应以国家最新发布的目录为准。

3. 医疗用毒性药品品种

根据原卫生部的规定，目前我国毒性药品的管理品种中有毒性中药 27 种（指原药材及其饮片），毒性西药 13 种。毒性中药品种包括砒石（红砒、白砒）、砒霜、水银、生马钱子、生川乌、生草乌、生白附子、生附子、生半夏、生南星、生巴豆、斑蝥、青娘虫、红娘虫、生甘遂、生狼毒、生藤黄、生千金子、生天仙子、闹羊花、雪上一枝蒿、白降丹、蟾酥、洋金花、红粉、轻粉、雄黄。毒性西药品种包括去乙酰毛花苷 C、阿托品（包括其盐类）、洋地黄毒苷、氢溴酸后马托品、三氧化二砷、毛果芸香碱（包括其盐类）、升汞、水杨酸毒扁豆碱、氢溴酸东莨菪碱、亚砷酸钾、士的宁（包括其盐类）、亚砷酸注射液、A 型肉毒毒素及其制剂。

4. 放射性药品品种

此类药品含 ^{32}P、^{51}Cr、^{123}I、^{125}I、^{131}I、^{132}I 等放射性核素。放射性药品具体品种以国家公布的目录为准。

5. 特殊管理药品的规定标识

《中华人民共和国药品管理法》第四十九条规定，麻醉药品、精神药品、医疗用毒性药品、放射性药品的标签、说明书，应当印有规定的标志，详见图 B-3-4-1、图 B-3-4-2、图 B-3-4-3、图 B-3-4-4。

图 B-3-4-1　麻醉药品专用标志

图 B-3-4-2　精神药品专用标志

图 B-3-4-3　医疗用毒性药品专用标志

图 B-3-4-4　放射性药品专用标志

6. 验收记录项目

特殊管理药品的验收记录项目与一般药品的验收记录项目一致，均应包含药品通用名、剂型、规格、批准文号、批号、生产日期、有效期、生产企业、上市许可持有人、供货单位、到货数量、验收合格数量、到货日期、验收日期、验收结果和验收员等，详见表 B-3-4-1。

表 B-3-4-1　验收记录

药品通用名称	剂型	规格	批准文号	批号	生产企业/上市许可持有人	生产日期	有效期至	供货单位	到货数量	验收合格数量	验收结果
验收日期：			验收时间：				验收员：				

四、能力训练

（一）操作条件

1. 人员：应具有药学或者医学、生物、化学等相关专业中专以上学历或者具有药学初级以上专业技术职称，定期接受包括药品法律法规、药品知识、职业道德等内容的教育或培训。

2. 设备、器具：计算机、WMS仓储管理系统、托盘、货架、美工刀、打印机、笔、RF手持终端、验收标签、相关单据、特殊管理药品等。

3. 资料：《药品经营质量管理规范》（现行版）、企业特殊管理药品验收标准操作规程等。

4. 环境：模拟药品仓库。

（二）安全及注意事项

1. 模拟药品仓库环境温度应不超过20℃，相对湿度应控制在35%～75%。场地干净整洁，符合GSP要求。

2. 特殊管理药品应放置在符合其安全控制要求的专库或专区内待验。

3. 麻醉药品、第一类精神药品入库验收必须货到即验。

4. 对于特殊管理药品的验收要实行双人验收制度。

（三）操作过程

序号	实施步骤	操作方法及说明	操作标准/注意事项
1	接收药品及相关单据	（1）辨别药品是否为特殊管理药品，有无特殊验收需求 （2）两名验收员与收货员交接，接收随货同行单、药品成品检验报告书及药品 （3）根据随货同行单再次核对药品	通过查验药品名称、药品规定标识等信息，确认到货药品是否为特殊管理药品
2	查验相关合格证明文件	（1）两名验收员同时核查该批药品对应的相关合格证明文件是否齐全 （2）查验药品成品检验报告书与实物信息是否一致 （3）查验整件药品是否有产品合格证	对于进口的麻醉药品、精神药品，还必须查验是否提供国家药品监督管理局核发的麻醉药品、精神药品《进口准许证》
3	查验药品实物	（1）两名验收员同时依据特殊管理药品的验收抽样要求抽取样品，并检查最小包装 （2）还原样品	（1）抽样时，对于麻醉药品、一类精神药品、医疗用毒性药品，验收员应逐件查到最小包装；对于二类精神药品，验收员按批号逐件开箱查验；零散药品必须验点至最小包装 （2）除一般药品的验收项目外，还必须对其特殊管理药品的内、外包装上印有的专用标志进行检查 （3）特殊管理药品的还原封应双人签字并标注验收日期贴于原包装箱封签处，再用有验收标识的胶带进行封箱，"已验收"标识应放置在该批药品明显处 （4）验收后上架前的特殊管理药品质量管理由验收员负责
4	追溯药品	用手持终端（PDA）或其他扫码设备及时准确地扫描药品追溯码	若验收员发现扫码后获取的信息与药品包装信息不符，应当及时向来货单位查询，并向质量管理人员报告
5	执行处理意见	（1）填写验收记录 （2）调整药品质量状态标识 （3）整理资料	（1）根据药品验收的实际情况及药品质量状况填写验收记录，并作出明确结论，验收记录应双人签字。对照药品实物在计算机系统中录入药品信息、到货数量、验收合格数量、验收结果等内容 （2）对于验收完毕的药品及时调整质量状态标识，并通知仓库保管员及时将合格药品入库至指定位置 （3）在相关合格证明文件上加盖本企业"质量管理章"并扫描上传至计算机系统，并将收到的随货同行单、相关合格证明文件分别整理，按月装订存档，确保药品质量数据信息的真实性、完整性、准确性、可追溯性

问题情境一

某大型医药物流有限公司今天到货 50 件药品注射用盐酸瑞芬太尼注射液。验收时因验收员 B 被领导叫去开会，验收员 A 独自一人完成了该药品的验收。请问这样做是否符合法规要求？

解答：注射用盐酸瑞芬太尼注射液属于麻醉药品。麻醉药品的验收必须货到即验，且要求双人验收。验收员 A 独自进行该药品的验收不符合法规要求，应及时把验收员 B 叫回来双人完成药品验收。

问题情境二

某医药物流公司收到 20 件吡仑帕奈片。请问验收员在验收过程中需要查验哪些合格证明文件？

解答：吡仑帕奈片是第二类精神药品，且为进口药品。在验收时，验收员需查验《进口准许证》《进口药品检验报告书》、产品合格证，必要时提供相应的《进口药品通关单》或者《进口药品批件》。

（四）学习结果评价

序号	评价内容	评价标准	评价结果（是/否）
1	接收药品及相关单据	能与收货员交接，接收随货同行单、药品成品检验报告书及药品，并完成随货同行单与药品信息的再次核对，辨别药品是否为特殊管理药品	
2	查验相关合格证明文件	能核查该批药品对应的相关合格证明文件的完整性、一致性及整件药品是否有产品合格证	
3	查验药品实物	能依据到货药品类型完成抽样并检查最小包装，查验完成后能还原样品	
4	追溯药品	能用扫码设备及时准确地扫描药品追溯码，并辨识扫码后获取的信息与药品包装信息的相符性	
5	执行处理意见	能填写验收记录，调整药品质量状态标识，并将资料整理归档	

五、课后作业

1. 请简述我国生产及使用的第一类精神药品的品种。

2. 请简单概括特殊管理药品的验收抽样要求。

3. 某大型医药物流公司购进 10 件同一批号的盐酸丁丙诺啡注射液，请你作为该公司验收员简述该药品的验收操作过程。

B-3-5 能进行销退药品的验收管理

一、核心概念

1. 销退药品

销退药品指药品售出后购货单位将其退回售货公司的药品。

2.退货通知单

退货通知单是处理由于质量不合格、价格不正确等因素，或与销售订单或合同的相关条款不相符等原因，销货单位需将销售货物退回的业务通知单据。该单据通过各项审核后，再进行退货业务，完成退货流程。

3.销后退回验收通知单

销后退回验收通知单是指由收货员完成销后退回药品的收货程序后同意验收员进行验收操作的验收指令。

二、学习目标

1.能按销退药品的验收流程完成药品的验收。
2.能完成销退药品验收记录的填写。

三、基本知识

1.抽样原则

销后退回药品进行逐批检查验收；整件包装完好的应当按照一般药品的抽样原则加倍抽样检查，无完好外包装的每件应当抽样检查至最小包装，必要时应当送药品检验机构检验。

2.销退药品验收记录项目

销后退回药品验收记录除应包含药品通用名称、剂型、规格、批准文号、批号、生产日期、有效期、生产企业、上市许可持有人、验收日期、验收结果和验收员等项目，还需包含退货单位、退货数量、退货日期、退货原因、质量状况等项目，详见表 B-3-5-1。

表 B-3-5-1　销后退回药品验收记录

药品通用名称	剂型	规格	批准文号	批号	生产企业/上市许可持有人	生产日期	有效期至	退货单位	退货数量	退货日期	退货原因	质量状况	验收结果
验收日期：				验收时间：				验收员：					

四、能力训练

（一）操作条件

1.人员：从事药品退货验收工作的应具有药学或者医学、生物、化学等相关专业中专以上学历或者具有药学初级以上专业技术职称，从事中药材、中药饮片退货验收工作的应具有中药学中专以上学历或者具有中药学专业初级以上专业技术职称，定期接受包括药品法律法规、药品知识、职业道德等内容的教育或培训。

2.设备、器具：计算机、WMS 仓储管理系统、托盘、货架、美工刀、打印机、笔、RF 手持终端、验收标签、相关单据、销退药品等。

3.资料：《药品经营质量管理规范》（现行版）、企业销后退回药品验收标准操作规程等。

4.环境：模拟药品仓库。

（二）安全及注意事项

1. 模拟药品仓库环境温度应不超过 20℃，相对湿度应控制在 35% ～ 75%。场地干净整洁，符合 GSP 要求。

2. 销后退回药品质量验收记录应至少保存 5 年。

3. 验收破损的销退药品时应注意佩戴合适的防护手套或采取合适的防护措施，避免破损药品污染环境及对操作人员身体健康造成伤害。

（三）操作过程

序号	实施步骤	操作方法及说明	操作标准/注意事项
1	接收药品及相关单据	（1）与收货员交接，接收退货通知单、销后退回验收通知单、随货同行单、药品成品检验报告书及药品 （2）辨别有无特殊验收需求 （3）根据退货通知单、随货同行单再次核对药品是否为本单位售出	（1）销后退回药品的验收应在销后退回专库专区内进行，避免与常规购进药品的收货待验区重叠 （2）对于销后退回的冷链药品应在符合温度管理要求的待验区进行操作 （3）验收员检查销后退回药品的批号、数量、质量情况是否与退货通知单一致，如遇不是本单位售出的药品，不能进行验收 （4）退货数量应小于等于销售数量，退货批号应与销售批号一致，质量情况与退货原因相匹配，若单据信息不正确或不一致，应及时向收货员反馈，并通知销售部门进行处理 （5）销退随货单据上记载的药品的通用名称、剂型、规格、批号、数量、生产厂家、上市许可持有人等内容与药品实物不符的，通知销售部门进行处理
2	查验相关合格证明文件	（1）核查该批药品对应的相关合格证明文件是否齐全 （2）查验药品成品检验报告书与实物信息是否一致 （3）查验整件药品是否有产品合格证	对销后退回的冷链药品应同时检查退货方提供的温度控制说明文件和售出期间温度控制的相关数据，原件、电子件均可，且需存档备查。对于不能提供文件、数据，或温度控制不符合规定的，应当拒收，做好记录并报质量管理部门处理
3	查验药品实物	（1）依据抽样原则计算抽样量并抽取样品 （2）检查最小包装 （3）还原样品	（1）抽取样品的包装、标签、说明书、外观性状等逐一进行检查核对，若发现信息不一致或者不符合相关规定，应及时向质量管理部门反馈 （2）对有疑问的药品应逐件开箱检查，对质量判断不明的应报质量管理员精细复查，必要时送法定药品检验机构进行检验 （3）对验收合格的样品应加贴验收封签
4	追溯药品	用手持终端（PDA）或其他扫码设备及时准确地扫描药品追溯码	若验收员发现扫码后获取的信息与药品包装信息不符，应当向质量管理人员报告
5	执行处理意见	（1）填写验收记录 （2）调整药品质量状态标识 （3）整理资料	（1）根据药品验收的实际情况及药品质量状况填写验收记录，并做出明确结论。对照药品实物在计算机系统中录入药品信息、到货数量、验收合格数量、验收结果等内容 （2）对于验收完毕的药品，确认合格的，应及时调整质量状态标识，并通知仓库保管员及时将合格药品入库至指定位置。确认不合格的应通知质量管理部，由质量管理部分清责任。如果是退货方的责任，应拒收货；如果是我方责任，应通知将药品转入不合格药品库区，按不合格药品上报处理 （3）在相关合格证明文件上加盖本企业"质量管理章"并扫描上传至计算机系统，并将收到的随货同行单、退货通知单、销后退回验收通知单、相关合格证明文件整理归档，建立"销退药品台账"，确保药品质量数据信息的真实性、完整性、准确性、可追溯性

🔹 **问题情境一**

某大型医药物流有限公司今天收到销退药品 50 件，这 50 件药品为同一品种同一批号。其中有 5 件出现渗液现象，其余 45 件无包装异常情况。请问你作为验收员该如何抽样？

解答：销后退回药品进行逐批检查验收；整件包装完好的应当按照一般药品的抽样原则加倍抽样检查，无完好外包装的每件应当抽样检查至最小包装。一般药品的整件数量在 2 件以上至 50 件以下的至少抽样检查 3 件。因此对于 5 件出现渗液现象的药品应全部抽样检查至最小包装，其余 45 件至少应抽样检查 3×2=6 件。对整件药品进行开箱抽样时，从每整件的上、中、下不同位置随机抽样检查至最小包装，每整件药品中至少抽取 3 个最小包装。

🔧 问题情境二

某医药物流公司验收员小红在验收销退的胰岛素注射液时，发现退货方提供的售出期间温度控制的相关数据中出现了 15℃ 的记录，请问该如何处理？

解答：胰岛素为冷链药品，验收员在验收销后退回的冷链药品时应同时检查退货方提供的温度控制说明文件和售出期间温度控制的相关数据。因温度控制的相关数据中出现了 15℃，属于温度控制不符合规定，应当拒收，做好记录并报质量管理部门处理。

（四）学习结果评价

序号	评价内容	评价标准	评价结果（是/否）
1	接收药品及相关单据	能与收货员交接，接收退货通知单、销后退回验收通知单、随货同行单、药品成品检验报告书及药品，辨别药品是否有特殊验收需要，并完成退货通知单、随货同行单与药品信息的再次核对	
2	查验相关合格证明文件	能核查该批药品对应的相关合格证明文件的完整性、一致性及整件药品是否有产品合格证	
3	查验药品实物	能依据抽样原则抽取样品并检查最小包装，查验完成后能还原样品	
4	追溯药品	能用扫码设备及时准确地扫描药品追溯码，并辨识扫码后获取的信息与药品包装信息的相符性	
5	执行处理意见	能填写验收记录，调整药品质量状态标识，并将资料整理归档	

五、课后作业

1. 请简述验收员验收销退药品时的抽样原则。

2. 请简单概括在验收销退药品时退货数量、退货批号的要求。

3. 某大型医药物流公司今日收到一批销退药品，验收员在验收后判断该批销退药品质量不合格。请问该如何处理这批药品？

C

仓库管理

C-1　药品储存管理

C-1-1　能进行普通药品的储存管理

一、核心概念

1.药品上架

药品上架指的是完成验收的药品，保管员检查包装，核对药品的名称、批号、有效期、数量等信息，找到对应的货位，将药品搬运到货架上，同时用 PDA 或 RF 扫描货位条形码并确定，完成上架过程。

2.贮藏

贮藏是指人们为了保护、保存和储存各种物品而采取的具体手段和措施。

3.色标

色标是指在药品仓库管理中，为了实现快速、直观地识别和区分不同药品状态和存储区域，所采用的彩色标识管理。

二、学习目标

1.能识别药品包装标识要求规范搬运，并按药品标签的储存条件完成普通药品的上架操作。

2.能区分药品质量状态色标。

3.能使用 PDA 或 RF 根据操作流程进行盘点。

三、基本知识

1.药品包装标识

药品包装标识指药品包装上印制或贴附的所有文字、符号、图形和颜色等，它们包含了药品的基本信息和法律法规要求的内容，用以确保药品的安全、有效使用，并便于药品的识别、追溯与管理。这些标识不仅涉及药品的内、外包装，还包括药品的标签和说明书，如图 C-1-1-1。

搬运和堆码药品应当严格按照外包装标示要求规范操作，堆码高度符合包装图示要求，避免损坏药品包装。药品存储仓库配备自动监测、调控、显示、记录温湿度状态和自动报警的设备及计算机管理系统，可接受药品监管部门的在线监管。

温度极限　　　　易碎物品　　　　向上

防潮　　　　　　禁暴晒　　　　堆码层次极限

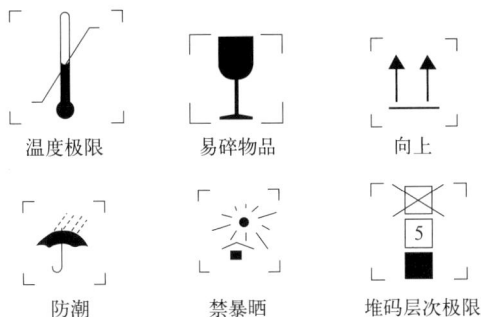

图C-1-1-1　药品包装标识

2. 药品储存条件

企业应当按包装标示的温度要求储存药品，包装上没有标示具体温度的，按照《中华人民共和国药典》规定的贮藏要求进行储存。"阴凉处"系指不超过20℃，"凉暗处"系指避光且不超过20℃，"冷处"系指2～10℃，"常温"系指10～30℃，相对湿度为35%～75%。

药品说明书或直接印刷在药品包装上的标签上的"贮藏"项，明确了药品应如何被妥善保存以保持其质量和效力。详细说明了药品需要的特定环境条件，以防止药品变质、降解或失去疗效，确保药品在有效期内保持其安全性和有效性。贮藏说明通常会涵盖以下几个方面。

（1）某些药品可能需要在通风良好的地方存放。如是否需要密闭、密封、避震或防冻等，尤其是生物制品、疫苗等可能有更为严格的特殊要求。

（2）正确的贮藏是确保药品安全性和有效性的关键步骤，保管员应严格遵守药品标签上的贮藏指示，以防止因不当存放而导致的药品失效或副作用，如图 C-1-1-2。

3. 药品的货位标识

药品仓库实行货位管理。实行计算机 WMS 系统管理的货位一般有条形码标识，保管员应熟悉药品的贮存条件及仓库库区布局，药品与医疗器械类、食品类等非药品分库（区）储存；内服药与外用药品分库（区）储存；药品品名和外包装容易混淆的品种分开或隔货位存放；同品种同规格的不同批号隔货位存放。拆除外包装的零货药品应当集中存放。药品按批号堆码，不同批号的药品不得混垛，如图 C-1-1-3。

4. 药品储存库房区域色标

通过三种基本颜色：绿色、黄色和红色，来对仓库内的不同区域进行标记，确保药品存储的规范性、安全性和高效性。具体分配如下。

（1）绿色区域：代表"正常"或"合格"。这个颜色用于标记合格药品库（区）、发货区、零货称取区等。意味着这些区域内的药品已通过检验，符合销售或使用的标准。

（2）黄色区域：代表"待定"或"待处理"。待验区、退货区使用黄色标识，表示这些区域内的药品正处于检验中或需要进一步处理，其质量状态尚未最终确定。

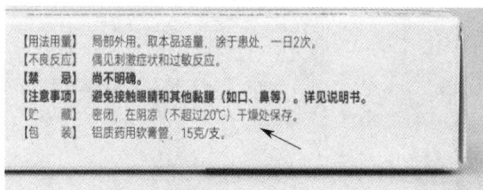

(b)

(c)

图C-1-1-2 贮藏指示图

(a)　　　　　　　　　　　　　　　　（b）

图C-1-1-3 药品堆码

（3）红色区域：代表"不正常"或"不合格"。不合格品库（区）使用红色标识，警示此处存放的药品不符合质量标准，不能销售或使用，需进行相应的处置。

除了上述三个主要区域外，还通常包括"待验区"和"退货区"，储存药品的空包装箱及周转箱应集中存放于"包装材料区"，叉车、液压车、拣货车等停放在"工具设备区"，以上区域形成了完整的药品仓库管理布局。通过直观的颜色减少混淆，提高药品流通的安全性和效率。常见的颜色标识如图 C-1-1-4：

| 收货区 | 待验区 | 合格品区 | 不合格品 |

| 待处理区 | 退货区 | 待发区 |

图C-1-1-4 颜色标识

5. 五距

药品与库房地面、墙顶、散热器之间应有相应的间距或隔离措施。药品按批号堆码，不同批号的药品不得混垛，垛间距不小于5cm，药品与顶、温度调控设备及管道等设施间距不小于30cm，与地面的间距不小于10cm，冷库内制冷机组出风口100cm范围内，以及高于冷风机出风口的位置，不得码放药品。库内通道宽度不少于1m。药品的堆码高度符合外包装标识的要求，堆放应牢固整齐，不得倒置。拆除外包装的零散货药品应码放在散件货架上。

6. 定期盘点

保管员需要定期对在库药品进行盘点，确保实物与记录一致，及时发现并处理异常情况。药品储存过程中如发现药品破损、质量异常等情况，应立即停止发货，并及时通知质量管理部核实。药品因破损而导致液体、气体、粉末泄漏时，应当迅速采取稀释、覆盖、通风等安全处理措施，防止对储存环境和其他药品造成污染。应实行药品盘点制度，对有差错的药品，及时查明原因，并做相应处理，做到账、货相符。

四、能力训练

（一）操作条件

1. 人员：应具备中专及以上学历，药学或相关专业背景。定期接受药品仓储作业流程、药品分类和管理原则等专业培训。

2. 设备：计算机、WMS仓储管理系统、托盘、货架、打印机、无线网、手持终端机（RF或PDA）等。

3. 资料：《药品经营质量管理规范》（现行版）、药品储存标准操作规程等。

4. 环境：模拟药品仓库。

（二）注意事项

1. 模拟药品储存仓库温度常温库、阴凉库为佳。托盘、货架、场地等干净整洁，符合GSP要求。

2. 药品的上架任务建议保管员在当天完成。

3. 药品存放在托盘上，严格按照药品外包装图示的要求规范上架操作，严禁随意放置或暴力搬运。

（三）操作过程

序号	实施步骤	操作方法及说明	操作标准/注意事项
1	手持终端机（RF或PDA）收到上架任务	保管员输入账号、密码登录RF或PDA，查看上架任务	（1）找到上架任务单号 （2）打开任务单号，查看药品明细：品名、规格、批号、数量、货位码等
2	核实药品实物及质量	核实待上架药品的质量、数量、批号等，搬运至目的货位，核实货位码	（1）保管员找到待上架药品托盘 （2）依据RF或PDA核查药品的品名、规格、批号、数量、质量等，完全一致的搬运到目的货位处 （3）药品名、规格、批号、数量等与实物有不一致的，应当立即向验收员核实，有质量疑问向质量管理员报告
3	上架	将药品放置在货位上	保管员将药品放置在目的货位上，扫描托盘编码解绑药品，再次扫描货位条码，绑定药品，WMS系统生成库存

序号	实施步骤	操作方法及说明	操作标准/注意事项
4	定期盘点	保管员输入账号、密码登录RF或PDA 查看盘点任务并核实药品实物，完成盘点	（1）找到盘点任务 （2）打开盘点任务清单，找到货位条码，RF或PDA扫描，弹出药品信息 （3）核对药品实物品名、规格、批号、数量等信息，完全一致，点确认；完成盘点 （4）药品的品名、规格、批号、数量等与实物有不一致的，应当立即向组长核实，有质量疑问向质量管理员报告

🧲 问题情境一

某大型现代医药物流有限公司仓库验收完成2托盘40件红霉素软膏，无破损、污染、渗液、封条损坏等包装异常情况。请问你作为保管员将药品上架到哪类仓库？

解答：查看红霉素软膏储存条件"阴凉不超过20℃"，应上架到整件仓的阴凉库的货位上。

🧲 问题情境二

某大型现代医药物流有限公司仓库计划本月底完成一次盘点，请问你作为保管员该如何执行？

解答：盘点当天保管员输入账号、密码登录RF或PDA，找到盘点任务；打开盘点任务清单，找到货位条码，RF或PDA扫描，弹出药品信息；核对药品实物品名、规格、批号、数量等信息，完全一致，点确认；完成盘点。若盘点中发现药品的品名、规格、批号、数量等与实物有不一致的，应当立即向组长核实，有质量疑问向质量管理员报告。

（四）学习结果评价

序号	评价内容	评价标准	评价结果（是/否）
1	手持终端机（RF或PDA）收到上架任务	能使用RF或PDA登录并查看上架任务药品明细	
2	查验药品实物	能与验收员交接，识别普通药品的关键字段信息：品名、规格、批号、有效期、数量、质量等	
3	上架	能识别阴凉库、常温库、冷库的布局及货位条码。能使用RF或PDA扫描托盘或货位条形码	
4	盘点	能使用RF或PDA登录并查看盘点任务药品明细，完成盘点	

五、课后作业

1. 请简单概括保管员在药品上架时发现哪些情况时需要通知质管部门？
2. 药品储存的"五距"是指哪些？
3. 你见过的药品仓库标识牌有哪些颜色，内容是什么？质量状态含义有哪些？请简单概括。

C-1-2 能进行特殊管理药品的储存管理

一、核心概念

1.专用仓库或专柜

专用仓库或专柜是"通用仓库"的对称，是为专门储存单项商品的仓库。特殊管理药品必须在专用的仓库或专柜中储存，以确保其安全性，特殊管理药品不应与其他药品混放，以免发生误用或误拿。

2. 双人核对制度

双人核对制度是指在医疗机构和药房等药品管理场所中，对于注射剂、外用、口服等高危药品、毒品和放射性药品等，要求两名专业人员进行标签、包装、计量、液体计量等环节核对，确认无误后再进行使用或发放的制度。

二、学习目标

1. 能识别特殊管理药品包装标识。
2. 专库或专区内双人完成上架，确保计算机 WMS 系统专账、货一致。

三、基本知识

1. 特殊药品储存库房的安全措施

实施双人双锁制度，即进入仓库或开启专柜需要两名授权人员共同操作，以增强安全性。储存环境应有适当的安保措施，如监控摄像头、防盗门等，以防止药品的泄漏或被盗。防辐射措施：对于放射性药品，储存的库房应采取有效的防辐射措施，以保护人员免受辐射伤害。

此外，还有一些其他类型的药品也可能被纳入特殊管理范畴，例如药品类易制毒化学品、蛋白同化制剂、肽类激素、终止妊娠药品以及部分含特殊药品复方制剂等。为了确保这些药品的合法、安全和合理使用，防止它们被非法滥用或流入非法渠道，国家制定了严格的管理制度和措施，包括对药品的生产、供应、使用、储存和运输等各个环节进行监管。

特殊管理药品库应配置 24 小时联网报警系统，一旦发生异常情况，如非法入侵，报警系统将立即启动，公安机关可以迅速接到信号并及时采取行动。

2. 特殊管理药品仓库人员要求

涉及特殊管理药品的岗位人员需要定期经过特殊管理药品要求的培训及考核，了解相关的法规和专业知识，并且要定岗定人，确保责任明确。

3. 特殊管理药品库存记录的要求

计算机系统应建立储存麻醉药品和第一类精神药品的专账。双人上架入库，做到账、货相符。第二类精神药品经营企业应当在药品库房中设立独立的专库或者专柜储存并建立专账，实行专人管理专用账册的保存期限应当自药品有效期期满之日起不少于 5 年。仓库需有完善的记录登记制度，包括药品的入库、出库、库存量等信息，检查人员出、入库登记表等，以便追踪和审计。

四、能力训练

（一）操作条件

1. 人员：应具备中专及以上学历，药学或相关专业背景。定期接受特殊管理药品专业知识培训，熟悉并区分普通药品、特殊管理药品及其储存条件和质量标准。
2. 设备：计算机、WMS 仓储管理系统、托盘、货架、打印机、无线网、手持终端机

（RF 或 PDA）、相关单据、特殊管理药品（包装盒）、货位码、双锁等。

3.资料：《药品经营质量管理规范》（现行版）、药品储存标准操作规程等。

4.环境：模拟特殊管理药品仓库。

（二）安全及注意事项

1.特殊管理药品仓库应设有防盗设施，例如防盗门窗、监控摄像头等，以确保药品的安全。专库内应装有监控摄像头，实现无死角监控。

2.具有相应的防火设施如配置灭火器等。

3.特殊管理药品在入库、出库时应由两位保管员进行核对并完成单据记录填写，确保数量和品种正确无误。

（三）操作过程

序号	实施步骤	操作方法及说明	操作标准/注意事项
1	特殊药品专库	保管员A开锁，保管员B开密码锁	（1）进入专库，解锁110报警装置 （2）登记《人员出入库记录》
2	手持终端机（RF或PDA）查看上架任务	（1）保管员A输入账号、密码登录RF或PDA点击确认，点击查看上架任务 （2）对话框提示保管员B输入账号、密码，弹出上架任务单号	（1）找到上架任务单号 （2）打开任务单号，查看药品明细：品名、规格、批号、数量、货位码等
3	双人核实药品实物及质量	核实待上架药品的质量、数量、批号等，搬运至目的货位，核实货位码	（1）保管员找到待上架药品托盘 （2）依据RF或PDA核查药品的品名、规格、批号、数量、质量等，完全一致的搬运到目的货位处 （3）特殊管理药品的毒、麻、精、放专有标识，品名、规格、批号、数量等与实物有不一致的，应当立即向验收员核实，有质量疑问向质量管理员报告
4	上架	将药品放置在货位上	保管员将药品放置在目的货位上，扫描托盘编码解绑药品，再次扫描货位条码，绑定药品，WMS系统生成库存

🧲 问题情境一

某大型现代医药物流有限公司两位保管员在特殊管理药品专库验收完成20盒枸橼酸芬太尼注射液验收，转交给另外两位保管员上架时操作步骤有哪些？

解答：双人同时进入特殊药品专库，手持终端机（RF 或 PDA）找到上架任务，双人核实药品实物及质量，上架。

（四）学习结果评价

序号	评价内容	评价标准	评价结果（是/否）
1	专库双人双锁管理	双人在场打开各自门禁或门锁后进入专库	
2	手持终端机（RF或PDA）查看上架任务	能使用RF或PDA双人先后登录，并查看上架任务药品明细	
3	双人查验药品实物	能与验收员交接，识别特殊管理药品的关键字段信息：毒、麻、精、放专有标识，品名、规格、批号、有效期、数量、质量等	
4	上架	能识别阴凉库、常温库、冷库的布局及货位条码；能使用RF或PDA扫描托盘或货位条形码	

五、课后作业

1.请总结概括特殊管理药品专库或专区内应有哪些记录？

2.请总结特殊管理药品专库有哪些安全及注意事项？

3.请总结纳入特殊管理药品的通用名称 2 个以上，并说明其专用标识？

C-1-3　能进行中药材、中药饮片的储存管理

一、核心概念

1. 虫蛀

虫蛀指有害昆虫、寄生虫入侵到中药材及饮片内部，或虫卵在适宜温湿度环境中孵化引起药材空洞、破损、被害虫排泄物污染，甚至完全蛀成粉状，严重影响疗效的质量现象。

2. 霉变

霉变是药材因发霉引起的变质现象。

二、学习目标

1.能区分中药材及饮片库布局，识别贵细中药材或饮片存储区、毒性中药饮片库，根据中药饮片批号上架。

2.能识别不同性状类别中药材及饮片常见的变质现象。

3.能监测和调控中药材和饮片库房的温度、湿度。

三、基本知识

1. 现代中药仓库类型

中药材及饮片仓库一般分为常温库（0～30℃）、阴凉库（20℃以下）、低温库。低温库包括，冷藏库（2～8℃）、冷冻库（0℃以下），湿度保持在 35%～75%。

低温库在我国华东地区通常是利用空调等制冷设备产生的冷气，使库内中药材及饮片储存在低温范围内，防止中药材霉变、虫蛀、变色、泛油等变质现象。适用于少量、贵细受热易变质的中药材和饮片。

2. 现代中药仓库技术要求

建筑性能上要求地板和墙壁应隔热、防湿，保持库内干燥和温度稳定性。仓库良好的通风性能，可散发中药材堆垛产生的热量使其保持干燥。仓库密闭性能好，可避免空气流通影响中药材及饮片的温湿度。建筑材料能抵抗昆虫、鼠害的侵蚀，避免阳光照射。

（1）库内温湿度自动监测系统。

（2）温湿度调节与控制　经实践证明中药材及饮片库可采用密封、通风、吸潮（除湿）相结合的措施，有效调节库内温湿度。

通风是利用室内外空气温度不同的气压差，库房内外空气形成对流。通风可用于库内降温、增湿、散潮等。正确通风能及时散发中药材及饮片中多余水分和改善室内温湿度。吸潮是当库内湿度过高，室外湿度过大如我国南方的梅雨季节或连续阴雨天气，通风不能有效降低库内湿度时，可利用吸湿剂或除湿机除湿。通常使用的吸湿剂有生石灰、无水氯化钙等。

使用生石灰时应捣成小块放在小木箱内，不能装满，因其吸湿膨化后体积增大溢出易污染药品，建议在吸湿后未全部变成粉末前更换。除湿机是利用机械除湿原理，将库内湿空气通过抽风吸入除湿机冷却器凝结成水排出。平时应检查排水管道是否通畅，若未开通排水管道的库房应用带盖的容器接排水，应关注排水量及时更换新的接水容器。

3. 常见的变质现象

中药材及饮片在储存时因含水量、化学成分、外环境温湿度、虫害等影响，易发生霉变、泛油、虫蛀等变质情况。

（1）霉变　霉菌孢子通常存在于空气中，在温度20～30℃，湿度75%以上或中药材及饮片含水量≥15%的闷热湿环境即可萌发菌丝分泌酵素导致中药材及饮片表面或内部发霉，有效成分降解或失效。

（2）泛油　指某些含油中药材或饮片的油脂成分由内而外泛散到表面，有效成分降低或药材变质。如柏子仁、桃仁、苦杏仁、郁李仁（含脂肪油多），牛膝、党参、天冬、麦冬、枸杞子（含糖多，含黏液质多）应储存在干燥、密封、低温库，可有效避免此类变质现象。

（3）虫蛀　指有害昆虫、寄生虫入侵到中药材及饮片内部，或虫卵在适宜温湿度环境中孵化引起药材空洞、破损、被害虫排泄物污染，甚至完全蛀成粉状，严重影响疗效的质量现象。常见的如山药、白芷、薏苡仁、苦杏仁、桃仁、柏子仁、当归、党参、瓜蒌及蛇类这类含糖、蛋白质、淀粉、脂肪油成分多的药材类易发生虫蛀。

（4）腐烂　某些鲜药材如生地黄、鲜石斛、鲜菖蒲、鲜芦根等中药材及饮片在储存中受温湿度、储存环境或药材本身的微生物大量繁殖导致药材腐烂变质，腐烂的中药材及饮片不入药。

（5）粘连　某些熔点低的如乳香、没药、阿胶、儿茶、鹿角胶、龟甲胶等中药材及饮片，含固体树脂或动物胶质，库内存放不当受潮或受热后会出现结块或成团的现象，此类药材应控制温湿度，采用独立小包装密闭储存。

4. 中药材、中药饮片的养护方法

（1）充分干燥　中药材和中药饮片的含水量应控制在7%～13%，避免过高的含水量导致发霉和虫蛀。特别是含淀粉、脂肪、挥发油较多的药材更需注意干燥。

（2）防虫蛀与霉变　可采用日晒、烘干、阴干、石灰干燥等方法。吸湿剂可用生石灰、木炭或竹炭等。密封或密闭贮藏，减少与外界环境接触。

（3）防光隔热　易变色药材应避免阳光直接照射。含芳香油的药材避免高温，以免香气丧失。

四、能力训练

（一）操作条件

1. 人员：应具备中专及以上学历，中药学或相关专业背景。定期接受中药材及饮片类专业知识培训，熟悉并区分普通药材、贵细药材、毒性药材及其储存条件和质量标准。

2. 设备：计算机、WMS仓储管理系统、托盘、货架、打印机、无线网、手持终端机（RF或PDA）、相关单据、货位码、双锁等。

3. 资料：《药品经营质量管理规范》（现行版）、药品储存标准操作规程等。

4.环境：模拟中药材或中药饮片管理药品仓库，准备数十种饮片、种子、花类、根茎类等。

（二）安全及注意事项

1.毒性中药材或饮片专库应配置24小时联网报警系统，一旦发生异常情况，如非法入侵，报警系统将立即启动，公安机关可以迅速接到信号并及时采取行动。仓库还应设有防盗设施，例如防盗门窗、监控摄像头等，以确保药品的安全。专库内应装有监控摄像头，实现无死角监控。具有相应的防火设施如配置灭火器等。

2.涉及中药材及饮片仓储保管人员需要定期经过该类药品管理要求的培训及考核，了解相关的中药相关法规和专业知识，并且要定岗定人，确保责任明确。

3.计算机系统应建立储存毒性中药材及饮片专账。双人上架入库及出库复核，做到账、货相符。中药材及饮片的入库、出库、库存数量等信息与标签一致以便质量追溯。

（三）操作过程

序号	实施步骤	操作方法及说明	操作标准/注意事项
1	中药饮片库	保管员输入账号、密码登录RF或PDA，查看上架任务	（1）找到上架任务单号 （2）打开任务单号，查看药品明细：品名、规格、批号、数量、货位码等
2	手持终端机（RF或PDA）查看上架任务	核实待上架药品的质量、数量、批号等，搬运至目的货位，核实货位码	（1）保管员找到待上架药品托盘 （2）依据RF或PDA核查药品的品名、规格、批号、数量、质量等，完全一致的搬运到目的货位处 （3）药品的品名、规格、批号、数量等与实物有不一致的，应当立即向验收员核实，有质量疑问向质量管理员报告
3	上架	将药品放置在货位上	保管员将药品放置在目的货位上，扫描托盘编码解绑药品，再次扫描货位条码，绑定药品，WMS系统生成库存

💡 问题情境一

某大型现代医药物流有限公司两位保管员在毒性中药饮片专库验收完成20kg生甘遂验收，转交给另外两位保管员上架时操作步骤有哪些？

解答：双人同时进入特殊药品专库，手持终端机（RF或PDA）找到上架任务，双人核实药品实物及质量、重量，上架。

💡 问题情境二

某大型现代医药物流有限公司验收完成中药材及饮片10种：燕窝（盏），白附子，薄荷，草乌，钩藤，金银花，地龙，枇杷叶，广藿香，斑蝥。保管员在上架时应如何分类储存？

解答：（1）贵细药材专柜：燕窝（盏）。

（2）根及根茎类：白附子、草乌。

（3）茎类：钩藤。

（4）花类：金银花。

（5）叶类：枇杷叶。

（6）全草类：薄荷、广藿香。

（7）动物类中药：斑蝥、地龙。

（四）学习结果评价

序号	评价内容	评价标准	评价结果（是/否）
1	中药饮片库	根据中药饮片特性分类识别并分区存放	
2	手持终端机（RF或PDA）查看上架任务	能使用RF或PDA登录，并查看上架任务上架品种明细	
3	上架	能与验收员交接，识别中药材及饮片品名、规格、批号、有效期、数量、质量、重量、产地等	
4	中药饮片库	能识别阴凉库、常温库、冷库的布局及货位条码。能使用RF或PDA扫描托盘或货位条形码	

五、课后作业

1. 在我国华东地区建设中药饮片专库有哪些建筑要求，以满足温湿度调节与控制要求？
2. 存放毒性中药材或饮片的专库应具有哪些安全及注意事项？
3. 请总结中药材与中药饮片如何分类储存？

C-1-4　能进行冷链药品的存储管理

一、核心概念

1. 冷库

冷库是制冷设备的一种。冷库是指用人工手段，创造与室外温度或湿度不同的环境，也是对食品、液体、化工、医药、疫苗、科学试验等物品的恒温恒湿贮藏设备。

2. 阴凉库

阴凉库是指不超过20℃且太阳不能够直射到的库房位置。

二、学习目标

1. 能识别药品包装标识温度上下限范围，并按药品标签的储存条件完成冷链药品的上架操作。
2. 能将不同管理类别的药品放置于冷库内不同温度的存储区域的不同质量状态区域内。
3. 能识别温湿度监测终端的物理位置与编号，能使用温湿度自动监测系统进行实时查看、下载各类报表，掌握不同存储区域的温湿度上下限设定标准。
4. 能按照冷库验证报告要求严格执行开关作业时限，断电保温时限等。

三、基本知识

1. 需要冷藏的药品要求

一般来说，需要冷藏的药品在药品标签、说明书的"贮藏"项中有明确要求。一般有以下几种表示方式。

"本品需在2～8℃（或其他指定温度范围）条件下保存。"

"请将本品置于冰箱中保存。"

"避免冻结，存放于2～8℃。"

"储存在冷暗处，如家庭冰箱内。"

冷藏药品标签、说明书如图 C-1-4-1。

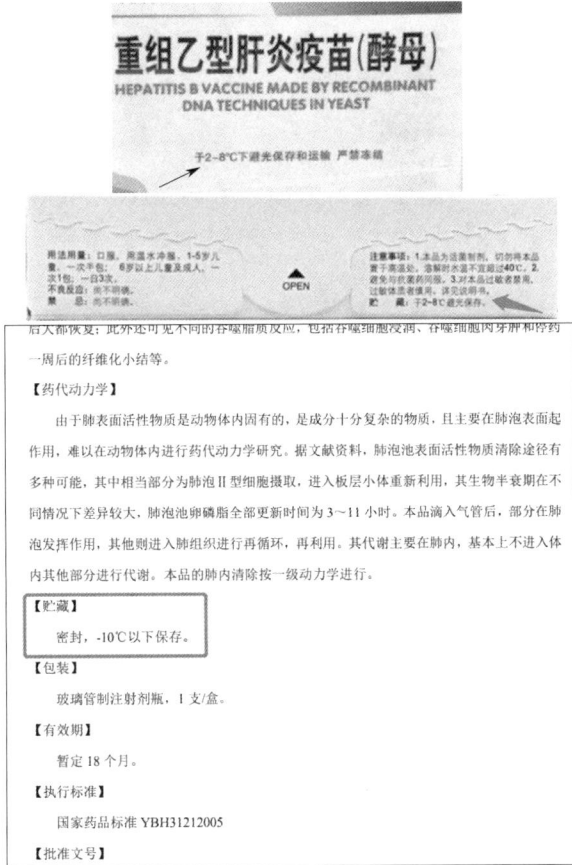

重组乙型肝炎疫苗(酵母)
HEPATITIS B VACCINE MADE BY RECOMBINANT
DNA TECHNIQUES IN YEAST

于2~8℃下避光保存和运输 严禁冻结

后大都恢复；此外还可见不同的存噬脂质反应，包括存噬细胞浸润、存噬细胞内牙肿和停药一周后的纤维化小结等。

【药代动力学】

由于肺表面活性物质是动物体内固有的，是成分十分复杂的物质，且主要在肺泡表面起作用，难以在动物体内进行药代动力学研究。据文献资料，肺泡池表面活性物质清除途径有多种可能，其中相当部分为肺泡Ⅱ型细胞摄取，进入板层小体重新利用，其生物半衰期在不同情况下差异较大，肺泡池卵磷脂全部更新时间为3～11小时。本品滴入气管后，部分在肺泡发挥作用，其他则进入肺组织进行再循环，再利用。其代谢主要在肺内，基本上不进入体内其他部分进行代谢。本品的肺内清除按一级动力学进行。

【贮藏】

密封，-10℃以下保存。

【包装】

玻璃管制注射剂瓶，1 支/盒。

【有效期】

暂定 18 个月。

【执行标准】

国家药品标准 YBH31212005

【批准文号】

图C-1-4-1　药品包装温度标签及说明书样式

2. 冷库及其类型

冷库通过使用制冷技术维持内部环境在一个设定的低温范围内，以防止药品活性成分变质或减弱或失去药效。冷库通常配备有高效率的保温材料、制冷机组、温度控制系统和通风系统，以确保温度的精确控制和空气的适当流通，详见图 C-1-4-2。

图C-1-4-2　冷库

根据储存药品的不同需求，冷库可以分为不同的类型，包括但不限于以下几类。

（1）冷藏库：通常温度范围在 0 ~ 10℃。

（2）冷冻库：温度通常低于 -15℃。

（3）变温库：能够根据季节变化或药品调整内部温度的冷库。

此外，现代冷库还可能集成智能化管理系统，实现远程监控和自动化操作，提高运营效率并降低能源消耗。

四、能力训练

（一）操作条件

1. 人员：应具备中专及以上学历，药学或相关专业背景。定期接受冷链管理药品专业知识培训，能分辨冷链药品储存条件和质量标准。

2. 设备、器具：计算机、WMS 仓储管理系统、托盘、货架、货位码、无线网、手持终端机（RF 或 PDA）、温湿度监测系统，冷链药品（包装盒）等。

3. 资料：《药品经营质量管理规范》（现行版）、药品储存标准操作规程等。

4. 环境：模拟药品冷库 2 ~ 8℃。

（二）安全及注意事项

1. 药品冷库门口电子屏集中显示各个不同温度冷库的当前温湿度数据，根据《验证报告》张贴或显示"验证结论"，一旦发生超温报警等异常情况，应按应急预案转移库内药品或启用双回路供电。

2. 人员管理：涉及冷链药品管理人员需要定期经过冷链药品操作要求的培训及考核，知晓相关的法规和专业知识。能区分多个库区、多组货位，上、下架，盘点等应做到账、货相符，特殊管理的冷链药品应执行双人操作。

（三）操作过程

序号	实施步骤	操作方法及说明	操作标准/注意事项
1	手持终端机（RF 或PDA）查看上架任务	保管员输入账号、密码登录RF 或PDA，查看上架任务	（1）找到上架任务单号 （2）打开任务单号，查看冷藏、冷冻药品明细：品名、规格、批号、数量、货位码等
2	核查药品信息	核实待上架药品的质量、数量、批号等	（1）保管员找到待上架冷藏、冷冻药品托盘 （2）依据RF或PDA核查药品的品名、规格、批号、数量、贮藏要求、质量等，完全一致的搬运到目的货位处 （3）药品的品名、规格、批号、数量等与实物有不一致的，应当立即向验收员核实，有质量疑问向质量管理员报告
3	上架	将药品搬运至目的货位，核实货位码	（1）保管员将药品放置在目的货位上，扫描托盘编码解绑药品，再次扫描货位码后，绑定药品，WMS系统生成库存 （2）冷库内制冷机组出风口100cm范围内，以及高于冷风机出风口的位置，不得码放药品

🔧 问题情境一

某大型现代医药物流有限公司冷链保管员进入冷库及上架时操作注意事项有哪些？

解答：保管员进入冷库前，手持终端机（RF 或 PDA）找到上架任务，查看目标冷库温度数据，查看验证报告有效性（含冷库开门作业时限要求），更换符合 GSP 要求的保温工作服，进入待验区，依据手持终端机（RF 或 PDA）找到药品，核实药品，核查药品的品名、规格、批号、数量、贮藏要求、质量等，完全一致的搬运到目的货位处，评估药品体积与存储货位体积，确保不在制冷机组出风口 100cm 内码放药品，整托盘药品堆垛应低于冷风机出口位置，完成上架。

📎 问题情境二

某大型现代医药物流有限公司安装使用一套温湿度自动监控系统，冷库保管员接到冷藏库区温度 7.8℃、断电及存储区域异常数据的报警短信时应采取哪些措施？

解答：（1）在 2～8℃的冷藏库一般将 7.5～7.8℃设置为冷藏库的温度上限警戒温度，接到短信时应立即查看温湿度监测终端是否正常，冷库开门作业时限是否超出验证报告的要求，联系设备管理员检查制冷机运行状况。

（2）接到断电报警短信时，立即上报仓库经理查明原因，立即启动应急电源或将药品转移备用冷藏库储存。

（3）接到系统读数为 0 或其他异常数据报警短信时，立即查看系统网关，网络连接，温湿度监测终端是否异常，采取相应措施。

（四）学习结果评价

序号	评价内容	评价标准	评价结果（是/否）
1	手持终端机（RF 或 PDA）查看上架任务	能使用RF或PDA登录并查看上架任务药品明细	
2	核查药品信息	能与验收员交接，识别冷链药品的关键字段信息：品名、规格、批号、有效期、数量、贮存条件、质量等	
3	上架	能识别冷藏库、冷冻库、疫苗专库、特殊管理药品冷链专库的布局及货位条码；能使用RF或PDA扫描托盘或货位条形码；确保不在制冷机组出风口100cm内码放药品，整托盘药品堆垛应低于冷风机出口位置。能使用RF或PDA完成移位	

五、课后作业

1. 什么是冷库，冷库按照温度要求不同可分为几种？

2. 什么是阴凉库？

3. 某医药公司质管在内部检查时发现有一冷藏药品堆放在离冷库出风口 50cm 处，请问是否合理？如果不合理应如何整改？

C-2　药品养护管理

C-2-1　能填写药品养护档案

一、核心概念

1. 药品养护记录

药品养护记录是指对药品在储存、运输、使用过程中进行的各种养护活动的详细记录。

2. 药品养护档案

药品养护档案是记录药品养护信息的档案资料，用于改进养护方法和积累技术资料。

二、学习目标

1. 能填写药品养护记录表。
2. 能填写药品养护档案表。

三、基本知识

1. 药品养护记录内容

药品养护记录是药品管理的重要组成部分，用于记录药品的存放和养护情况。这些记录对于确保药品的质量和安全至关重要。药品养护记录通常包括以下内容。

（1）养护日期　记录每次养护的具体日期。

（2）温度和温度　记录药品存放环境的温度和湿度，确保这些条件符合药品储存的要求。

（3）养护人员信息　记录执行养护任务的人员信息，以便在需要时追溯。

（4）药品质量状况　记录药品的质量状况，包括是否发现任何质量问题。

（5）养护措施　记录为保持药品质量所采取的具体养护措施。

（6）处理结果　如果发现质量问题，记录所采取的处理措施和结果。

（7）养护人员签名和备注　养护人员需要在记录表上签名，并添加必要的备注信息。

2. 药品养护档案表内容

在计算机系统中，进入"药品养护档案"界面，选择建立档案的品种，填写建档目的、储存要求、质量标准、检验项目、包装情况等内容，点保存即完成该药品的养护档案表。详见表 C-2-1-1。

表 C-2-1-1　药品养护档案表

建档时间：

商品名称		通用名称		有效期		规格	
剂型		批准文号		药品上市许可持有人			
生产企业及地址							
用途				建档目的			
质量标准				检验项目			
性状				包装情况	内		
储存要求					中		
					外		
质量问题摘要	时间	生产批号	质量问题	处理措施		养护员	备注

3. 药品养护档案内容

在库的每一个品种均应建立药品养护档案，包括药品养护检查记录、药品养护档案表、停销通知单、解除停售通知单、质量报表、近期药品催销月报表。

4. 记录填写要求

（1）记录应当真实、完整、准确、有效和可追溯。

（2）通过计算机系统记录数据时，有关人员应当按照操作规程，通过授权及密码登录后方可进行数据的录入或者复核。

（3）书面记录及凭证应当及时填写，并做到字迹清晰，不得随意涂改，不得撕毁。

（4）记录及凭证应当至少保存 5 年。（疫苗及特殊管理药品的记录及凭证按相关规定保存）

四、能力训练

（一）操作条件

1. 人员：从事药品养护工作的人员应当具有药学或者医学、生物、化学等相关专业中专以上学历或者具有药学初级以上专业技术职称。养护组或养护人员在业务上接受质量管理机构的监督指导；养护岗位的人员，应当进行岗前及年度健康检查，并建立健康档案；应当接受相关的岗前培训和继续培训，合格后方可上岗。

2. 设备、器具：药品养护记录表、药品养护档案表、笔、药品、温湿度仪等。

3. 资料：《药品经营质量管理规范》（现行版）、《药品在库养护管理制度》等。

4. 环境：模拟药品仓库。

（二）安全及注意事项

1. 数据的更改应当经质量管理部门审核并在其监督下进行。

2. 数据的更改过程应当留有记录。

3. 更改记录的，应当注明理由、日期并签名，保持原有信息清晰可辨。

（三）操作过程

序号	实施步骤	操作方法及说明	操作标准/注意事项
1	填写药品养护记录表	（1）检查药品 （2）检查库房温湿度 （3）根据药品养护记录表格内容逐项填写养护记录	（1）检查药品质量状况 （2）查看库房温湿度 （3）填写记录 （4）记录应当真实、完整、准确、有效 （5）数据修改符合要求
2	填写药品养护档案表	（1）核对建档案品种 （2）根据药品养护档案表内容逐项填写养护档案	（1）核对需建档案的品种 （2）填写记录 （3）记录应当真实、完整、准确、有效 （4）数据修改符合要求

问题情境一

小 A 是某大型医药物流有限公司的一名新进养护人员，在填写药品养护记录表上温湿度时，发现数据填写有误，于是她就将原来填写的数据用修正带进行了修正。请问小 A 的做法正确吗？为什么？

解答：小 A 的做法不正确。因为：①修正数据不能使用修正带进行修正；②数据的更改应当经质量管理部门审核并在其监督下进行；③更改记录的，应当注明理由、日期并签名，保持原有信息清晰可辨。

问题情境二

小米是一名养护员，在养护某药品时认为该药品质量存在可疑问题，请问在药品养护档案表上"处理措施"项该如何填写？

解答：处理措施项填写"立即采取停售措施"，并在计算机系统中锁定，同时报告质量管理部门进行确认。

（四）学习结果评价

序号	评价内容	评价标准	评价结果（是/否）
1	填写药品养护记录表	能将药品检查结果和库房实际温湿度填写在表格中，表格内容填写真实、完整、准确、有效。如存在数据修改，修改要求符合规范	
2	填写药品养护档案表	能核对需建立档案的品种，能完成表格内容填写，所填写内容真实、完整、准确、有效。如存在数据修改，修改要求符合规范	

五、课后作业

1. 请简述药品养护记录填写要求。

2. 药品养护档案内容包括哪些？

3. 药品养护记录通常包括哪些内容？

C-2-2　能进行一般药品养护管理

一、核心概念

1. 药品养护

药品养护是指运用现代科学技术与方法，研究药品储存养护技术和储存药品质量变化规律，对在库药品的储存条件、质量进行定期检查，以确保在库药品的质量，发现问题及时采取措施。防止药品变质，保证药品质量，确保用药安全。

2. 药品养护管理

药品养护管理是指对储存中的药品进行必要的保养与维护的各项管理工作。

3. "三三四" 循检法

"三三四" 循检法，即每个季度的第一个月检查30%，第二个月检查30%，第三个月检查40%，使库存药品每个季度能全面检查一次。

二、学习目标

1. 能陈述一般药品养护检查内容。
2. 能按一般药品的养护要求对一般药品进行养护。

三、基本知识

1. 药品在库养护原则

做好药品养护工作对保证药品质量、减少损失、促进药品流通有着重要的作用。药品的在库养护应遵循"以防为主"的原则，确保在库储存过程中的质量和安全，防止燃烧、爆炸等事故的发生。

2. 一般药品养护检查的内容

（1）检查药品是否分类存放、货位编号、货垛堆码、货垛间距等是否符合要求。

（2）检查库房内的温湿度是否符合规定要求，所有在库药品的储存是否符合其质量标准中储藏项的规定。

（3）检查药品的外观性状是否正常，包装有无损坏等异常情况。

（4）检查在库药品的有效期是否在范围内。

（5）检查库房是否满足防潮、防霉、防污染等安全养护措施。

（6）检查养护用设备、仪器及计量器具等是否运行良好。

3. 一般药品养护要求

所有入库药品都要进行养护检查，要求做到经常检查与定期检查、员工检查与专职检查、重点检查与全面检查相结合。一般品种每季度检查1次，要求检查一个品种、规格，记录1次，依次详细记录检查日期、品名、规格、数量、生产企业、有效期、存放地点、外观及包装质量情况、处理意见等，同时做到边检查、边整改，发现问题及时处理。

四、能力训练

(一)操作条件

1. 人员:从事药品养护工作的人员应当具有药学或者医学、生物、化学等相关专业中专以上学历或者具有药学初级以上专业技术职称。养护组或养护人员在业务上接受质量管理机构的监督指导;养护岗位的人员,应当进行岗前及年度健康检查,并建立健康档案;应当接受相关的岗前培训和继续培训,合格后方可上岗。

2. 设备、器具:Erp、WMS 仓储管理系统、养护表、RF、货位药品、美工刀、打印机、笔等。

3. 资料:《药品经营质量管理规范》(现行版)、《药品在库养护管理制度》等。

4. 环境:模拟药品仓库。

(二)安全及注意事项

1. 药品的在库养护应贯彻"以防为主"的原则。

2. 必须定期进行药品的在库检查,以便采取相应的防护措施,保证药品质量。

3. 药品按批号堆码,不同批号的药品需要分开堆垛。垛与垛间距不小于 5cm,垛与库房内墙、顶、温度调控设备及管道等设施间距不小于 30cm,垛与地面间距不小于 10cm。

(三)操作过程

序号	实施步骤	操作方法及说明	操作标准/注意事项
1	获取一般药品养护计划	根据年度养护计划获取一般品种的养护计划	一般品种
2	按一般药品养护检查内容和养护要求对一般药品进行养护	(1)核对一般养护品种 (2)仓库储存条件检查 (3)药品入库和摆放检查 (4)药品外观及包装质量情况检查	(1)根据养护计划表,核对养护品种 (2)仓库储存条件检查:仓库遮光通风设备的使用状态检查,仓库密封状态检查,储存设施检查,药品仓库温湿度监测设备检查 (3)药品入库和摆放检查:库房归属检查,药品摆放位置、状态检查,药品堆垛检查 (4)按现行版药典中各剂型的外观及包装质量要求进行检查
3	填写记录	记录填写	填写养护相关记录表格

问题情境一

如你是一名药品养护工作人员,请问对药品摆放位置如何进行检查?

解答:检查各种医药商品的摆放是否按照产品批号分开摆放;同一品规不同批号的药品是否存在混垛、是否按照有效期的远近分开,依次摆放。货架、货柜上摆放的药品中文名称是否向上朝外,是否有侧翻倒置现象。各类药品的货位编号、货垛堆码或货垛间距是否符合规范,药品与墙壁、屋顶、照明灯、地面、室内柱子和散热器的间距等是否符合要求等。

问题情境二

小 B 是一家医药物流有限公司的养护员,现根据一般品种养护计划对某栓剂进行养护。请问养护要点有哪些?

解答:栓剂由于基质的特性,易受温度和湿度的影响发生融化走油、软化变形的质量变异现象。在养护过程中,要特别注意温、湿度的变化对其的影响,一般栓剂应在 30℃以下密闭储存,防止因受热、受潮出现变形、发霉、变质。还应注意清洁卫生,防止异物、微生物的污染。如栓剂出现熔化、干化、酸败、外观不透明等现象之一,则不可再供药用。

（四）学习结果评价

序号	评价内容	评价标准	评价结果（是/否）
1	获取一般药品养护计划	获取一般药品养护计划，明确一般品种每季度检查1次	
2	按一般药品养护检查内容和养护要求对一般药品进行养护	（1）根据养护计划表，核对养护品种 （2）检查仓库储存条件：检查仓库遮光通风设备的使用状态，仓库密封状态检查，储存设施检查，药品仓库温湿度监测设备检查 （3）检查药品入库和摆放情况：检查库房归属，检查药品摆放位置、状态情况，检查药品堆垛情况 （4）检查养护品种的外观及包装质量要求（按现行版药典中各剂型的外观及包装质量要求进行）	
3	填写记录	完成相关记录填写	

五、课后作业

1. 请简述一般药品养护检查的内容。

2. 请简述药品堆垛要求。

3. 小潘是一家医药物流有限公司的养护员，现根据一般品种养护计划对某片剂进行养护。请问养护要点有哪些？

C-2-3 能进行重点药品养护管理

一、核心概念

1. 重点养护品种

重点养护品种是指在规定的储存条件下仍易变质的品种，包括易变质、近效期、贵重、要求特殊储存的药品，如易燃易爆药品、生物制品、特殊管理药品等。

2. 近效期药品

近效期药品是指有效期≥5年，且其有效期距失效期限≤1年半的药品；或者药品有效期≥2年且距离失效期只有1年的药品；或者在距药品有效期不足6个月的药品。

3. 危险化学品

危险化学品是指具有毒害、腐蚀、爆炸、燃烧、助燃等性质，对人体、设施、环境具有危害的化学品。

4. 易制毒化学品

易制毒化学品是指国家规定管制的可用于制造麻醉药品和精神药品的前体、原料和化学配剂等物质，流入非法渠道又可用于制造毒品，如麦角酸、麻黄碱等物质。

二、学习目标

1. 能列出重点养护品种。

2. 能按重点药品的养护管理要求对重点药品进行养护。

三、基本知识

1. 重点养护品种

在确保日常养护工作开展的基础上，将主营、首营、质量不稳定、有特殊储存要求、储存时间较长、近期内发生过质量问题的、有效期较短的、特殊管理药品、药监部门重点监控的品种和一些生物制品等确定为重点养护品种。

部分常见易变质的药品见表 C-2-3-1。

表 C-2-3-1　常见易变质药品

常见易变质现象	药品
易氧化	盐酸异丙嗪、吗啡类、肾上腺素、维生素E、维生素A、维生素D、维生素C、叶酸、磺胺类药品等
易水解	硝酸甘油、阿司匹林、丙酸睾丸素、盐酸普鲁卡因、硝酸毛果芸香碱、氯霉素、四环素类、头孢菌素类、巴比妥类等
易吸湿	甘油、乳酸、胃蛋白酶、青霉素类、淀粉酶、氯化钙等
易风化	硫酸钠、咖啡因、磷酸可待因等
易挥发	乙醇、酊剂、十滴水等
易冻结	含有药物的水剂、以烯醇作溶剂的制剂等
具升华	樟脑、薄荷脑、碘等
具吸附	淀粉、药用炭、白陶土、滑石粉等
具熔化	以香果脂等为基质的栓剂、易发生共熔现象的药物等

2. 重点药品养护要求

重点养护的具体品种是由养护组按年度制定及调整并报质量管理机构审核后实施。对确定为重点养护品种要采取有针对性的特定养护措施进行养护，每月进行一次养护，并填写记录。遇到高温、严寒等特殊情况，还应增加检查次数。

3. 重点药品养护管理

（1）性质不稳定药品的养护方法　遇光易变质的药品储存于避光容器中，放置于阴凉干燥处；对热不稳定、易挥发、易风化、具升华的药品宜密封于阴凉处保存，或置冷库保管；易串味的药品宜储存于阴凉处，与一般药品特别是吸附性强的药品隔离存放，易氧化和易吸收二氧化碳的药品应注意密封保存；易吸湿、霉变、虫蛀的药品宜储存于阴凉干燥处，梅雨季节应注意防潮、防热；怕冻药品宜储存于 0℃ 以上仓库，防止低温下冻结变质或冻裂容器。

（2）近效期药品的养护管理　企业计算机系统具有药品的近效期（在批发企业仓库近效期药品是指一年以内到期的药品；在零售门店近效期是指 6 个月以内到期的药品）预警功能，进入到近效期的药品会在系统界面进行提示，并自动生成近效期药品催销表，见表 C-2-3-2，以催促销售。

表 C-2-3-2　近效期药品催销表

序号	商品编号	通用名称	剂型	规格	药品上市生产许可持有人	批号	有效期至	单位	数量	进价	金额	货位号

养护人员要严格按照《药品在库养护管理制度》对近效期药品进行养护检查，要把近效

期药品码放在最明显处，并且悬挂近效期药品标示牌，见表 C-2-3-3。要建立近效期药品月报制度和设置专用卡片，见表 C-2-3-4。应严格按照"先产先出、近效期先出、近效期先用"的原则，调拨近效期药品快速运转，以免过期失效。

表 C-2-3-3　近效期药品标示牌

品名	
规格	
数量	
有效期	
批号	
货位号	

表 C-2-3-4　近效期药品示意表

有效期：　　　年　　　仓库：　　　第　　页

品名	1月	2月	3月	4月	5月	6月	7月	8月	9月	10月	11月	12月
说明	1.在有效期截止的月份栏打"√" 2.近效期药品均要填入该表 3.在有效期尚有1年时，每月开始填报催销报表											

4. 特殊管理药品的养护管理

（1）疫苗　疫苗储存单位要按照《疫苗储存和运输管理规范》（2017 年版）》的要求，对疫苗储存温度进行监测。疫苗储存温度自动记录间隔不得超过 15 分钟，自动温度监测数据可读取存档。疫苗储存过程中的温度记录可以为纸质或可识读的电子格式，温度记录要求保存至超过疫苗有效期两年备查。疫苗储存单位要定期对储存的疫苗进行检查、养护并记录。对超过有效期或储存温度不符合要求的疫苗要采取标识管理、隔离存放、暂停发货、逐级上报等措施。

（2）麻醉药品和精神药品　麻醉药品制剂和第一类精神药品制剂同样遵守"分区分类、货位编号"的原则，按照药品包装标示的储存要求，分别储存在符合温、湿度要求的常温储存间和阴凉储存间内。由专人负责养护管理工作，日常对专库内的温、湿度进行连续监测和调控，并采取相应的遮光、避光等养护措施，检查和养护时间至少每个月一次。

（3）医疗用毒性药品　毒性药品应根据药品的质量特性进行分类储存，并定期进行养护，做好养护记录。毒性药品库应根据储存品种进行分库或分区，医疗用毒性原料药和毒性化学药制剂应分库储存。在库内应设置阴凉储存间和常温储存间。应对专库内的温湿度实行连续监测和调控，并采取密封、避光等措施。

（4）放射性药品　放射性药品由专人负责保管；建立放射性药品登记表册，在记录时认真按账册项目要求逐项填写，并做永久性保存。放射性药品应放在铅罐内，置于储源室的储源柜内保管，严防丢失。储存放射性药品容器应贴好标签，常用放射性药品应按不同品种分类放置在通风橱处储源槽内，标志要鲜明，以防发生差错。

（5）危险化学药品　危险化学药品应当存放在专用仓库分类存放；库房内严禁烟火，且有消防安全设备（灭火机、砂箱）；包装和封口必须坚实、牢固、密封，危险化学药品应防止冲击和摩擦；经常要检查包装是否完整和有无渗漏，发现情况立即进行安全处理。

（6）药品类易制毒化学品　药品仓库结合日常的验收入库、在库保管等环节，随时进行养护工作。如按照规定监测与调节库房温湿度、点清数量、验看药品包装标识、查看有效期、检查外观质量状况等，以充分保证质量。

（7）蛋白同化制剂和肽类激素　蛋白同化制剂通常需要阴凉储存，肽类激素则需要冷藏储存，蛋白同化制剂和肽类激素应专库或专柜存放，实行专人和专账管理，有专门的检查、养护制度和记录。

（8）冷藏、冷冻药品的养护　储藏冷藏、冷冻药品按冷藏药品品种、批号分类码放，冷库内制冷机组出风口100cm范围内，以及高于冷风机出风口的位置，不得码放药品。储藏的温度应符合药品说明书上规定的储藏温度要求。冷藏药品应按GSP规定进行在库养护检查并记录。养护记录应保存至超过冷藏药品有效期一年以备查，记录至少保存3年。

四、能力训练

（一）操作条件

1. 人员：从事药品养护工作的人员应当具有药学或者医学、生物、化学等相关专业中专以上学历或者具有药学初级以上专业技术职称。养护组或养护人员在业务上接受质量管理机构的监督指导；养护岗位的人员，应当进行岗前及年度健康检查，并建立健康档案；应当接受相关的岗前培训和继续培训，合格后方可上岗。

2. 设备、器具：Erp、WMS仓储管理系统、养护表、RF、货位药品、美工刀、打印机、笔等。

3. 资料：《药品经营质量管理规范》（现行版）、《药品在库养护管理制度》等。

4. 环境：模拟药品仓库。

（二）安全及注意事项

1. 模拟药品仓库环境温度应符合药品包装标示温度，相对湿度控制在35%～75%，场地干净整洁，符合GSP要求。

2. 对于药品存储条件要求越苛刻的品种，越需要重点养护。

3. 重点养护的具体品种是由养护组按年度制定及调整并报质量管理机构审核后实施。

4. 企业应当采用计算机系统对库存药品的有效期进行自动跟踪和控制，采取近效期预警及超过有效期自动锁定等措施，防止销售过期药品。

5. 冷库应当配备温度自动监测、显示、记录、调控、报警的设备。

（三）操作过程

序号	实施步骤	操作方法及说明	操作标准/注意事项
1	确定重点养护品种	（1）主营品种 （2）首营品种 （3）在规定的储存条件下仍易变质的品种 （4）特殊管理药品 （5）特殊储存要求 （6）近效期药品 （7）药监部门重点监控的品种	（1）主营品种 （2）本企业首次购进的药品 （3）易氧化、水解、吸湿、风化、挥发、升华、发生冻结的药物及具有吸附性的药品 （4）疫苗、麻醉药品、精神药品、医疗用毒性药品、放射性药品、危险化学药品、药品类易制毒化学品等国家实行特殊管理的药品 （5）冷藏、冷冻的药品 （6）在距药品有效期不足6个月的药品；或是有效期≥5年，且其有效期距失效期限≤1年半的药品；或者药品有效期≥2年且距失效期只有1年的药品 （7）国家药品质量公告和相关部门通知所列品种
2	按重点药品的养护管理要求对重点药品进行养护	（1）准备设备器具和资料 （2）对重点养护的具体品种开展养护工作 （3）填写相关记录	（1）准备好货位药品、相关养护记录表格 （2）开展养护工作：检查温湿度是否在规定范围内，如库房温湿度超标会及时采取调控措施；对照具体实物，按药品包装标识温度、标志样式等检查药品是否分区分类存放；检查药品包装有无破损等情况；检查药品有效期；检查药品外观质量；明确重点养护时间 （3）填写养护相关记录表格

问题情境一

小 A 是一名某药品批发企业的实习生，这个月被分配到养护组进行实习。实习过程中对达那唑、克仑特罗两种药品不知道该如何养护。如你是一名养护员，请问该如何指导小 A 对这两种药品进行养护？

解答：首先要知道达那唑和克仑特罗属于蛋白同化类制剂，对蛋白同化类制剂需要重点养护，至少每个月对其进行一次养护。然后根据药品包装盒上储存条件进行储存，通常蛋白同化类制剂需要阴凉储存。最后，蛋白同化类制剂需要专柜存放，实行专人和专账管理，有专门的检查制度和记录。

问题情境二

小 B 是一家医药物流有限公司的养护员，于 2024 年 7 月 15 日对批号为 205528 的多潘立酮片进行养护，发现该批次的多潘立酮片有效期至 2025-1-5，请问该批次的多潘立酮片要确定为重点养护品种吗？说明理由。

解答：该批次的多潘立酮片要确定为重点养护品种。确定依据：在距药品有效期不足 6 个月的药品要进行重点养护。

（四）学习结果评价

序号	评价内容	评价标准	评价结果（是/否）
1	确定重点养护品种	能罗列出重点养护品种：主营品种、首营品种、在规定的储存条件下仍易变质的品种、特殊管理药品、特殊储存要求、近效期药品、药监部门重点监控的品种	
2	按重点药品的养护管理要求对重点药品进行养护	能准备设备器具和资料，能对重点养护的具体品种开展养护工作并完成相关记录填写	

五、课后作业

1. 请简述近效期药品的养护管理。

2. 请自行查找相关资料，列举肽类激素、麻醉药品、精神药品、疫苗类等各种药品名称及储存条件？

3. 小 B 是一家医药物流有限公司的养护员，现有以下十个品种需要养护（见下表），请问哪个品种需重点养护？理由是什么？

序号	品名	商品规格	生产厂家全称	产品批号	有效期至	储藏条件
1	注射用促皮质素	25U	上海上药第一生化药业有限公司	25608107	2026-12-31	遮光、密闭，在阴凉处（不超过20℃）保存
2	异维A酸软胶囊	10mg	上海信宜延安药业有限公司	2099122	2027-12-31	密封，在阴凉（不超过20℃）干燥处保存
3	注射用盐酸瑞芬太尼	2mg×5瓶	宜昌人福药业有限责任公司	15802020	2026-2-12	遮光、密闭，在2～25℃保存
4	50/50混合重组人胰岛素注射液	3mL:300U	通化东宝药业股份有限公司	22567904	2025-9-30	本品在使用前应存放在2～8℃的冰箱中，存放在胰岛素注射笔中的笔芯不要储藏在冰箱内

序号	品名	商品规格	生产厂家全称	产品批号	有效期至	储藏条件
5	过氧化氢溶液	3%	汕头市美宝制药有限公司	23312554	2025-11-10	遮光、密闭，在阴凉处（不超过20℃）保存
6	硝酸毛果芸香碱滴眼液	5mL:25mg	山东博士伦福瑞达制药有限公司	178905642	2026-7-8	遮光，密封，在凉暗处保存
7	维生素B_1片	10mg	扬州艾迪制药有限公司	32024276	2027-7-1	遮光，密封保存
8	脊髓灰质炎减毒活疫苗糖丸	每粒糖丸重1g	北京生物制品研究所有限责任公司	S7081002	2025-1-30	-20℃以下遮光保存
9	麻腮风联合减毒活疫苗	复溶后每瓶0.5mL	上海生物制品研究所有限责任公司	S2009867	2026-2-9	2~8℃避光保存
10	地西泮注射液	2mL:10mg	国药集团容生制药有限公司	67987987	2027-1-30	遮光、密闭保存

C-2-4 能反馈养护信息

一、核心概念

1. 不合格药品

不合格药品包括药品包装不合格、外观质量不合格、内在质量不合格的药品以及各种不符合药品质量标准的药品和国家公布不合格的药品。

2. 药品养护信息

药品养护信息是指在养护过程中对包括药品效期、药品储存条件、药品外观、药品包装、药品质量等的检查信息。

二、学习目标

1. 能汇总养护质量信息，并完成相应记录的填写。
2. 能对在养护过程中发现有问题的药品进行反馈与处理。

三、基本知识

1. 养护质量信息

按照GSP规定，药品养护人员应定期汇总、分析和上报养护检查、近效期或长时间储存的药品的质量信息，以便质量管理部门和业务部门及时、全面地掌握储存药品质量信息，合理调节库存药品的数量，保证经营药品符合质量要求。其报告内容应汇总该经营周期内经营品种的结构、数量、批次等项目，统计并分析储存养护过程中发现的质量问题的相关指标，如质量问题产生的原因、比率，进而提出养护工作改进的措施及目标。详见表 C-2-4-1。

表 C-2-4-1　药品储存养护信息定期汇总分析报表

日期：

一般药品养护质量情况	本季度养护在库药品品种　　批次 □未发现有质量异常现象 □发现有质量异常现象药品品种					
重点药品养护质量情况	本季度重点养护药品品种　　批次（其中麻精药品　　批次，国家有专门管理要求的药品　　批次，冷藏冷冻药品　　批次，近效期药品　　批次，库龄较长品种　　批次） □重点检查未发现有质量异常现象 □重点检查发现有质量异常现象药品品种					
验收养护设备质量情况	仓库养护用设施设备的质量状况：对库房的托盘、货架、温湿度监测系统、空调（及滤网）、制冷机组、排气扇、照明设施、灭火器或消防栓、老鼠夹、粘鼠板、电子猫、防鼠板、灭蝇灯、干燥剂、加湿器、除湿机、吸尘器、电子秤等检查 □未发现有质量异常现象 □发现有质量异常现象					
温湿度情况观察	仓库	最高温度	最低温度	平均温度	最高湿度	最低湿度	平均湿度
	常温库						
	阴凉库						
	麻精库						
	冷库						
近效期药品及长期储存药品情况	1.本季度近效期药品　　个品种 □未发现有质量异常现象 □发现有质量异常现象药品 2.本季度库龄较长药品共　　个品种 □未发现有质量异常现象 □发现有质量异常现象药品					
库房管理情况检查	□各库管理较好 □货位整齐 □堆码规范 □五距适当 □色标明显 □卫生较好 □门窗结构严密					
汇总分析	通过对本季度在库药品的养护（一般养护和重点养护），总体情况 □符合 □不符合GSP条款要求，针对近效期的　　个品种，及库龄较长的　　个品种，共计　　个品种填写药品催销表进行催销，并加强养护，保证药品质量不受影响。建议公司领导通过对各品种销售情况的分析，结合仓库库存及库容，加大进货计划的审核力度，以保证在库药品不积压，不滞销，合理利用库容，对销量小或不稳定的品种，采取少进货或不进货的方式，以减少在库品种积压的情况					
养护员意见	 签名：					
质管部门意见	 签名：					

注：本表一季度填报一次，一式二份：①养护员留存　②质管员留存

2. 对有问题药品的反馈与处理

药品养护中发现的问题一般包括技术操作、设施设备、药品质量等方面。养护员应对在库药品质量检查发现的问题，按《药品储存养护过程发现问题的处理办法》进行处理。

（1）储存养护过程发现药品质量问题时应当在计算机系统中及时锁定和记录，同时悬挂黄色标志牌，暂停发货，并填写《药品质量复查通知单》，详见表 C-2-4-2，通知质量管理部门进行复查处理。

表 C-2-4-2　药品质量复查通知单

品名		规格		生产企业	
生产批号		数量		存放地点	
有效期（使用期）					
质量问题：					
复检结果：					

养护员：
　　　年　　月　　日

质量管理部门：
　　　年　　月　　日

（2）质量管理部门接到发现药品质量问题的通知后，派人员到仓储现场进行复查核实。一般要在 2 个工作日内复检完毕。

（3）经复查核实若不存在质量问题，则应摘除黄牌，恢复正常的发货出库。

（4）经复查核实若质量异常问题暂不能确定时，应抽样送药品检验机构进行内在质量检验，同时应对已销出药品进行质量追踪，签发药品停售通知单，详见表 C-2-4-3，传真通知有关顾客。

表 C-2-4-3　药品停售通知单

年　　月　　日

品名		规格		生产企业	
包装单位		数量		生产批号	
检验情况			处理意见		
养护检查通知单号			通知日期		
有关单据日期号码			存放地点		

质管部门负责人：　　　　　　　　　　经手人：

注：一式四联：①存根　②仓库　③业务　④门市

（5）经检验结果证实不存在质量问题后，应摘除黄牌，恢复正常的发货出库，并同时签发解除停售通知书，传真通知有关顾客恢复销售（使用）。

（6）若经检验结果证实质量问题属实，则应按《不合格药品管理规定》对在库的该批号药品进行标识与处理，已销出的与该有问题药品相同批号的药品，应按规定追回并做好相关记录。

3. 近效期药品的反馈与处理

养护过程中发现有近效期药品品种，及时填报近效期药品报表、近效期药品催销表并将其送至相应部门。超过有效期药品，立即停止销售，存入不合格品区，同时报质量管理部门处理。

四、能力训练

（一）操作条件

1. 人员：应具有药学或者医学、生物、化学等相关专业中专以上学历或者具有药学初级以上专业技术职称，定期接受包括药品法律法规、药品知识、职业道德等内容的教育或培训。

2.设备、器具：计算机、WMS 仓储管理系统、货架、美工刀、打印机、笔、RF 手持终端、相关表格、药品等。

3.资料：《药品经营质量管理规范》（现行版）、《药品储存养护过程发现问题的处理办法》等。

4.环境：模拟药品仓库。

（二）安全及注意事项

1.养护人员发现有问题的药品应当及时在计算机系统中锁定和记录，并通知质量管理部门处理。

2.对质量可疑的药品应当立即采取停售措施，并在计算机系统中锁定同时，报告质量管理部门确认。

3.怀疑为假药的，应当及时报告药品监督管理部门。

（三）操作过程

序号	实施步骤	操作方法及说明	操作标准/注意事项
1	汇总养护质量信息	（1）按季度分析汇总养护品种的质量信息 （2）填写分析报表	（1）对一般药品养护质量情况、重点药品养护质量情况、验收养护设备质量情况、温湿度情况、近效期药品及长期储存药品情况、库房管理情况进行分析汇总 （2）分析报表填写
2	问题药品的反馈与处理	（1）发现药品质量问题，报告质量管理部门确认 （2）填写记录	（1）与《中国药典》（2020年版）中各剂型的外观、包装和药品质量要求不符的情况判定为有问题药品，及时在计算机系统中锁定和记录，并采取停售措施同时上报质量管理部门 （2）经复查核实若不存在质量问题，恢复正常的发货出库 （3）经复查核实若质量异常问题暂不能确定时，应抽样送药品检验机构进行内在质量检验，同时应对已销出药品进行质量追踪，签发药品停售通知单，传真通知有关顾客 （4）经检验结果证实不存在质量问题后，应摘除黄牌，恢复正常的发货出库，并同时签发解除停售通知书，传真通知有关顾客恢复销售（使用） （5）若经检验结果证实质量问题属实，则应按《不合格药品管理规定》对在库的该批号药品进行标识与处理，已销出的与该有问题药品相同批号的药品，应按规定追回 （6）相关记录填写
3	近效期药品的反馈与处理	（1）近效期检查 （2）有效期检查	（1）临近有效期的药品应悬挂近效期标识，同时报质量管理部门处理 （2）超过有效期的药品应存入不合格品区，同时报质量管理部门处理

问题情境一

某大型医药物流有限公司的养护员在对某一批次的胶囊剂进行在库检查时发现胶囊剂有漏粉现象。请问你作为养护员该如何处理？

解答：药品因破损导致粉末泄漏时，应当迅速采取安全处理措施，防止对储存环境和其他药品造成污染。还应将有问题的药品及时在计算机系统中锁定和记录，并通知质量管理部门处理。

某医药物流公司的养护员在对一批"销后退回"的药品进行养护时认为该批药品存在质量可疑问题。请问你作为养护员该如何处理？

解答：对质量可疑的药品应当立即采取停售措施，并在计算机系统中锁定，同时报告质量管理部门确认。对存在质量问题的药品还应当采取以下措施。

（1）存放于标志明显的专用场所，并有效隔离，不得销售。

（2）怀疑为假药的，及时报告药品监督管理部门。

（3）属于特殊管理药品的药品，按照国家有关规定处理。

（4）不合格药品的处理过程应当有完整的手续和记录。

（5）对不合格药品应当查明并分析原因，及时采取预防措施。

（四）学习结果评价

序号	评价内容	评价标准	评价结果（是/否）
1	汇总养护质量信息	能对一般药品养护质量情况、重点药品养护质量情况、验收养护设备质量情况、温湿度情况、近效期药品及长期储存药品情况、库房管理情况进行分析汇总	
2	问题药品的反馈与处理	能根据现行版药典中各剂型的外观、包装和药品质量要求，将药品养护过程中与药典规定不符的情况判断为有问题药品，及时在计算机系统中锁定和记录，并采取停售措施，同时上报质量管理部门	
3	近效期药品的反馈与处理	能给临近有效期的药品悬挂近效期标识，同时报质量管理部门处理；能将超过有效期的药品存入不合格品区，同时报质量管理部门处理	

五、课后作业

1.请问药品批发企业对质量可疑的药品该如何处理？

2.某养护员对一批复方对乙酰氨基酚片养护时发现该批药品有变色现象，请问如果你是该养护员该如何处理？

3.某医药物流公司的养护员发现有一批批号为20220205的片剂接近有效期，如果你是该养护员，请问对近效期药品的养护信息该如何反馈与处理？

C-3 设备与环境管理

C-3-1 能进行药品仓库的温湿度管理

一、核心概念

1. 库房温度

库房温度指库房单位体积内空气的冷热程度。

2. 湿度

湿度是指空气中水蒸气含有量的大小。空气中水蒸气含量越大，相应的湿度也越大；反之，湿度就越小。

3. 相对湿度

相对湿度指空气中实际含有的水蒸气量（绝对湿度）与同温度同体积的空气饱和水蒸气量（饱和湿度）之百分比。

二、学习目标

1. 能独立完成库房温湿度的检查并填写记录。
2. 能举例说明温湿度异常对药品的影响。
3. 能按照规范进行温湿度异常的调控。

三、基本知识

1. 库房温湿度记录表

药品养护人员应每天定期（每天上午、下午各一次）对在库药品进行温湿度检查并记录，对于检查过程中出现的问题应采取相应的措施解决，温湿度记录内容应包括时间、温度、相对湿度、采取的调控措施，调控后的时间、温度、相对湿度等内容，详见表 C-3-1-1。

表 C-3-1-1　库房温湿度记录表

年　　月　　　　　库（区）：　　　　　设备号：

日期	上午							下午						
	时间	温度/℃	相对湿度/%	采取的调控措施	调控后			时间	温度/℃	相对湿度/%	采取的调控措施	调控后		
					时间	温度/℃	相对湿度/%					时间	温度/℃	相对湿度/%
1	:				:			:				:		

日期	上午							下午						
	时间	温度/℃	相对湿度/%	采取的调控措施	调控后			时间	温度/℃	相对湿度/%	采取的调控措施	调控后		
					时间	温度/℃	相对湿度/%					时间	温度/℃	相对湿度/%
2	:				:			:				:		
3	:				:			:				:		
4	:				:			:				:		
5	:				:			:				:		
6	:				:			:				:		

2. 温度调节设备

主要包括空调、药品冷藏柜、温度计等设备。

（1）空调　空调即空气调节器。是指用人工手段，对建筑物内环境空气的温度、湿度、洁净度、流速等参数进行调节和控制的设备。仓库中常用的空调有风冷柜式空调、风冷吊顶式空调、水冷柜式空调三种。

（2）冷藏柜　冷藏柜主要用于药品，生物制剂，疫苗，血液的冷藏、保存和运输。根据不同需求，分为高温冷藏型、常温冷藏型、低温冷藏型、冷冻冷藏型。

冷藏柜普遍具有以下特点：①结构多为立式箱体；②箱体内部多采用高密度聚氨酯整体发泡，具有重量轻、保温性好等特点；③多采用电脑控温，精准温感探头，自动显示箱体内部温度、控温精度高，具有高低温报警作用。

3. 湿度调节设备

主要包括除湿机、温湿度自动监控系统、加湿器等设备。

（1）除湿机　又名抽湿机，抽湿器。除湿机通过运转可以将潮湿的水分和悬浮微粒除去，使空气变得干爽，广泛用于办公室、档案室、资料室、药房、仓库等地的除湿。

（2）温湿度自动监控系统　在生产、物品管理和仓库存储等环节，很多贵重物品，如药材、食品、精密仪器等对温湿度环境有严格的要求。为了仓储商品的质量，创造适宜于商品的储存环境。建立实时温湿度监控系统，保存完整的历史温度数据已成为行业规范。

温湿度自动监控系统通常具有以下常规功能。

① 测量范围：温度为 -40 ～ 100℃；湿度为 0 ～ 100%RH。

② 温度、湿度超标测点终端报警，仪器现场显示 LED 灯闪烁、蜂鸣报警提示。

③ 电池电量低时，有电池符号显示提示。

④ 内置充电式高能锂电池，断电可续航一个月以上，可使用外接电源充电。

4. 温湿度自动监控系统

（1）系统的组成　系统由测点终端、管理主机、不间断电源以及相关软件等组成。各测点终端能够对周边环境温湿度进行数据的实时采集、传送和报警；管理主机能够对各测点终端监测的数据进行收集、处理和记录，并具备发生异常情况时报警管理功能。

（2）测量设备的最大允许误差　系统温湿度测量设备的最大允许误差应当符合以下要求。

① 测量范围在 0 ～ 40℃，温度的最大允许误差为 ±0.5℃。

② 测量范围在 -25 ～ 0℃，温度的最大允许误差为 ±1.0℃。

③ 相对湿度的最大允许误差为 ±5% RH。

（3）测点终端安装的位置及数量　药品库房或仓间安装的测点终端数量及位置应当符合以下要求。

① 每一独立的药品库房或仓间至少安装 2 个测点终端，并均匀分布。

② 平面仓库面积在 300m² 以下的，至少安装 2 个测点终端；300m² 以上的，每增加 300m² 至少增加 1 个测点终端，不足 300m² 的按 300m² 计算。

平面仓库测点终端安装的位置不得低于药品货架或药品堆码垛高度的 2/3 位置。

③ 高架仓库或全自动立体仓库的货架层高在 4.5～8m 的，每 300m² 面积至少安装 4 个测点终端，每增加 300m² 至少增加 2 个测点终端，并均匀分布在货架上、下位置；货架层高在 8m 以上的，每 300m² 面积至少安装 6 个测点终端，每增加 300m² 至少增加 3 个测点终端，并均匀分布在货架的上、中、下位置；不足 300m² 的按 300m² 计算。

高架仓库或全自动立体仓库上层测点终端安装的位置，不得低于最上层货架存放药品的最高位置。

④ 储存冷藏、冷冻药品仓库测点终端的安装数量，须符合上述的各项要求，其安装数量按每 100m² 面积计算。

5. 调节仓库温湿度的措施

温湿度的变化会影响药品质量，任何药品都有其适宜的储存温湿度条件。温湿度无论过高过低，都会对药品质量产生不良影响。温度过高可以导致药品变质、挥发、剂型破坏；温度过低可使某些生物制品发生冻结，失去活性，导致变质，也可使容器发生破裂、污染药品；湿度过大能使药品吸湿而发生潮解、稀释、分解、发霉、变形等；湿度太小又可以促使药品风化。因此要对药品仓库的温湿度实时监控、有效调控。常见的温湿度调控措施见表 C-3-1-2。

表 C-3-1-2　常见的温湿度调控措施

超标情况		可采取的措施	常用的设施设备	注意事项
温度	温度过高（降温措施）	空调降温	制冷空调	/
		通风降温	换气风机	库外温度和相对湿度都低于库内时才可使用；不宜用于危险品库
		加冰降温	风扇	易使库内湿度增高
		冰箱降温	电冰箱	以不易受潮和封口严密的药品为宜
		遮光避光	窗帘	/
	温度过低（升温措施）	暖气供暖	暖气管、暖气片	注意与药品之间的距离，并防止漏水情况
		暖风机供暖	暖风机	远离窗帘、门帘等可燃物品
		空调保温	制热空调	/
		保温库（箱）	保温库、箱	适用于不太冷的地区
相对湿度	湿度过大	除湿机除湿	除湿机	/
		通风散潮	排气扇	注意通风条件；危险品库不宜采用
		密封防潮	双层门窗、挂帘	/
		吸湿降潮	空气降湿机	散热大，注意库房内的温度控制
		干燥剂吸湿	生石灰、硅胶等	/
	湿度太小	地面洒水	喷壶	/
		电加湿器	加湿器	/
		自然蒸发	盛水容器	/

四、能力训练

（一）操作条件

1. 人员：应具有药学或者医学、生物、化学等相关专业中专以上学历或者具有药学初级以上专业技术职称，定期接受包括药品法律法规、药品知识、职业道德等内容的教育或培训。

2. 设备、器具：温湿度监控系统、笔、散件药品、整件药品、仓库温湿度记录表等。

3. 资料：《药品经营质量管理规范》（现行版）及附录2温湿度自动监测等。

4. 环境：模拟药品仓库。

（二）安全及注意事项

1. 每台温湿度测点终端应有编号，以免混淆。

2. 应严格按照要求规范操作，不得损坏设备。

3. 定时清洁设备，以免设备表面存在污秽，导致数据读取误差。

（三）操作过程

序号	实施步骤	操作方法及说明	操作标准/注意事项
1	检查实时温湿度数据	进入库区，察看库区内各测点终端的实时温湿度	（1）应按设备序号编码查看每个测点终端，以免遗漏 （2）查看温湿度时，检查有无其他异常情况，如出现异常情况，应及时进行处理
2	记录实时温湿度数据	数据读取后，及时在库房温湿度记录表上记录实时的温湿度，准确、完整地做好记录	（1）若未发生超标现象，则在库房温湿度记录表上记录实时的温湿度数据，同时填写好设备号码、日期等信息 （2）若发生超标现象，则应采取相应措施
3	温湿度异常调控	（1）当测点终端发生报警后，养护人员立即前往实地查看，记录实时的超标温湿度 （2）根据情况选取适宜的调控措施	（1）当监测的温湿度值达到设定的临界值或者超出规定范围，系统应当能够实现就地和在指定地点进行声光报警，同时采用短信通讯的方式，向至少3名指定人员发出报警信息 （2）当库内温度、相对湿度均高于库外时，可开启全部门窗，长时间通风，库内的温、湿度会有一定程度的降低 （3）当库内温度、相对湿度均低于库外时，应密闭门窗，不可通风 （4）当库外温度略高于库内，但不超过3℃，相对湿度低于库内时，则可通风 （5）当库外温度高于库内3℃以上，虽相对湿度低于库内，此时亦不能通风。因为热空气进入库内后，由于热空气的温度降低，室内相对湿度立即增加，药品更易吸潮 （6）当库外相对湿度高于库内，虽库外温度低于库内，亦不能通风，否则会带进潮气 （7）一天中，在上午8～12时，即当温度逐渐上升、湿度逐渐下降时通风较为适宜；在凌晨2～5时，虽然库外温度最低，但此时相对湿度最高，如库内有易吸潮的药品，则不宜通风 （8）应结合气象情况灵活掌握，如晴天、雨天、雨后初晴、雾大、阴天以及风向等酌情处理
4	温湿度异常调控记录	采取相应的调控措施后，应及时做好记录，做到有迹可循	（1）填写记录时，做到真实、及时、完整、准确 （2）相关记录至少保存5年

💡 **问题情境一**

某大型医药物流有限公司有一平面常温库，测得面积为560m²，养护员在进行每日温湿度记录时，发现该仓库共安装了4个温湿度测点终端，请问是否符合要求？

解答：符合要求。平面仓库面积在 300m² 以下的，至少安装 2 个测点终端；300m² 以上的，每增加 300m² 至少增加 1 个测点终端，不足 300m² 的按 300m² 计。根据题干可知，该仓库至少安装 3 个温湿度测点终端，故符合要求。还需注意的是平面仓库测点终端安装的位置不得低于药品货架或药品堆码垛高度的 2/3 位置。

🔧 **问题情境二**

近日，某医药物流公司一常温库发生温湿度超标报警的现象，养护员立即前往实地查看，随即开启全部门窗，进行长时间通风，请问养护员的做法是否准确？已知当时库内温度为 32℃，相对湿度为 75%；库外温度为 30℃，相对湿度为 78%。

解答：错误。当库内温度、相对湿度均高于库外时，可开启全部门窗，长时间通风，库内的温、湿度会有一定程度的降低。而当时库内的相对湿度比库外的略低，当库外相对湿度高于库内，虽库外温度低于库内，亦不能通风，否则会带进潮气。

（四）学习结果评价

序号	评价内容	评价标准	评价结果（是/否）
1	检查实时温湿度数据	能够进入库区，查看库区内各测点终端的实时温湿度	
2	记录实时温湿度数据	能按要求记录各测点终端的实时温湿度数据	
3	温湿度异常调控	能按要求合理地进行温湿度异常的调控	
4	温湿度异常调控记录	调控后，能按要求进行记录	

五、课后作业

1. 请利用搜索引擎，检索出其他的仓库温湿度调节设备。
2. 请利用搜索引擎或实地参观药品仓库，搜集测点终端、管理主机的实物照片。
3. 现有一全自动立体仓库，已知该货架层高为 6m，面积为 920m²，请问该仓库至少安装几个测点终端，且测点终端的位置应如何放置？

C-3-2　能进行设备校准管理

一、核心概念

1. 校准

校准指在规定条件下，为确定计量器具示值误差的一组操作。

2. 检定

检定指为评定计量器具计量特性，确定其是否符合法定要求所进行的全部工作。

二、学习目标

1. 能制定在用计量器具周检计划表。
2. 能按要求完成计量器具的送检。

3. 能规范操作计量器具校准或检定，确保计量器具的准确性。

三、基本知识

1. 校准、检定的要求

按照国家计量法相关规定，对属于国家强制检定的计量器具应当依法强制检定。药品经营企业需要强制检定的计量器具主要包括称量器具、液态温度计等。对属于国家非强制检定的计量器具应当定期进行校准，温湿度自动监测相关设备属于非强制检测范围。企业应按年度组织进行校准。

企业应该按照国家有关规定，对计量器具、温湿度监测设备等定期进行校准或者检定。应有校准、检定管理制度或规程，明确有关校准或检定的周期（每年至少一次）。有专人负责计量器具、温湿度监测设备（温湿度监控探头、温度记录仪、手持测温仪）等的定期校准或检定工作，确保计量、监测的数据准确，并建立相应的管理档案。如干湿球温湿度计、水银式温湿度计、各类台秤等需强制检定的计量器具，必须有计量检测机构出具的检定合格证（在有效期内），有计量器具、温湿度监测设备等定期校准或检定的记录，记录的时间应与制度规定的周期相符。用于校准、检定、验证的标准器具应经法定的检测机构检定合格，未经检定合格的，其校准、检定、验证结果应视同无效。若企业无计量或检定专业人员，可委托法定计量检测机构或其他具有校准、检定、验证能力的单位进行校准和验证，但必须严格审核其资质，确保校准、检定、验证不流于形式。

2. 计量器具周检计划表

质管中心每年底根据"在用计量器具检定情况表（表 C-3-2-1）"登记的检定日期及各计量器具的检定周期、检定单位等制定下一年度"在用计量器具周检计划表（表 C-3-2-2）"根据年度"在用计量器具周检计划表"的时间对计量器具进行检定或校准。强制检定的计量器具必须送检，非强制检定的计量器具可以采取送检、委托三方机构检定或校准。

表 C-3-2-1 _____年度在用计量器具检定情况表

部门名称：

器具名称	规格型号	计量性能			器号（编号）	生产企业	启用日期	使用部门	检定（校验）周期	检定（校验）部门	检定（校验）日期
		分度值/g	精度等级	测量范围							

表 C-3-2-2 在用计量器具周检计划表

月份 部门 ＼ 名称	电子秤	戥子秤	台秤	案秤	钢直尺	灌装机	天平	烘箱	检测仪器	压力表	干湿机	机械式温湿度计	听力计

四、能力训练

（一）操作条件

1. 人员：应具有药学或者医学、生物、化学等相关专业中专以上学历或者具有药学初级以上专业技术职称，定期接受包括药品法律法规、药品知识、职业道德等内容的教育或培训，计量员有计量员上岗证。
2. 设备、器具：称量器具、温湿度监测设备等。
3. 资料：《药品经营质量管理规范》（现行版）及附录、《中华人民共和国计量法》等。
4. 环境：模拟药品仓库。

（二）安全及注意事项

1. 计量员应有计量员上岗证，不得无证上岗。
2. 检定结论为合格的，及时填写绿色的检定合格证，标明器具的编号、检定日期和检定有效期等信息，并将合格证贴在计量器具上；检定结论为不合格的，及时填写并加贴红色的不合格证明。应将两者分开存放，注意两者的区分，以免造成混淆。

（三）操作过程

序号	实施步骤	操作方法及说明	操作标准/注意事项
1	制订计量器具周检计划表	应根据《在用计量器具检定情况表》中登记的检定日期、检定周期及检定单位等信息，制定下一年度的《在用计量器具周检计划表》。后续需严格按照年度周检计划表规定的时间节点，对计量器具进行检定或校准	强制检定的计量器具必须送检，非强制检定的计量器具可以采取送检、委托三方机构检定或校准
2	计量器具的送检	计划检定时间前10~15个工作日，由设备维护员将需要送检的计量器具取下，换上经检定合格或经校准的代用计量器具，并将需送检的器具包装好，由养护管理专员统一送至"某某市质量技术监督检测院"等法定检定机构进行检定	（1）对于部分不方便替换的计量器具，如烘干法水分测定仪等，可联系"某某市质量技术监督检测院"等法定检定机构，安排上门检定 （2）送检的温（湿）度检测设备根据使用温（湿）度范围确定校准温（湿）度点[使用温、湿度范围应在校准、湿度范围内。（一般温度每隔10℃、湿度每10%~20%设置一个校准点)] （3）质量管理员对检定报告书结论进行核对。检定结论为合格的，填写绿色的检定合格证，标明器具的编号、检定日期和检定有效期等信息，并将合格证贴在计量器具上。检定结论为不合格的，填写并加贴红色的不合格证明
3	自校	公司计量员在温（湿）度检测设备生产企业和公司养护员协助下完成公司温（湿）度检测设备的比对。比对报告上体现校准地点、使用设备、校准方法，比对同一点至少3次，取3次平均值。校准温（湿）度检测设备时，应根据其实际使用范围确定校准点。校准点（比对点）需覆盖使用范围内的关键温湿度值，通常至少包含一个温度点和一个湿度点。所有校准点必须位于设备标称的使用温湿度范围内	（1）温（湿）度检测设备生产企业应具有国家法定机构核发的计量认证证书，其检测人员应有计量员上岗证、提供现场比对的相关设施设备，并且其比对设备必须符合相关法律法规要求 （2）留存该生产企业的相关资料（如其营业执照、计量认证证书、检测人员的资质资料、设施等），并与该生产企业签订协议 （3）在计划检定日期前10~15个工作日内，由设备维护员通知生产企业带上所需设备来公司协助计量员进行约定的计量器具检定工作 （4）比对结果出来后，计量员、养护员和生产企业根据比对情况出具比对报告并签字，在相应的计量器具上加贴检定合格证（或不合格证）
4	完成检定	检定完成后，经过质量管理员确定后将计量器具放回原位，并归还替代计量器具	保存好法定机构或受托三方机构出具的检定报告及自校的记录，在年度"年度在用计量器具检定情况表"中做好登记

问题情境一

小王是我市某医药物流有限公司质管中心的员工，近日在翻阅公司"年度在用计量器具检定情况表"时发现常温库有一温湿度记录仪已接近检定日期。于是小王便联系公司普通养护员小丁进行自校，请问小王的做法是否正确？

解答：错误。进行自校时，公司计量员应在温（湿）度检测设备生产企业和公司养护员协助下完成公司温（湿）度检测设备的比对，且计量员有计量员上岗证。根据案例可知，养护员小丁为公司普通养护员，不具备自校的条件。

问题情境二

小王是我市某医药物流有限公司质管中心的员工，近日在翻阅公司"年度在用计量器具检定情况表"时发现冷库有一温湿度记录仪已接近检定日期，小王便联系了公司设备维护员小何将需要送检的温湿度记录仪取下，养护管理专员小王将记录仪送去了"某某市质量技术监督检测院"进行检定，直至 5 天后该设备检定完成送回公司后才将该温湿度记录仪安装上，其间并未换上经检定合格或经校准的代用温湿度记录仪，请问该做法是否正确？

解答：错误。应在计划检定时间前 10～15 个工作日，由设备维护员将需要送检的计量器具取下，换上经检定合格或经校准的代用计量器具，并将需送检的器具包装好，由养护管理专员统一送至"某某市质量技术监督检测院"等法定检定机构进行检定。

（四）学习结果评价

序号	评价内容	评价标准	评价结果（是/否）
1	制订计量器具周检计划表	能制订计量器具周检计划表	
2	计量器具的送检	能按操作规程完成计量器具的送检	
3	自校	能按操作规程进行设备的校准或检定	
4	完成检定	校准或检定完成后，能按要求将计量器具放回原位，归还替代计量器具，并做好记录	

五、课后作业

1. 请简述设备校准、检定的要求。
2. 请简述强制检定、非强制性检定的概念。
3. 某药品批发公司有电子秤、戥子秤、案秤、钢直尺、温湿度监控探头、定量包装机、砝码等，请说出需要强制性检定的器具。

C-3-3　能进行仓储验证管理

一、核心概念

1. 验证

验证是指证明任何操作规程（或方法）、生产工艺或系统能够达到预期结果的一系列活动。

2. 使用前验证

使用前验证是指相关设施设备及系统在新投入使用前或改造后，对设计或预定的关键参数、条件及性能进行测试并确认。设施设备及系统在确定实际的关键参数及性能符合设计方案或规定的使用条件和标准后方可投入使用。

3. 专项验证（有因验证）

专项验证是指设施设备及系统改变、超出设定的条件或用途，或发生设备严重运行异常或产生故障时，针对所调整或改变的情况进行的验证，以确定其性能及参数符合设定的标准。

4. 定期验证

定期验证是指根据相关设施设备及系统的具体情况，定期进行的验证，确认处于正常使用及运行的相关设施、设备及系统的参数漂移、设备损耗、异常变化趋势等情况，定期验证间隔时间不应超过一年。

5. 停用时间超过规定时限的验证

停用时间超过规定时限的验证是指企业根据相关设施设备和系统的设计参数以及通过验证确认的使用条件，分别确定各类设施设备及系统最大的停用时间限度，超过规定的最大停用时限后需重新投入使用前，应当重新进行验证。如：验证合格的设施设备，停用超过 3 个月，因环境、规格材料、装载方式、装载量等影响温度的因素发生变化，或因设备维修后部分参数发生变更均应该再验证，基于风险评估结果来确保再验证的合理性。

二、学习目标

1. 能举例说明仓储验证的对象。
2. 能举例说明各验证对象的验证项目。
3. 能规范地进行各验证对象的验证管理。

三、基本知识

1. 验证的对象

对大型药品批发企业来说，按 GSP 和相关附录的要求，主要对于新建（新购买）、改建的库房、冷藏车、冷藏箱、保温箱及冷藏、冷冻储运设施设备的温（湿）度监测系统应进行使用前验证；在使用的设施设备及温（湿）度监测系统应进行定期（一年至少一次）验证；停用超规定时限（3 个月）重新启用的上述设施设备及温（湿）度监测系统在再次使用前应重新进行验证。

2. 验证的组织及人员职责要求

验证应成立验证组。验证组根据实际情况制订年度验证计划。验证组由企业质量负责人、质管中心负责人、质量管理员、设备维护员、冷特仓储中心和冷特配送有关人员等组成，由企业质量负责人担任组长，质管中心负责人担任副组长。验证组组长负责批准年度验证计划、签发验证方案、监督验证的实施、审批验证报告；验证组副组长负责制订年度验证计划、制定验证项目方案并组织实施，审核验证方案和验证报告。

3. 验证控制文件的内容

验证控制文件可分两类，一类是制度规范文件，例如：企业冷链验证管理规范、企业冷链人员培训管理规范、冷链计量器具校准规范、冷链温度偏差处理规定等。另一类是有关方案流程、文件记录汇编，例如：企业年度验证计划，冷藏车验证测试方案、报告，冷库验证测试方案报告，冷藏箱验证测试方案报告，验证偏差整改方案、报告等。

企业应当在验证实施过程中，建立并形成验证控制文件，文件内容包括验证方案、标准、报告、评价、偏差处理和预防措施等，验证控制文件应当归入药品质量管理档案，并按规定保存。

4. 冷链储存设施设备的验证管理

（1）冷库验证的项目至少包括以下八个方面。

① 温度分布特性的测试与分析，确定适宜药品存放的安全位置及区域。

② 温控设备运行参数及使用状况测试。

③ 监测系统配置的测点终端参数及安装位置确认。

④ 开门作业对库房温度分布及药品储存的影响。

⑤ 确定设备故障或外部供电中断的情况下，库房保温性能及变化趋势分析。

⑥ 对本地区的高温或低温等极端外部环境条件，分别进行保温效果评估。

⑦ 在新建库房初次使用前或改造后重新使用前，进行空载及满载验证。

⑧ 年度定期验证时，进行满载验证。

（2）冷藏车验证的项目至少包括以下八个方面。

① 车厢内温度分布特性的测试与分析，确定适宜药品存放的安全位置及区域。

② 温控设施运行参数及使用状况测试。

③ 监测系统配置的测点终端参数及安装位置确认。

④ 开门作业对车厢温度分布及变化的影响。

⑤ 确定设备故障或外部供电中断的情况下，车厢保温性能及变化趋势分析。

⑥ 对本地区高温或低温等极端外部环境条件，分别进行保温效果评估。

⑦ 在冷藏车初次使用前或改造后重新使用前，进行空载及满载验证。

⑧ 年度定期验证时，进行满载验证。

（3）冷藏箱或保温箱验证的项目至少包括以下六个方面。

① 箱内温度分布特性的测试与分析，分析箱体内温度变化及趋势。

② 蓄冷剂配备使用的条件测试。

③ 温度自动监测设备放置位置确认。

④ 开箱作业对箱内温度分布及变化的影响。

⑤ 高温或低温等极端外部环境条件下的保温效果评估。

⑥ 运输最长时限验证。

（4）监测系统验证的项目至少包括以下六个方面。

① 采集、传送、记录数据以及报警功能的确认。

② 监测设备的测量范围和准确度确认。

③ 测点终端安装数量及位置确认。

④ 监测系统与温度调控设施无联动状态的独立安全运行性能确认。

⑤ 系统在断电、计算机关机状态下的应急性能确认。

⑥防止用户修改、删除、反向导入数据等功能确认。

（5）应当根据验证对象及项目，合理设置验证测点。

①在被验证设施设备内一次性同步布点，确保各测点采集数据的同步、有效。

②在被验证设施设备内，进行均匀性布点、特殊项目及特殊位置专门布点。

③每个库房中均匀性布点数量不得少于9个，仓间各角及中心位置均需布置测点，每两个测点的水平间距不得大于5m，垂直间距不得超过2m。

④库房每个作业出入口及风机出风口至少布置5个测点，库房中每组货架或建筑结构的风向死角位置至少布置3个测点。

⑤每个冷藏车箱体内测点数量不得少于9个，每增加20m³增加9个测点，不足20m³的按20m³计算。

⑥每个冷藏箱或保温箱的测点数量不得少于5个。

（6）应当确定适宜的持续验证时间，以保证得到充分、有效及连续的验证数据。

①在库房各项参数及使用条件符合规定的要求并达到运行稳定后，数据有效持续采集时间不得少于48小时。

②在冷藏车达到规定的温度并运行稳定后，数据有效持续采集时间不得少于5小时。

③冷藏箱或保温箱经过预热或预冷至规定温度并满载装箱后，按照最长的配送时间连续采集数据。

④验证数据采集的间隔时间不得大于5分钟。

（7）应当确保所有验证数据的真实、完整、有效、可追溯，并按规定保存。

（8）验证使用的温度传感器应当经法定计量机构校准，校准证书复印件应当作为验证报告的必要附件。验证使用的温度传感器应当适用被验证设备的测量范围，其温度测量的最大允许误差为 ±0.5℃。

（9）企业应当根据验证确定的参数及条件，正确、合理使用相关设施设备及监测系统，未经验证的设施、设备及监测系统，不得用于药品冷藏、冷冻储运管理。

四、能力训练

（一）操作条件

1. 人员：定期接受包括药品法律法规、药品知识、职业道德等内容的教育或培训。
2. 设备、器具：温湿度监控系统、温度传感器、冷藏箱、保温箱等。
3. 资料：《药品经营质量管理规范》（现行版）及附录5验证管理等。
4. 环境：模拟药品仓库。

（二）安全及注意事项

1. 对冷库、冷藏车、保温箱、冷藏箱以及温湿度自动监测系统等进行验证，确认相关设施、设备及监测系统能够符合规定的设计标准和要求，并能安全、有效地正常运行和使用，确保冷藏、冷冻药品在储存、运输过程中的质量安全。

2. 企业质量负责人负责验证工作的监督、指导、协调与审批，质量管理部门负责组织仓储、运输等部门共同实施验证工作。

3. 企业应当按照质量管理体系文件的规定，按年度制订验证计划，根据计划确定的范围、日程、项目，实施验证工作。

4. 应根据每一项验证工作的具体内容及要求分别制定验证方案，包括验证实施人员、对象、目标、测试项目、验证设备及系统描述、测点布置、时间控制、数据采集要求以及实施验证的相关基础条件等。

（三）操作过程

序号	实施步骤	操作方法及说明	操作标准/注意事项
1	制订年度验证计划	验证组根据实际情况制订年度验证计划，计划包括本年度应进行的验证范围、项目、具体的时间规定及验证项目组的成员和验证组组长	验证计划由验证组组长签发后生效
2	起草验证方案	根据年度验证计划的项目与时间安排，由验证组副组长组织验证组起草验证方案	验证方案必须由验证组组长批准后方可实施
3	实施验证	验证方案批准后，由验证组副组长负责组织按验证方案实施验证 （1）冷库的验证 ①按照批准的验证方案对冷库进行布点 ②按验证方案中数据采集要求，在库房各项参数及使用条件符合规定并达到运行平衡后，连续采集并实时记录库房内所有监测点的温湿度数据 ③使用前验证满载状态所使用的模拟物由空纸箱内装填充物替代使用；若定期验证满载状态可按冷库日常存储货品进行验证 ④验证过程中，无特殊情况任何人不得私自进入冷库 ⑤验证过程中应对温湿度数据及相关操作的数据进行跟踪监测，发现并确认偏差后应采取果断措施分析偏差原因，调节参数或改变操作方法直至温湿度数据及相关操作数据合格 ⑥统计分析冷库空载状态、满载状态、冷库开门作业状态、冷库停电状态下温湿度测试的数据以及偏差 ⑦根据验证的数据，起草或修改冷库装载、开门作业、冷库断电状态下的操作规程和偏差的纠正措施 （2）冷藏车的验证 ①按照批准的验证方案对冷藏车进行布点 ②按验证方案中数据采集要求，在冷藏车达到规定的温度并运行平衡后，连续采集并实时记录车厢内所有监测点的温湿度数据 ③满载状态所使用的模拟物由装有填充物的包装纸代替使用 ④验证过程中，无特殊情况任何人不得私自进入冷藏车 ⑤验证过程中应对温度数据及相关操作的数据进行跟踪监测。发现并确认偏差后应采取果断措施分析偏差原因，调节参数或改变操作方法直至温度数据及相关操作数据合格 ⑥统计分析冷藏车空载状态、满载状态、冷库开门作业状态、冷库断电状态下温度测试的数据 ⑦根据验证的数据，起草或修改冷藏车装载要求、开门作业状态、断电状态下冷藏车的操作规程和偏差的纠正措施 （3）保温箱的验证 ①按照批准的验证方案对保温箱进行布点 ②按验证方案中数据采集要求，在保温箱经过预热或预冷至规定温度并满载装箱后，连续采集并实时记录箱内所有监测点的温度数据 ③满载状态所使用的模拟物由空纸箱内装填充物替代使用 ④验证过程中，任何人不得私自打开保温箱。如果因特殊情况必须打开，必须重新进行验证 ⑤验证过程中应对温度数据及相关操作的数据进行跟踪监测，发现并确认偏差后应采取果断措施分析偏差原因，调节参数或改变操作方法直至温度数据及相关操作数据合格 ⑥统计分析保温箱空载状态、满载状态、不同季节气温状态下温度测试的数据 ⑦根据验证的数据，起草或修改保温箱的操作规程和偏差的纠正措施 （4）阴凉库、恒温库的验证 ①按照批准的验证方案对库房进行布点 ②按验证方案中数据采集要求，在库房各项参数及使用条件符合规定并达到运行平衡后，连续采集并实时记录库房内所有监测点的温湿度数据 ③使用前验证满载状态所使用的模拟物由空纸箱内装填充物替代使用；若定期验证满载状态可按冷库日常存储货品进行验证 ④验证过程中，无特殊情况任何人不得私自进入库房 ⑤验证过程中应对温湿度数据及相关操作的数据进行跟踪监测，发现并确认偏差后应采取果断措施分析偏差原因，调节参数或改变操作方法直至温湿度数据及相关操作数据合格	（1）验证实施前应进行验证设施设备、标准器具及相关文件资料的准备工作并做好验证人员的培训 （2）现场验证前必须对设施设备进行检查，确保其处于正常运转状态，且不会对现场验证工作及最终的数据造成影响

序号	实施步骤	操作方法及说明	操作标准/注意事项
4	修改或补充方案	实施中需修改或补充方案的,应予正式报告	应由验证组长批准后执行
5	数据的收集与分析	验证组员负责收集验证过程中的数据,并进行统计分析	发现数据不合格,且有可能对药品的存储造成影响的,则应进行再验证
6	偏差处理	(1)根据验证测定的实际情况,对设施设备运行或使用中可能存在的不符合要求的状况、系统参数设定的不合理情况等偏差进行调整和纠正,使相关设施设备及系统的运行状况能够符合规定的要求 (2)对药品的存储区域进行调整,使药品存储在温度合格且稳定的区域	所有偏差必须得到有效处理,出现偏差时(与可接受标准不符),必须找出偏差产生的原因并及时解决
7	制定预防措施	根据验证结果对可能存在的问题制定有效的预防措施	应根据每一项验证工作的结果分别制定有效的预防措施

问题情境一

近日,某大型医药物流有限公司正组织新投用冷库的验证工作。据消息可知,该公司质量副总负责该次验证的审批与指导工作,请问是否符合要求?

解答:符合要求。企业质量负责人(分管质量的副总)负责验证工作的监督、指导、协调与审批。质量管理部门的职责为负责验证工作的组织与实施。

问题情境二

近日,某医药物流公司在进行保温箱验证时,发现验证方案中有个别错别字,验证小组随即对其进行修改,组员小方觉得只是更改几个错别字,无须找组长签字审批,并在后续的验证过程中均按照修改过的方案进行,请问小方的做法是否正确?

解答:错误。实施中需修改或补充方案的,应有正式报告,且应由验证组长批准后执行。

(四)学习结果评价

序号	评价内容	评价标准	评价结果(是/否)
1	制订年度验证计划	验证组能根据实际情况制订年度验证计划	
2	起草验证方案	能根据年度验证计划的项目与时间安排,由验证组副组长组织验证组起草验证方案	
3	实施验证	验证方案批准后,能按验证方案实施验证	
4	修改或补充方案	实施中需修改或补充方案的,应有正式报告,且应由验证组长批准后执行	
5	数据的收集与分析	验证组员能负责收集验证过程中的数据,并进行统计分析	
6	偏差处理	所有偏差能得到有效处理	
7	制定预防措施	能根据验证结果对可能存在的问题制定有效的预防措施	

五、课后作业

1.请简述冷库、冷藏车验证的项目至少包括哪些内容?

2.请利用百度、谷歌等搜索引擎检索验证报告应当包括哪些内容?

3.验证计划、设备技术资料、验证过程记录表格、检验记录及设施设备维护保养记录是否属于验证文件?是否需要存档保存?

D

销售与运输管理

D-1　药品销售管理

D-1-1　能进行处方药销售管理

一、核心概念

1. 处方

处方是指由注册的执业医师和执业助理医师（以下简称医师）在诊疗活动中为患者开具的、由取得药学专业技术职务任职资格的药学专业技术人员（以下简称药师）审核、调配、核对，并作为患者用药凭证的医疗文书。处方包括医疗机构病区的用药医嘱单。

2. 单轨制处方药

单轨制处方药是指必须凭执业医师或执业助理医师的处方才能销售的药品，包括大容量注射液、小容量注射液、粉针剂、抗菌药物（抗生素类、磺胺类、喹诺酮类、结核类、抗真菌类）和国家明令规定的药品。

3. 双轨制处方药

双轨制处方药是指《关于开展药店违法违规销售处方药专项整治的通知》文件中必须凭处方销售的药品名单以外的处方药，这些药品不需要凭处方即可销售，可凭处方或顾客病历在驻店药师指导下销售。

二、学习目标

1. 能销售处方药。
2. 能按处方完成药品的销售，并完成相应记录的填写。

三、基本知识

1. 处方概述

（1）处方性质

① 法律性。因开具处方或调配处方所造成的医疗差错或事故，医师和药师分别负有相应的法律责任。医师具有诊断权和开具处方权但无调配权；药师具有审核调配处方权，但无诊断和修改处方权。

② 技术性。开具或调配处方者都必须由参加过医药院校系统专业学习，并经资格认定的医药卫生技术人员担任。医师对患者作出明确的诊断后，在安全、合理、有效、经济的原则下开具处方。药学技术人员对处方进行审核，并按医师处方准确、快速调配，将药品发给

患者应用，并进行必要的用药指导及贮存药品的说明。

③ 经济性。处方是药品消耗及药品经济收入结账的凭证和原始依据，也是患者在治疗疾病，包括门诊、急诊、住院全过程中用药的真实凭证。

（2）处方分类　处方分为麻醉药品处方、急诊处方、儿科处方、普通处方等。印刷用纸根据实际需要用颜色区分，并在处方右上角以文字注明：麻醉药品和第一类精神药品处方的印刷用纸为淡红色，右上角标注"麻、精一"；第二类精神药品处方的印刷用纸为白色，右上角标注"精二"；急诊处方的印刷用纸为淡黄色，右上角标注"急诊"；儿科处方的印刷用纸为淡绿色，右上角标注"儿科"；普通处方的印刷用纸为白色。

（3）处方结构

① 处方前记。包括医疗机构名称、费别、患者姓名、性别、年龄、门诊或住院病历号、科别或病区和床位号、临床诊断、开具日期等，可添列特殊要求的项目。麻醉药品和第一类精神药品处方还应当包括患者身份证明编号，代办人姓名、身份证明编号。

② 处方正文。以 Rp 或 R（Recipe 的缩写）标示，包括药品名称、剂型、规格、数量、用法、用量等。

③ 处方后记。包括医师、配人、核对人、发药人的签名和发药日期等。

（4）处方效期　处方开具当日有效。特殊情况下需延长有效期的，由开具处方的医师注明有效期限，但有效期最长不得超过 3 天。

（5）处方限量　处方一般不得超过 7 日用量，急诊处方一般不得超过 3 日用量。

2. 处方中药品名称使用要求

《处方管理办法》规定医生为患者开具处方必须使用药品通用名，药品通用名即中国药品通用名称，由国家药典委员会按照《中国药品通用名称命名原则》组织制定并报国家药品监督管理局备案的药品法定名称，是同一种成分或相同配方组成的药品在中国境内的通用名称，具有强制性和约束性。每一种药品只有一个通用名，因此，使用通用名可避免重复用药的情况。

3. 处方药销售记录

根据 GSP 对于门店的记录要求每日填写处方药销售记录，包括远程问诊电子处方。处方药销售记录如表 D-1-1-1 所示。

表 D-1-1-1　处方药销售记录

序号	购销日期	药品通用名	规格	生产厂家	数量	姓名	性别	年龄	联系方式	病情诊断结论	处方来源	处方日期	患者确认签字	药师审方签名

四、能力训练

（一）操作条件

1. 人员：取得药师及以上药学专业技术职务任职资格；具有 3 年以上门急诊或病区处方

调剂工作经验，接受过处方审核相应岗位的专业知识培训并考核合格。

2.设备、器具：计算机、ERP系统、打印机、笔、RF手持终端、标签、各类药品。

3.资料：《新编药物学》《临床用药须知》等工具书《药品经营质量管理规范》（现行版）、处方调剂操作规程等。

4.环境：模拟药房。

（二）安全及注意事项

1.模拟药房环境温度应不超过20℃，相对湿度应控制在35%～75%。场地干净整洁，符合GSP要求。

2.医药经营企业应具备处方审核场所，配备相应处方审核工具。

3.调配人员依照审核人员签名的合格处方内容逐项调配，对贵重药品、麻醉药品等分别登记账卡。

4.调配药品时应检查药品批准文号，并注意药品有效期，以确保使用安全。

5.药品配齐后，与处方逐一核对药品名称、剂型、规格、数量和用法用量，准确、规范书写标签。

6.对需特殊保存条件的药品应加贴醒目标签，以提示患者注意。

7.尽量在每种药品上分别贴上用法、用量、储存条件等标签，并正确书写药袋或粘贴标签。

8.调配好一张处方所有药品后再调配下一张处方，以免发生差错。

9.发药时应认真核对患者姓名、注意区别姓名相同相似者，发药时应注意和尊重患者隐私。

（三）操作过程

序号	实施步骤	操作方法及说明	操作标准/注意事项
1	接待顾客	（1）顾客来时说："您好！请问有什么可以帮到您的？" （2）确定服该药的对象是本药的适应证患者	（1）热情迎客，主动招呼 （2）吐字清晰，语速适中
2	处方审核	（1）接收处方，并区分处方的类别 （2）对处方的形式进行审核 （3）对处方的用药适宜性进行审核 （4）对处方审核结果进行处理 （5）处方合格后，审方员签字确认	（1）处方应具有合法性、时效性，前记和后记完整、处方书写正确、处方限量符合要求，药品名称正确 （2）对不合格处方应联系处方医师，告知原因，请其修改，否则拒绝调配
3	处方调配	（1）调配员检查无误后进行调配 （2）按照处方开药顺序进行调配 （3）在包装纸袋上贴上标签，标注药品名称、用量以及用法 （4）调配员在处方调配药师处签字	（1）检查药品有效期，外观形状，无错药、无漏药，数量正确，操作规范 （2）标签完整，标识正确，未漏标签，书写规范 （3）对于超剂量或者禁忌药，一般拒绝调配，如遇特殊情况，需要处方医师确认签字后进行调配 （4）调配过程注意操作卫生，不能污染药品
4	处方复核	（1）执业药师对调配好的处方进行复核，检查有无缺漏 （2）调配无误后，检测检查药品的质量，保证药品的合格性	四查十对：查处方，对科别、姓名、年龄；查药品，对药名、剂型、规格、数量；查配伍禁忌，对药品性状、用法用量；查用药合理性，对临床诊断
5	收银	（1）进入收银系统 （2）选择医保或其他方式支付	（1）选择医保卡支付的需要进入医保刷卡 （2）需要签到
6	发药及用药交代与指导	（1）药品购销员核对患者，详细向患者交代药品的用法、用量及服用该药的注意事项 （2）对患者提出的一些有关用药方面的咨询，应耐心地给予解释答复，实事求是地给予指导用药 （3）在处方的核对、发药药师处签名 （4）填写《处方药销售记录》	（1）清楚呼喊患者姓名、确认患者 （2）语言清晰，有条理 （3）指导内容正确、基本完善：用法、用量、服药时间、饮食禁忌、注意事项等 （4）普通处方、急诊处方、儿科处方保存期限为1年，医疗用毒性药品、第二类精神药品处方保存期为2年，麻醉药品和第一类精神药品处方保存期为3年。处方保存期满后，经医疗机构主要负责人批准、登记备案，方可销毁

问题情境一

患者女，68岁，高血压病史，在医院开了处方，请分析该处方是否合格，并进行解析？

【处方】

胃舒宁胶囊

规格：0.35g×36粒/盒

用法用量：口服，一次3粒，一日3次

数量：18盒（648粒）

疗程：约6个月（按每日9粒计算）

胃康胶囊

规格：0.3g×24粒/盒

用法用量：口服，一次2粒，一日3次

数量：12盒（288粒）

疗程：约4个月（按每日6粒计算）

解答：该处方为不合理处方，原因是用药疗程不当，这相当于6个月的疗程，而且没有注明任何理由，胃舒宁胶囊与胃康胶囊均为中成药，两者均含有海螵蛸和白芍成分，且功效相似，应拒绝调配，并告知处方医师重新开处方。

问题情境二

高血脂患者没有处方，要求购买处方药瑞舒伐他汀片，该如何处理？

解答：高血脂是常见的慢性病，而慢性病客户是药店销售的重要目标客户群，但处方药需凭处方购药。药店可以采取如下办法：①药店积极做好慢性病患者的处方药用药档案，严格按照一人一档的管理办法，将患者的慢性病登记造册；②慢性病客户如为新顾客，没有建立慢性病处方药用药档案的，可告诉顾客去就近医院、卫生室或诊所开具处方，或聘请有处方权的医师坐诊。

（四）学习结果评价

序号	评价内容	评价标准	评价结果（是/否）
1	收方	能规范收方	
2	审方	能审核处方是否正确，并说出不合格处方的问题，提出处理措施，能在处方的审核药师处及时签名	
3	调配	能按调配顺序进行规范调配，完成药品的有效期和外观性状的检查，并完整取药，不取错药、不漏药，能在处方的调配药师处及时签名	
4	包装贴标签	能完整书写标签并粘贴，标识正确	
5	核对	能查处方，对科别、姓名、年龄；能查药品，对药名、规格、数量；能查配伍禁忌，对用法用量、标签、药品性状；能查用药合理性；对临床诊断	
6	收银	能根据患者不同的支付方式收银	
7	发药	能确认患者，并进行良好沟通、语言清晰；能正确说出用法、用量、服药时间、饮食禁忌、注意事项等用药指导内容；能在处方的核对、发药药师处及时签名	

五、课后作业

1.请简述处方的规则。

2.请简述处方调剂操作规程。

3.某顾客前来药店欲自行采购小儿豉翘清热颗粒用于小儿感冒，请问你作为药店销售人员该如何处理。

D-1-2　能进行药品拆零销售管理

一、核心概念

拆零药品是指所销售药品最小单元的包装上，无药品说明书且已完整反映药品的名称、规格、用法、用量、有效期等全部内容的药品。

二、学习目标

1. 能对拆零药品进行陈列。
2. 能完成药品拆零的销售，并完成相应记录的填写。

三、基本知识

1. 拆零药品的工具

拆零药品的分装用具有药匙、剪刀、镊子等，必须保持清洁，分装前用75%乙醇（消毒药棉）擦拭，防止污染，保持干燥。

2. 拆零药品的陈列与摆放要求

拆零后的药品，不得陈列在开架柜台中，应集中存放于拆零专柜，不能与其他药品混放，并保持原药品包装和说明书。拆零药品储存有温度要求的，必须按照规定的储存条件存放。

3. 拆零药品的储存要求

拆零药品专柜应有明显的标识，拆零药品应集中存放于拆零专柜中，闭柜存放，并按储存要求摆放整齐，瓶盖要随时旋紧，以防受潮变质。原包装和说明书需保留，并在最后一次销售时交付给顾客。

拆零专柜短缺的拆零药品应从其他药柜移入，采用即需即拆，并保留原包装。

拆零药品销售使用的工具、包装袋应清洁卫生，并置于清洁密封盒中。拆零使用的药匙至少两支且应装入防尘、防污染的容器中。拆零用具应整齐摆放。

4. 药品拆零销售登记表

根据GSP要求，对于拆零药品的销售要填写药品拆零销售记录表，详见表D-1-2-1。

表D-1-2-1　药品拆零销售记录表

拆零起始日期：_____药品通用名称：_____规格：_____批号：_____生产企业_____

销售日期	有效期	销售数量	质量状况	拆零余量	拆零人员	复核人员	备注

四、能力训练

（一）操作条件

1. 人员：应具有药学或者医学、生物、化学等相关专业中专以上学历或者具有药学初级以上专业技术职称，定期接受包括药品法律法规、药品知识、职业道德等内容的教育或培训。

2. 设备、器具：拆零专柜或拆零柜台、计算机、药匙、瓷盘、拆零药袋、药品分装机、医用手套、打印机、笔等。

3. 资料：《药品经营质量管理规范》（现行版）、拆零药品销售标准操作规程等。

4. 环境：模拟药房。

（二）安全及注意事项

1. 模拟药房环境温度应不超过 20℃，相对湿度应控制在 35% ～ 75%。场地干净整洁，符合 GSP 要求。

2. 工作人员在进行药品拆零时必须佩戴好防护用具，保证操作的卫生和安全。拆零销售的药品应妥善保存，避免受潮、受热或暴晒，以免影响药品的质量和有效期。

3. 在拆零销售时，应关注药品的使用情况和用量，帮助患者或顾客正确使用药品，并提醒患者或顾客注意相关事项。

4. 对于某些需要特殊处理的药品，如冷链药品，应按照药品的特殊要求进行拆零销售，并遵守相应的操作规程。

5. 药店应建立药品拆零销售的数据记录和管理制度，包括记录销售数量、销售日期和患者或顾客的信息等。

6. 药店应定期进行库存盘点和药品拆零销售数据统计并进行比对和分析，确保拆零销售的准确性和合规性。

7. 药店应严格遵守法律法规和药品拆零销售的相关政策要求，保证药品拆零销售的安全性和质量。

（三）操作过程

序号	实施步骤	操作方法及说明	操作标准/注意事项
1	接待顾客	（1）确定服该药的对象是本药的适应证患者 （2）询问顾客以前是否用过该药，有无不良反应 （3）询问顾客有无服该药的禁忌证 （4）询问顾客所需药品的数量	（1）提供咨询内容正确、完善 （2）能运用一定的语言沟通技巧和咨询者进行有效、良好的沟通
2	拆零前准备工作	（1）检查药品包装 （2）准备拆零工具 （3）备份药品信息 （4）验证药品准确度 （5）人员准备	（1）确认所要拆零销售的药品包装完好无损，无法拆零销售的药品不可使用此程序 （2）准备必要的拆零工具，例如刀具、剪刀等，必须保持清洁，分装前用75%乙醇（消毒药棉）擦拭，防止污染，保持干燥 （3）拆零药品销售前，根据包装上的信息，记录药品的批号、有效期、生产厂商等重要信息等 （4）对所要拆零的药品再次确认，确保药品与包装上的信息一致 （5）工作人员穿戴整齐洁净的工作服帽，佩戴胸卡；洗净双手；轻拿轻放；不说笑聊天、集中精神；态度亲切、语气温和

序号	实施步骤	操作方法及说明	操作标准/注意事项
3	拆零操作	（1）将原本整盒销售的药品拆分为单个的药品数量 （2）使用工具轻触或切割药品包装	（1）选用合适的拆零工具（刀具、剪刀等）对药品进行拆零 （2）保持药品的完整性 （3）不得损坏或污染药品
4	包装和标注	（1）将拆零的药品妥善包装 （2）标注药品的名称、规格、批号、有效期、使用方法以及储藏要求等信息	（1）对拆零的药品应选择合适的包装材料（密封袋、容器）进行妥善包装；将拆零的药品放在洁净、卫生的包装袋内，并在包装袋上注明顾客姓名、药品名称、规格、用法用量、批号、有效期以及药店名称等，并提供药品说明书复印件 （2）拆零药品为完全裸露的药片时，拆零药袋上有效期按处方量计算时间或不超过7天；拆零药品为保留有最小包装的药品，拆零药袋上有效期按包装、标签、说明书上注明的有效期填写 （3）拆零的药品应妥善保存，避免受潮、受热或暴晒，以免影响药品的质量和有效期
5	存储拆零药品	将拆零药品放置在专门的存储区域	（1）拆零药品应专柜存放 （2）与原包装的药品分开存放，以免混淆
6	发药	（1）另一药店工作人员对调配好的拆零药品进行复核，确认药品、包装的内容无差错后，将药品发给顾客，详细向患者交代药品的用法、用量及服用该药品的注意事项 （2）填写《药品拆零销售记录表》	（1）清楚呼喊患者姓名、确认患者 （2）语言清晰，有条理 （3）用药注意事项应包括用法用量、服药时间、饮食禁忌、注意事项等 （4）《药品拆零销售记录表》除需记录药品名称、规格、批号、拆零数量和销售日期等信息外，还需进行签名确认 （5）记录表保存5年

问题情境一

某顾客发热，体温38.5℃，在连锁药店想购买对乙酰氨基酚片6片，如你作为该药店购销员，请问如何对整盒的对乙酰氨基酚片进行拆分？

解答：本店的对乙酰氨基酚片是铝塑包装的，将拆零用的剪刀先用75%乙醇进行消毒，在不破坏对乙酰氨基酚片铝塑包装气密性的情况下，剪下顾客所需要的6片的数量，其余药品放于拆零专柜。

问题情境二

某顾客来药店购买10粒维生素片，你作为药店购销员如何进行销售？

解答：药店购销员首先用75%乙醇对药匙进行消毒，用药匙取10粒维生素片于洁净、卫生的拆零药袋内，并在包装袋上写明顾客姓名、药品名称、规格、用法用量、批号、有效期及药店名称。

（四）学习结果评价

序号	评价内容	评价标准	评价结果（是/否）
1	拆零前准备工作	能仔细检查药品包装，准备好合适的拆零工具，备份药品的重要信息，并验证药品的准确性	
2	拆零操作	能按照拆零的操作流程选择合适的拆零工具进行药品拆零	
3	包装和标签	能完整书写标签、标识正确	
4	存储拆零药品	能按照拆零药品专柜存放原则，合理存储拆零药品	
5	发药	能发药给顾客，能填写拆零药品销售记录，并将资料整理归档	

五、课后作业

1. 请简述拆零药品销售的具体操作步骤。
2. 请简述拆零药品的存储方法。
3. 某连锁药店开展了阿莫西林分散片的拆零销售工作，请问作为工作人员该如何进行销售？

D-1-3　能进行特殊管理药品销售管理

一、核心概念

特殊管理药品是指国家规定适用于特殊管理办法的医疗用于诊断或治疗的药品，包括疫苗、血液制品、麻醉药品、精神药品、医疗用毒性药品、药品类易制毒化学品、含特殊药品复方制剂和兴奋剂等。

二、学习目标

1. 能识别特殊管理药品。
2. 能完成特殊管理药品的销售，并完成相应记录的填写。

三、基本知识

1. 麻醉药品和精神药品经营管理规定

（1）实行定点经营　国家对麻醉药品和精神药品实行定点经营制度，未经批准的任何单位和个人不得从事麻醉药品和精神药品经营活动。

国务院药品监督管理部门应当根据麻醉药品和第一类精神药品的需求总量，确定麻醉药品和第一类精神药品的定点批发企业布局，并应当根据年度需求总量对布局进行调整、公布。药品经营企业不得经营麻醉药品原料药和第一类精神药品原料药。但是，供医疗、科学研究、教学使用的小包装的上述药品可以由国务院药品监督管理部门规定的药品批发企业经营。

（2）零售规定　麻醉药品和第一类精神药品不得零售。

除经批准的药品零售连锁企业外，其他药品零售企业不得从事第二类精神药品零售活动。第二类精神药品零售企业应当凭执业医师开具的处方，按规定剂量销售第二类精神药品并保存处方备查。

零售第二类精神药品时，处方应经执业药师或其他依法经过资格认定的药学技术人员复核；第二类精神药品一般每张处方不得超过 7 日常用量，禁止超剂量或者无处方销售第二类精神药品。

第二类精神药品零售企业不得向未成年人销售第二类精神药品。在难以确定购药者是否为未成年人的情况下，可查验购药者身份证明。罂粟壳，必须凭盖有乡镇卫生院以上医疗机构公章的医师处方配方使用，不准生用，严禁单味零售，处方保存备查。

（3）处方资格及处方管理　医疗机构应当按照国务院卫生健康主管部门的规定，对本单位执业医师进行有关麻醉药品和精神药品使用知识的培训、考核，经考核合格的，授予麻醉药品和第一类精神药品处方资格。

执业医师取得麻醉药品和第一类精神药品的处方资格后，方可在本医疗机构开具麻醉药品和第一类精神药品处方，但不得为自己开具该种处方。

医疗机构应当将具有麻醉药品和第一类精神药品处方资格的执业医师名单及其变更情况定期报送所在地设区的市级卫生健康主管部门，并抄送同级药品监督管理部门。

执业医师应当使用专用处方开具麻醉药品和精神药品，单张处方的最大用量应当符合国务院卫生健康主管部门的规定。

对麻醉药品和第一类精神药品处方，处方的调配人、核对人应当仔细核对，签署姓名并予以登记；对不符合处方管理规定的，处方的调配人、核对人应当拒绝发药。

医疗机构应当对麻醉药品和精神药品处方进行专册登记，加强管理。麻醉药品处方至少保存 3 年，精神药品处方至少保存 2 年。

2. 医疗用毒性药品

药品零售企业供应和调配医疗用毒性药品，凭盖有医师所在的医疗单位公章的正式处方。每次处方剂量不得超过二日极量。

3. 含特殊药品复方制剂的销售管理

因为含特殊药品复方制剂不是特殊管理药品，所以公众在药品零售企业是可以购买到的。但是，根据国家药品监督管理部门的相关规定，部分含特殊药品复方制剂零售有一定的管理限制。

药品零售企业销售含特殊药品复方制剂时，处方药应当严格执行处方药与非处方药分类管理有关规定，例如复方甘草片、复方地芬诺酯片列入必须凭处方销售的处方药管理，严格凭医师开具的处方销售；除处方药外，非处方药一次销售不得超过 5 个最小包装（含麻黄碱类复方制剂另有规定除外）。

自 2015 年 5 月 1 日起，含可待因复方口服液体制剂（包括口服溶液剂和糖浆剂）已列入第二类精神药品管理。具有经营资质的药品零售企业，销售含可待因复方口服液体制剂时，必须凭医疗机构使用精神药品专用处方开具的处方销售，单方处方量不得超过 7 日常用量。复方甘草片、复方地芬诺酯片应设置专柜由专人管理、专册登记，上述药品登记内容应包括药品名称、规格、销售数量、生产企业、生产批号，详见表 D-1-3-1。

药品零售企业销售含特殊药品复方制剂时，如发现超过正常医疗需求，大量、多次购买上述药品的，应当立即向当地药品监督管理部门报告。

表 D-1-3-1　含特殊药品复方制剂销售记录

编号

药品名称		规格		购进数量		生产企业供货单位		批号有效期	
销售日期	销售数量	购买人姓名	身份证号			联系电话	处方来源	药师签名	备注

注：按单页单品种记录。

4. 含麻黄碱类复方制剂的销售管理规定

2012 年 9 月 4 日，国家食品药品监督管理局、中华人民共和国公安部、中华人民共和国卫生部联合发布《关于加强含麻黄碱类复方制剂管理有关事宜的通知》（国食药监办〔2012〕260 号），该通知对含麻黄碱类复方制剂的销售管理作出了新的规定。

（1）将单位剂量麻黄碱类药物含量大于 30mg（不含 30mg）的含麻黄碱类复方制剂列入必须凭处方销售的处方药管理。医疗机构应当严格按照《处方管理办法》开具处方。药品零售企业必须凭执业医师开具的处方销售上述药品。

（2）含麻黄碱类复方制剂每个最小包装规格的麻黄碱类药物含量，口服固体制剂不得超过 720mg，口服液体制剂不得超过 800mg。

（3）药品零售企业销售含麻黄碱类复方制剂，应当查验购买者的身份证，并对其姓名和身份证号码予以登记。除处方药按处方剂量销售外，一次销售不得超过 2 个最小包装。

查验购买者的身份证，系指购买者合法有效的身份证件，包括居民身份证、军人证件、护照等。

（4）药品零售企业不得开架销售含麻黄碱类复方制剂，应当设置专柜由专人管理、专册登记，登记内容包括药品名称、规格、销售数量、生产企业、生产批号、购买人姓名、身份证号码，详见表 D-1-3-2。

表 D-1-3-2　含麻黄碱类复方制剂特殊药品销售登记表

编号：

销售日期	通用名称（商品名）	规格	生产企业	批号	有效期至	销售数量	顾客身份证号	姓名	联系电话	销售人员签名

注：除处方药按处方剂量销售外，一次销售不得超过2个最小包装，最小包装不得超过720mg，口服液体制剂不得超过800mg。

（5）药品零售企业发现超过正常医疗需求，如大量、多次购买含麻黄碱类复方制剂的，应当立即向当地药品监督管理部门和公安机关报告。

（6）含麻黄碱类复方制剂的生产企业应当切实加强销售管理，严格管控产品销售渠道，确保所生产的药品在药用渠道流通。

（7）2013 年 10 月 29 日印发《食品药品监管总局关于加强互联网药品销售管理的通知》（食药监药化监〔2013〕223 号），明确规定含麻黄碱类复方制剂（含非处方药品种）一律不得通过互联网向个人消费者销售。

四、能力训练

（一）操作条件

1. 人员取得药师及以上药学专业技术职务任职资格，接受过特殊管理药品处方审核等相应岗位的专业知识培训并考核合格。定期接受包括药品法律法规、药品知识、职业道德等内容的教育或培训。

2.设备、器具：计算机、ERP 系统、打印机、笔、RF 手持终端、标签、各类药品。

3.资料：《新编药物学》《临床用药须知》等工具书、《药品经营质量管理规范》（现行版）、处方调剂操作规程等。

（二）安全及注意事项

1.模拟药房环境温度应不超过 20℃，相对湿度应控制在 35% ~ 75%。场地干净整洁，符合 GSP 要求。

2.麻醉药品、放射性药品、第一类精神药品、终止妊娠药品、蛋白同化制剂、肽类激素（胰岛素除外）、药品类易制毒化学品、疫苗、罂粟壳（中药材）等，不得零售。

3.调配人员依照审核人员签名的合格处方内容逐项调配，对特殊管理药品等分别登记账卡。

4.经营含有麻黄碱类复方制剂需专柜专人管理；经营第二类精神药品应专柜、双人、双锁管理。

5.经营第二类精神药品、毒性中药品种和罂粟壳的门店，营业场所应有符合安全规定的专用存放设备。

6.门店第二类精神药品、毒性中药品种和罂粟壳不得陈列。第二类精神药品应建立专用管理账册。

7.医疗用毒性药品、第二类精神药品、按兴奋剂管理的药品（其他列入兴奋剂目录的药品单方制剂，一律按处方药销售；对含兴奋剂药品复方制剂，按处方药和非处方药分类管理制度执行）、含麻醉药品的复方口服溶液等，必须凭处方销售。

8.门店销售国家有专门管理要求的药品，应严格执行国家有关规定。

（三）操作过程

序号	实施步骤	操作方法及说明	操作标准/注意事项
1	接待顾客	（1）顾客来时说："您好！请问有什么可以帮到您的？" （2）确定服该药的对象是本药的适应证患者 （3）核对顾客身份	（1）热情迎客，主动招呼 （2）吐字清晰，语速适中 （3）对顾客身份进行核实、登记姓名、身份证号码、购买数量、生产批号等
2	处方审核	（1）根据处方药与非处方药分类管理规定进行审方 （2）对处方的形式进行审核 （3）对处方的用药适宜性进行审核 （4）对处方审核结果的处理 （5）处方合格后，审核员签字确认	（1）处方应具有合法性、时效性，前记和后记完整，处方书写正确，处方限量符合要求，药品名称正确 （2）对不合格处方应联系处方医师，告知原因，请其修改，否则拒绝调配 （3）如含特殊药品的复方制剂为非处方药，则不需要进行审方，但一次销售不超过2个最小包装 （4）处方审核人员应由具有执业药师资格的人员担任
3	处方调配	（1）调配员检查无误后进行调配 （2）按照处方开药顺序进行调配 （3）在包装纸袋上贴上标签，标注药品名称、用量以及用法 （4）调配员在处方调配药师处签字	（1）检查药品有效期、外观形状，无错药、无漏药，数量正确，操作规范 （2）标签完整、标示正确、未漏标签、书写规范 （3）对于超剂量或者禁忌药，一般拒绝调配，如遇特殊情况，需要处方医师确认签字后进行调配 （4）对于处方中所列的药品不得擅自更改或代用 （5）调配过程注意操作卫生，不能污染药品
4	处方复核	（1）执业药师对调配好的处方进行复核，检查有无缺漏 （2）调配无误后，检查药品的质量，保证药品的合格性	四查十对：查处方，对科别、姓名、年龄；查药品，对药名、剂型、规格、数量；查配伍禁忌，对药品性状、用法用量；查用药合理性，对临床诊断

序号	实施步骤	操作方法及说明	操作标准/注意事项
5	发药及用药交代与指导	（1）药品购销员核对患者，详细向患者交代药品的用法、用量及服用该药品的注意事项 （2）对患者提出的一些有关用药方面的咨询，应耐心地给予解释，实事求是地给予指导用药 （3）在处方的核对、发药药师处签名 （4）填写《含麻黄碱类复方制剂销售记录》	（1）清楚呼喊患者姓名、确认患者 （2）语言清晰，有条理 （3）指导内容正确、基本完善：用法、用量、服药时间、饮食禁忌、注意事项等 （4）对含可待因复方口服溶液实行专人、专柜、专账管理，并做好销售记录。发现异常立即暂停销售，并立即向药品监督管理部门或公安部门报告 （5）不得开架销售含麻黄碱类复方制剂 （6）记录至少保存5年

问题情境一

某顾客，女性，50岁，由于感冒一直咳嗽不断，所以来某连锁药店买复方甘草片，如你作为药店营业员需要查验这个顾客的什么证件？

解答：因为复方甘草片属于含麻黄碱类复方制剂，对于购买方需要查验购买者的有效身份证件，包括居民身份证、军人证件、护照等，只要有一种有效身份证件即可。

问题情境二

顾客黄某来某连锁药店购买10瓶复方甘草口服溶液，作为药店的营业员，你会销售给他吗？

解答：不会，根据《处方药管理办法》，药品零售企业销售含麻黄碱类复方制剂，除处方药按处方剂量销售外，对于非处方药的一次销售不得超过2个最小包装。

（四）学习结果评价

序号	评价内容	评价标准	评价结果（是/否）
1	接待顾客	能规范查验购买者的身份证，包括居民身份证、军人证件、护照等	
2	收方	能对处方药按规范收方	
3	审方	（1）能审核处方是否正确 （2）能对不合格的处方进行审核，说出不合理的理由及处理措施 （3）能在处方的审核药师处及时签名	
4	调配	（1）能按调配顺序进行调配，检查药品的有效期和外观性状，能完整取药，不取错药，不漏药 （2）能按规范动作进行调配操作，能在处方的调配药师处及时签名	
5	核对	（1）能查处方，对科别、姓名、年龄；能查药品，对药名、规格、数量、用法用量、标签、药品性状 （2）能查配伍禁忌；能查用药合理性，对临床诊断	
6	发药	（1）能确认患者能进行良好沟通、语言清晰 （2）能正确说出用药指导内容：用法用量、服药时间、饮食禁忌、注意事项等，能在处方的核对、发药药师处及时签名	

五、课后作业

1. 简述特殊管理药品的类型。

2. 请概括零售药店不得销售的特殊管理药品类型。

3. 患者陈某因感冒发热前来药店欲购买1盒酚麻美敏片。请问你该如何进行这个药物的销售？

D-1-4　能进行广告宣传管理

一、核心概念

1. 药品广告

药品广告是指药品生产经营者通过一定媒介和形式直接或间接推销药品的信息。

2. 互联网广告

互联网广告是指利用网站、网页、互联网应用程序等互联网媒介，以文字、图片、音频、视频或者其他形式，直接或间接地推销商品或者服务的商业广告活动。

二、学习目标

1. 能进行广告宣传。
2. 能完成产品的广告设计工作，达成预期促销目标。

三、基本知识

1. 广告宣传的内容准则

（1）药品广告　药品广告的内容应当真实、合法，以国家药品监督管理局核准的说明书为准，不得含有虚假内容。

药品广告涉及药品名称、药品适应证或者功能主治、药理作用等内容的，不得超出说明书范围，不得含有表示功效、安全性的断言或者保证。

药品广告应当显著标明禁忌、不良反应。处方药广告还应当显著标明"本广告仅供医学药学专业人士阅读"，非处方药广告还应当显著标明"非处方药标识（OTC）"和"请按药品说明书或者在药师指导下购买和使用"。

（2）医疗器械广告　医疗器械广告的内容应当以药品监督管理部门批准的注册证书或者备案凭证、注册或者备案的产品说明书内容为准。医疗器械广告涉及医疗器械名称、适用范围、作用机制或者结构及组成等内容的，不得超出注册证书或者备案凭证、注册或者备案的产品说明书范围。推荐给个人自用的医疗器械的广告，应当显著标明"请仔细阅读产品说明书或者在医务人员的指导下购买和使用"。医疗器械产品注册证书中有禁忌内容、注意事项的，广告应当显著标明"禁忌内容或者注意事项详见说明书"。

（3）保健食品广告　保健食品广告的内容应当以市场监督管理部门批准的注册证书或者备案凭证、注册或者备案的产品说明书内容为准，不得涉及疾病预防、治疗功能。保健食品广告涉及保健功能、产品功效成分或者标志性成分及含量、适宜人群或者食用量等内容的，不得超出注册证书或者备案凭证、注册或者备案的产品说明书范围。保健食品广告应当显著标明"保健食品不是药物，不能代替药物治疗疾病"，声明本品不能代替药物，并显著标明保健食品标志、适宜人群和不适宜人群。

（4）特殊医学用途配方食品广告　特殊医学用途配方食品广告的内容应当以国家市场监督管理总局批准的注册证书和产品标签、说明书为准。特殊医学用途配方食品广告涉及产品名称、配方、营养学特征、适用人群等内容的，不得超出注册证书、产品标签、说明书范围。特殊医学用途配方食品广告应当显著标明"不适用于非目标人群使用""请在医师或者临床营养师指导下使用"，并显著标明适用人群。

2. 广告中不得出现的情形

药品、医疗器械、保健食品和特殊医学用途配方食品广告不得违反《中华人民共和国广告法》第九条、第十六条、第十九条规定，不得出现下述情形或内容。

（1）使用或者变相使用国家机关、国家机关工作人员、军队单位或者军队人员的名义或者形象，或者利用军队装备、设施等从事广告宣传。

（2）使用科研单位、学术机构、行业协会或者专家、学者、医师、药师、临床营养师、患者等的名义或者形象作推荐、证明。

（3）违反科学规律，明示或者暗示可以治疗所有疾病、适应所有症状、适应所有人群，或者正常生活和治疗病症所必需等内容。

（4）引起公众对所处健康状况和所患疾病产生不必要的担忧和恐惧，或者使公众误解不使用该产品会患某种疾病或者加重病情的内容。

（5）含有"安全""安全无毒副作用""毒副作用小"，明示或暗示成分为"天然"，因而安全性有保证等内容。

（6）含有"热销、抢购、试用""家庭必备、免费治疗、赠送"等诱导性内容，"评比、排序、推荐、指定、选用、获奖"等综合性评价内容，"无效退款、保险公司保险"等保证性内容，怂恿消费者任意、过量使用药品的内容。

（7）含有医疗机构的名称、地址、联系方式、诊疗项目、诊疗方法以及有关义诊、医疗咨询电话、开设特约门诊等医疗服务的内容。

（8）法律、行政法规规定不得含有的其他内容。

3. 不得发布广告的产品

按照规定，不得做广告的产品包括：麻醉药品、精神药品、医疗用毒性药品、放射性药品、药品类易制毒化学品，以及戒毒治疗的药品、医疗器械；军队特需药品、军队医疗机构配制的制剂；医疗机构配制的制剂；依法停止或禁止销售或者使用的药品、医疗器械、保健食品和特殊医学用途配方食品；法律、行政法规禁止发布广告的情形。

4. 广告发布媒体的限制

处方药和特殊医学用途配方食品中的特定全营养配方食品广告只能在国家卫生健康委员会和国家药品监督管理局共同指定的医学、药学专业刊物上发布。不得利用处方药或者特定全营养配方食品的名称为各种活动冠名进行广告宣传。不得使用与处方药名称或者特定全营养配方食品名称相同的商标、企业字号在医学、药学专业刊物以外的媒介变相发布广告，也不得利用该商标、企业字号为各种活动冠名进行广告宣传。

特殊医学用途婴儿配方食品广告不得在大众传播媒介或者公共场所发布。

四、能力训练

（一）操作条件

1.人员：应具有药学或者医学、生物、化学等相关专业中专以上学历或者具有药学初级以上专业技术职称，定期接受包括药品法律法规、药品知识、职业道德等内容的教育或培训。

2.设备、器具：各大媒体（报纸、电视、电台、杂志、户外广告、宣传单等）、马克笔、记号笔、荧光笔、橡皮、彩色铅笔等。

3. 资料：《中华人民共和国广告法》《药品、医疗器械、保健食品、特殊医学用途配方食品广告审查管理暂行办法》及药店广告营销活动方案等。

4. 环境：模拟药房。

（二）安全及注意事项

1. 在策划和管理广告时不仅要考虑药店经营需求和竞争情况，还要遵守相关法律的管理规定，遵守行业规范和社会公德，不得发布不当、低俗内容。

2. 在制作广告时要实事求是，不得含有虚假、夸大、误导性内容，不能做虚假宣传。非药品不得有涉及药品的宣传。

3. 药品、医疗器械、保健食品和特殊医学用途配方食品广告需要经过审查才能发布，因此宣传药品、医疗器械、保健食品和特殊医学用途配方食品时，只可以宣传名称（通用名称或者商品名称），如发布"某药品已到货"。除上述需要审查之外的产品比如食品、化妆品等，具有营业执照、产品的批准证书等文件，即可张贴 POP 发布广告。

4. 药品、医疗器械、保健食品和特殊医学用途配方食品广告中的字体应看得清、看得懂，无错别字，文字表达信息应简洁、贴切，保证直接性、有效性。对于应当显著标明的内容其字体和颜色必须清晰可见、易于辨认，在视频广告中应当持续显示。

（三）操作过程

序号	实施步骤	操作方法及说明	操作标准/注意事项
1	确定广告活动主题	（1）阅读药店广告活动方案，明确活动的目的及主题 （2）确定活动主题及需要传递的核心信息	（1）辨别区分广告营销活动的目的，如提升销量、提升品牌认知度、新品上市、抽奖活动、医药知识宣传、商品介绍等 （2）传递的信息应完整、准确，没有遗漏
2	整理素材	寻找、收集、制作与医药商品活动相关或产品相关的内容素材，包括文字、图形图像	（1）文字表达信息应简洁、贴切，保证直接性、有效性 （2）图形素材应选择切合活动主题、与产品有相关性的图形图像
3	选择合适的广告形式	（1）分析商品的特点及卖点，提炼标题 （2）根据预算选择合适的形式（报纸、电视、电台、杂志、户外广告、宣传单） （3）确定具体广告形式	（1）广告宣传的形式会是促销方案中的关键内容，一个成功的促销活动，需要全方位的宣传配合 （2）选择何种宣传方式意味着不同的受众抵达率和费用投入卖点可以为营销活动最主要的中心思想、商品的核心价值、吸引顾客的购买点、商店特别推荐的主题等 （3）确定的广告宣传形式具有可实施性
4	广告宣传	进行广告宣传	（1）确定的标题要符合相关规范 （2）确定的营销方案要结合企业自身优势和特点 （3）达到产品宣传的目的

问题情境一

现某连锁店店员针对推销某保健食品的目的设计制作了手绘 POP 广告，在文案中标有"免费治疗、赠送"字样，请问你作为药店店长该如何处理？

解答：店长对店员制作好的手绘 POP 广告是否有不符合法律条款的内容的方面进行审核。文案中"免费治疗、赠送"字样属于诱导性内容，不能出现在广告中，审核不通过。店长应提醒店员相关要求，并要求店员予更改，重新制作手绘 POP 广告。

在某企业连锁店的某主题广告促销活动中，促销效果不是很理想，没有达到预期效果。对促销效果不好进行原因分析，并采取相应的策略。

解答：（1）如果店长到店员对活动内容和方案不太了解，可以在广告促销活动前给门店开会、培训、强调促销信息。

（2）如果店长到店员对促销药品不太深入了解，可以在促销活动前加强对店员产品知识和销售技巧的培训。

（3）如果气氛和宣传力度不够，可以加强促销活动前期准备过程中的气氛烘托，通过扩大范围发放宣传单，让更多消费者了解广告活动内容。

（四）学习结果评价

序号	评价内容	评价标准	评价结果（是/否）
1	确定广告活动主题	能阅读药店广告活动方案，明确活动的目的及主题	
2	整理素材	能寻找、收集、制作与医药商品活动相关或产品相关的内容素材，包括文字、图形图像等	
3	选择合适的广告呈现形式	能对确定的产品选择合适的广告宣传形式	
4	广告宣传	能进行广告宣传	

五、课后作业

1. 请简述药品广告发布的内容准则。

2. 请简述哪些产品不得发布广告。

3. 通过调研当地区域市场的情况，进行市场分析，结合某零售连锁药店的实力，尝试设计一份零售连锁药店有关"女神节"广告。

D-2 药品运输管理

D-2-1 能进行普通药品运输管理

一、核心概念

1. 多式联运

多式联运是指由两种及其以上的交通工具相互衔接、转运而共同完成的连续的运输过程。多式联运采取的是一票到底制，发货人只需要签订一次合同，缴纳一次费用与保险，凭借一张单证即可完成全程运输。

2. 自营运输

自营运输是指医药经营企业使用自营的运输车辆将药品送达给顾客。自营运输能直接支配运输车辆，控制运输过程，保证药品供给的准确性、及时性和安全性，保证送货的服务质量，从而能有效提升顾客满意度，有利于维护企业和顾客的长期合作关系。

二、学习目标

1. 能完成普通药品自营运输作业程序。
2. 能按要求开展医药商品装卸搬运工作。

三、基本知识

1. 常见药品运输方式

（1）铁路运输　铁路运输是指使用铁路设施、设备运送旅客和货物的一种运输方式。铁路运输主要承担长距离、大数量的货运，在没有水运条件的地区，几乎所有大批量货物都是依靠铁路，它是在干线运输中起主力作用的运输形式。铁路运输的优点是速度快，运输不太受自然条件限制，载运量大，运输成本较低。主要缺点是灵活性差，只能在固定线路上实现运输，需要以其他运输手段配合和衔接。

（2）公路运输　公路运输是指使用公路设施、设备运送旅客和货物的一种运输方式，公路运输的运载工具一般是汽车或其他无轨车辆。公路运输主要承担近距离、小批量的货运，如水运、铁路运输难以到达地区的长途、大批量货运及铁路、水运优势难以发挥的短途运输。由于公路运输有很强的灵活性，近年来，在有铁路、水运的地区，较长途的大批量运输也开始使用公路运输。公路运输主要优点是灵活性强，公路建设期短，投资较低，易于因地制宜，对收货站设施要求不高。可以采取"门到门"运输形式，即从发货者门口直到收货者门口，而不须转运或反复装卸搬运。公路运输也可作为其他运输方式的衔接手段。

（3）水路运输　水路运输是指使用船舶和排筏为运输工具，在江、河、湖、海等水域运送货物的一种运输方式。水路运输包括内河运输、沿海运输和远洋运输等。水路运输主要承担大数量、长距离的运输，是在干线运输中起主力作用的运输形式。在内河及沿海，水运也常作为小型运输工具使用，担任补充及衔接大批量干线运输的任务。水运的主要优点是成本低，能进行低成本、大批量、远距离的运输。但是水运也有显而易见的缺点，主要是运输速度慢，受港口、水位、季节、气候影响较大，因而一年中中断运输的时间较长。

（4）航空运输　航空运输是指使用飞机或其他飞行器运送货物的一种运输方式。航空运输的单位成本很高，因此主要适合运载的货物有两类：一类是价值高、运费承担能力很强的货物，如贵重设备的零部件、高档产品等；另一类是紧急需要的物资，如救灾抢险物资等。航空运输的主要优点是速度快，不受地形的限制。在火车、汽车都达不到的地区也可依靠航空运输，因而有其重要意义。上述四种不同运输方式的对比详见表 D-2-1-1。

表 D-2-1-1　不同运输方式对比

运输方式	速度	运量	运价	适合的货物	优点	缺点
公路运输	较慢	较少	较贵	灵活、量少、路程短	灵活、方便	装载量少
铁路运输	较快	较多	较便宜	量大、时间较紧	安全、可靠	灵活性差
航空运输	最快	少	最贵	贵重、急需	速度快	运价高、限重
水路运输	最慢	最多	最便宜	大宗低值货物、时间宽裕	价格便宜	速度慢、受天气影响大

2. 多式联运的优点

（1）提高运输组织水平　多式联运的开展，实现了运输的合理化，改善了不同运输的衔接协作，从而提高了运输的组织和管理水平。

（2）综合利用各种运输的优势　多式联运通过各种运输方式的合理搭配，充分发挥各类运输工具的效能，提高了运输效率，减少了货物的库存时间和费用，降低了运输成本。

（3）实现"门到门"运输的有效途径　多式联运综合了各种运输的特点，组成了直达连贯运输，可以把货物从发货人的工厂或仓库，直接运到收货人的工厂或仓库，还可以运到收货人指定的任何适宜的地点。

（4）简化托运、结算及理赔手续　托运人只需办理一次托运，订立一份运输合同，支付一次费用、缴纳一次保险，省去托运人办理托运手续的诸多不便。同时，由于多式联运采用一份货运单证统一计费，因而也可简化制单和结算的手续。

（5）缩短运输时间，提高货运质量　多式联运使各运输环节和各运输工具配合密切，衔接紧凑，大大减少货物的在途停留时间，相应地降低了货物的库存量和库存成本。另外，多式联运通过集装箱为运输单元进行运输，使用专业机械装卸，装卸效率大大提升，货损货差事故大为减少，极大地提高了货物的运输质量。因此，多式联运能从根本上保证货物安全、迅速、准确、及时地运抵目的地。

（6）降低运输成本、节约运输费用　多式联运可以从多方面节约费用，降低成本，对货主而言是优惠的运价，对承运人而言可提高利润。

3. 安全运输基本知识

医药商品运输的基本原则是"及时、准确、安全、经济"。企业应当按照质量管理制度的要求，严格执行运输操作规程，并采取有效措施保证运输过程中的药品质量与安全。运输药品，应当根据药品的包装、质量特性并针对车况、道路、天气等因素，选用适宜的运输工具，采取相应措施防止出现破损、污染等问题。发运药品时，应当检查运输工具，发现运输条件不符合规定的，不得发运。运输药品过程中，运载工具应当保持密闭。企业应当采取运输安全管理措施，防止在运输过程中发生药品盗抢、遗失、调换等事故。特殊管理的药品的运输应当符合国家有关规定。

4. 自营运输作业过程

（1）运输工具的选择　药品运输时，应当选择适当运输工具并核实运输方式：确认运输工具是否为封闭式货车；检查温度控制状况；检查有其他运输管理要求的工具是否符合规定；根据医药商品的包装、质量特性并针对车况、道路、天气等因素，选用适宜的运输工具，采取相应措施防止出现破损、污染等问题；普通药品应当使用厢式车进行公路运输配送。

（2）装车前检查　装车前应当检查运输工具是否符合发运要求，车辆安全性能及卫生状况，并做好车辆检查记录。发现运输条件不符合规定的，不得发运。

（3）运输员提货作业　运输员依据提货单提货，提货时对配送路线、收货单位、件数等信息一一核对，做到票货同行、票货相符。首先，查验单据，普通药品主要查看是否备有随货同行单、发票、药品质检报告等质量文件。其次，查验货物件数及包装状况，清点货物件数，检查包装是否完好无损，核对药品标签信息是否正确，重点核对品名、批号、规格、件数、产地、储存运输条件、特殊药品标识、OTC药品标识、外用药品标识等，检查发运标志是否错漏，易碎药品是否加贴易碎标识。最后，检查的同时需要做好检查记录。

单货核对时，出现下列异常情况之一，应当联系现场管理人员处理，并做好交接异常记录：发货商品整箱件数与随货同行单记载的数量不符；药品标签标注的客户名称与随货同行单记载的客户名称不一致；包装破损变形、液体渗漏、箱体污染等质量问题；药品标签或封条脱落，标签模糊不清无法辨认；其他异常情况。

（4）装车作业

① 确定装车顺序　货物装卸搬运应按排车单上送货线路分清商品品种和送货客户的先后到达顺序组织装车，即先送货的后装，放在上面或外面；后送货的先装，放在下面或里面；并做到"重箱在下，轻箱在上，整箱在下，零箱在上"，从而提高与送货单位交接的速度和准确率。搬运商品的过程中要轻拿轻放，严禁违规操作和野蛮装卸。

② 配装作业　药品装卸时，禁止在阳光下停留过长时间或雨天作业时无遮盖放置；搬运装卸药品应轻拿轻放，严格按照外包装标识的要求堆放和采取防护措施，严禁违规操作和野蛮装卸，以保证药品运输安全。尽量将一个客户的货物堆放在一起，做到"后送先装"，便于到达卸货作业；为减少或避免差错，尽量把外观相近、容易混淆、易串味、易污染等容易互相影响的货物分开装载；重不压轻、大不压小，包装强度差的应放在包装强度好的上边。装车后，应检查药品有无倒置现象；是否码放整齐，捆扎牢固；药品与药品之间、药品与车辆之间是否留有空隙并适当衬垫，防止药品撞击、倾倒。装货完毕，应在门端处采取适当的稳固措施，以防开门卸货时，货物倾倒造成货损或人身伤亡。

（5）在途运输　运输药品过程中，运载工具应当保持密闭。已装车的药品应当及时发运并尽快送达。防止因在途时间过长影响药品质量。企业应当采取运输安全管理措施，防止在运输过程中发生药品盗抢、遗失、调换等事故。

（6）到货交付作业　到货交付作业是指完成药品所有权的转移手续。医药商品送达客户后，客户根据随货同行单核对医药商品清点数量，检查外包装，经核对无误，在随货同行单上签名确认，若发现差异，需进行差异处理。特殊药品需双人进行交付作业，冷藏药品应在冷藏区域进行交付作业。

① 卸车码放。到货后将车辆停靠在指定卸货点，从配送车上找到该客户商品并将其搬运下车，按客户要求将商品按剂型、品名整齐码放在指定地点。同一客户集中卸货，货票同行；轻拿轻放、不扔箱；整齐堆放，不翻箱；码放商品时整箱与零货分开存放，将商品的批号和条码朝外码放。如客户需要，打开拼箱，方便客户清点。

② 点交签收。运输员下车后，首先与客户交接随货同行单，客户核对信息确认是否与订单信息一致。配送员协助客户清点商品数量，检查品种、规格是否正确，如遇异常情况，及时反馈，商品确认完成后，客户须在随货同行单上签名确认，并标明异常情况。

重点品种如温控药品优先交接以降低风险，然后再对其他商品进行清点，件数清点清楚。客户验收时，耐心等待，不急躁，不催促。

③ 异常处理。若客户拒收部分药品或全部药品，应第一时间通知物流部门和销售部门。销售部门则立即与其客户进行协调。当协调未达成一致时，则通知驾驶员将货物原车带回。对原车带回的药品应立即填写《原车退回通知单》，经运输部门负责人确认签字后，与物流部门退货人员交接药品并签字确认。

（7）提退货交接作业　提退货交接作业是指经过清点、核对、检查等程序，运输员将客户拒收药品和相关单据带回公司的过程。在提退货的过程中，若退单上没有注明"药品破损"或"包装污染损坏"，清点交接时发现药品破损、污染，客户需要在售后服务联系单上当场确认并签字。如果客户不愿意签字确认，须及时电话反馈调度室。待相关手续完成后，将退货药品随车带回，注意做好标识，便于与其他后送客户的药品分开，以免出现误送。

（8）返回交接

① 正常回单交接。及时将随货同行单签收回单联带回交调度室留存备查。

② 拒收交接。完成送货后返回物流中心，退货商品交退货组，拒收商品填写《临时退货凭证》，并当面进行交接签收。做好回单的交接工作，票据带回后交运输部调度室。在送货过程中有异常情况应及时报告调度室。将回收的周转箱送至后勤组，保温箱、冰袋等返还仓库，并放到指定位置。经调度同意未送货完成的商品交仓库暂存。

③ 提退货返回交接。车队提回退货药品，不允许将药品存放在车上或驾驶员休息室，应在工作日内及时完成交接；将销退药品与提货单一起与退货组交接，冷藏药品需提供温度数据。退货组人员根据提货单与销退记录，清点退回药品实物，核对品名、规格、批号、退货数量、退货原因，检查外包装；冷藏药品需检查过程温度数据；如检查发现退回药品与提货单不符，退货组人员则在提货单上进行记录，如果温控药品温度超标则反馈给运输部门及质量管理部门，并需提货人员签字确认。

四、能力训练

（一）操作条件

1.人员：应具有药学或者医学、生物、化学等相关专业中专以上学历或者具有药学初级以上专业技术职称，定期接受包括药品法律法规、药品知识、职业道德等内容的教育或培训。

2.设备、器具：计算机、WMS仓储管理系统、笔、相关单据、散件药品、整件药品等。

3.资料：《中华人民共和国药品管理法》《药品经营质量管理规范》（现行版）等。

4.环境：模拟药品仓库。

（二）安全及注意事项

1.严格按照药品自营运输作业的过程进行操作。

2.严格按照规范要求认真仔细核对货物和单据，如实填写上报，体现诚信、严谨的工作态度。

3.遵守服务第一的原则，按照药品运输要求履行运输服务，具有服务意识。

（三）操作过程

序号	实施步骤	操作方法及说明	操作标准/注意事项
1	选择药品运输工具	判断运输车辆类型以及采用何种运输工具	（1）采用封闭式货车运输 （2）普通药品应当使用厢式车
2	装车前检查	检查车辆安全性能及卫生状况，做好车辆检查记录，判断运输工具是否符合发运要求	运输条件不符合规定的，不得发运
3	运输员提货	查验单据，查验货物件数及包装状况，做好检查记录，如遇异常情况，做好异常处理	（1）应有随货同行单、发票、药品质检报告等质量文件 （2）货物件数准确 （3）包装完好无损，药品标签信息正确 （4）发运标志无错漏，易碎药品加贴易碎标识 （5）做好检查记录
4	药品装车	明确装车顺序和配装要求，完成装车	装车时要遵循医药商品装卸搬运原则
5	在途运输	展开运输	（1）运输过程中，运载工具应当保持密闭 （2）药品应及时发运并尽快送达，防止运输时间过长影响药品质量 （3）采取安全保障措施，防止运输途中发生盗抢、遗失、调换等事故，如遇意外事故，采取应急预案
6	药品到货交付	（1）药品卸车码放 （2）药品点交签收 （3）如遇异常情况，做好异常情况处理	（1）根据随货同行单核对医药商品，清点数量，检查外包装 （2）经核对无误，在随货同行单上签名确认 （3）若发现差异，进行差异处理
7	提退货交接	完成提退货返回交接，将退换药品随车带回，做好标识	（1）提回退货药品时，不允许将药品存放在车上或驾驶员休息室，应在工作日内及时完成交接 （2）将销退药品与提货单一起与退货组交接 （3）退货组人员根据提货单与销退记录，清点退回药品实物，核对品名、规格、批号、退货数量、退货原因，检查外包装 （4）若检查发现退回药品与提货单不符，退货人员则在提货单上进行记录，并需提货人员签字确认
8	返回交接	（1）正常回单交接 （2）拒收交接，退货商品交退货组并填写《临时退货凭证》	（1）正常回单交接时，及时将随货同行单签收回单联带回交调度室留存备查 （2）拒收交接时，完成送货后返回物流中心，退货商品交退货组，拒收商品填写《临时退货凭证》，并当面进行交接签收。做好回单的交接工作，票据带回后交运输部调度室。在送货过程中有异常情况应及时报告调度室。将回收的周转箱送后勤组。经调度同意未送货完成的商品交仓库暂存

问题情境一

某大型医药物流公司需配送一批普通药品到市区多家药店，请问应如何安排药品装车顺序？

解答：应按送货线路分清商品品种和送货客户的先后到达顺序组织装车，即先送货的后装，放在上面或外面；后送货的先装，放在下面或里面。做到"重箱在下，轻箱在上，整箱在下，零箱在上"。提高与送货单位交接的速度和准确率。搬运商品的过程中要轻拿轻放，严禁违规操作和野蛮装卸。

问题情境二

某大型医药物流公司现需将一批普通药品装车发货，请问医药商品配装时应注意哪些事项？

解答：搬运装卸药品应轻拿轻放，严格按照外包装标识的要求堆放和采取防护措施，禁止在阳光下停留时间过长或雨天作业时无遮盖放置。尽量将一个客户的货物堆放在一起。尽量把外观相近、容易混淆、易串味、易污染等容易互相影响的货物分开装载。重不压轻、大不压小、包装强度差的应放在包装强度好的上边。装运产品应标识清晰、包装牢固、数量准确。药品装车后应检查：有无倒置现象；是否码放整齐，捆扎牢固；药品与药品之间、药品与车辆之间是否留有空隙并适当衬垫，防止药品撞击、倾倒。装货完毕，应在门端处采取适当的稳固措施，以防开门卸货时，货物倾倒造成货损或人员伤亡。

（四）学习结果评价

序号	评价内容	评价标准	评价结果（是/否）
1	选择药品运输工具	能判断运输车辆类型以及采用何种运输工具	
2	装车前检查	能检查车辆安全性能及卫生状况，做好车辆检查记录，正确判断运输工具是否符合发运要求	
3	运输员提货作业	能正确查验单据、查验货物，做好异常处理	
4	装车作业	能按要求完成装车作业	
5	在途运输	能说出运输过程中的注意事项	
6	药品到货交付作业	能完成药品卸车码放与点交签收	
7	提退货交接作业	能完成提退货交接作业	
8	返回交接	能判断完成正常回单交接与拒收交接	

五、课后作业

1. 请简述常见药品运输方式的类型。

2. 请比较不同运输的主要特点。

3. 某大型医药企业需配送一批对乙酰氨基酚到市区各门店，拟采用自营车辆进行运输，请简要说明作业流程。

D-2-2 能进行冷链药品运输管理

一、核心概念

1. 怕冻药品

怕冻药品是指在低温下容易冻结，冻结后易变质或冻裂容器的药品。

2. 怕热药品

怕热药品是指受热易发生性状改变的药品。

3. 货物运输合同

货物运输合同是指承运人将货物从起运地点运到指定地点，托运人或收货人凭以支付运输费用的合同。按运输方式不同物流运输合同分为公路运输合同、铁路运输合同、水路运输合同、航空运输合同等。运输合同签订的原则是合法规范、平等互利、协商一致、等价有偿。

二、学习目标

1. 能完成冷链药品自营运输作业程序。
2. 能按要求完成冷链药品的装箱装车。

三、基本知识

1. 货物运输合同的内容

（1）货物运输合同的主要项目　货物运输合同主要包括下列项目：货物信息（名称、性质、质量、体积、数量及包装等）；起运地、到达地点、运距、收发货人信息；运输质量及安全要求；货物装卸责任和方法；货物交接手续；起止时间；年季月合同运输计划；运杂费计算标准及结算方式；变更、解除合同的期限；违约责任；双方商定的其他条款。

（2）合同当事人各方应履行的义务　合同签订后，承托双方应按合同规定履行各自的义务。托运人应按合同规定的时间准备好货物，及时发货、收货，装卸地点和货场应具备正常的通车条件。承运人应该按照合同规定的期限、货物数量和起止地点组织货物运输，保质保量完成运输任务。

托运方的义务如下。

①如实申报的义务。托运人在将货物交付运输时，有对法律规定或当事人约定的事项进行如实申报的义务。

②托运人有按规定向承运人提交审批、检验等文件的义务。托运人对需要办理审批、检验手续的货物运输，应将审批后的文件提交承运人。

③托运人的包装义务。托运人违反约定的包装方式，或者不按通用的包装方式或不足以保护运输货物的包装方式包装而交付运输的，承运人有权拒绝运输。

④托运人托运危险物品时的义务。托运人托运易燃、易爆、有毒、有腐蚀性、有放射性等危险物品的，应当按照国家有关危险物品运输的规定对危险物品妥善包装，粘贴危险物标志和标签，并将有关危险物品的名称、性质和防范措施的书面材料提交承运人。

⑤支付运费、保管费以及其他运输费用的义务。在承运人全部、正确履行运输义务的情况下，托运人或者收货人有按照规定支付运费、保管费以及其他运输费用的义务。

承运方的义务如下。

①安全运输的义务。承运人应依照合同约定，将托运人交付的货物安全运输至约定地点。

②承运人的通知义务。货物运输到达后，承运人负有及时通知收货人的义务。

收货人的义务如下。

①及时提货的义务。收货人逾期提货的，应当向承运人支付保管费等费用。

②支付托运人未付或者少付的运费以及其他费用。合同约定由收货人在到站支付或者托运人未支付的费用，收货人应支付。在运输中发生的应由收货人支付的其他费用，收货人也必须支付。

③收货人有在一定期限内检验货物的义务。货物运交收货人后，收货人负有对货物及时进行验收的义务，收货人应当按照约定的期限检验货物。

（3）货物运输合同的变更与解除　在承运人将货物交付收货人之前，托运人可以要求承运人中止运输、返还货物、变更到达地或者将货物交给其他收货人。变更运输时，应及时由托运和承运双方协商处理填制运输变更申请书，所发生的费用需按有关规定处理，原则要求变更方赔偿对方因此遭受的损失。

2. 有温度要求的药品的运输要求

对有温度要求的药品的运输，应根据季节的温度变化和运程在运输途中采取必要的保温或冷藏措施。

（1）怕冻药品运输要求　怕冻药品在冬季运往寒冷地区时应注意做好以下工作：①拟定防寒发运期，确保防冻品的安全运输，减少运输防冻措施费用；②在防寒发运期前，按先北方后南方、先高寒地区后低寒地区的原则提前安排调运；③在防寒发运期间，应使用防寒包装或采用保温车发运，保温车发运时，应有押运员押送，要有安全措施；④在防寒发运期间，怕冻药品的发货单及有关的运输单据上应注明"怕冻药品"字样。

（2）怕热药品运输要求　由于怕热药品超过要求的温度运输时药品性能不稳定，因此在夏季炎热期间的运输应做好以下工作：①根据各地区夏季气温的情况，按照怕热药品对温度的要求，分别拟定具体品种和怕热发运期限；②在怕热药品发运期前，怕热药品应按先南方后北方、先高温地区后一般地区的原则尽可能提前安排调运；③在怕热药品发运期间，对温度要求严格的药品应暂停开单发运，如少量急救或特殊需要，可发快件或空运，而且在运输途中必须采取冷藏措施；④在怕热药品发运期间，怕热药品的发货单上应注明"怕热药品"字样，注意快装快卸，及时发运，尽量缩短途中运输时间。

3. 冷链药品自营运输作业过程

（1）运输工具选择　药品运输时，应当核实运输方式：根据 GSP 对运输工具是否是封闭式货车、温度控制状况以及有其他运输管理要求的工具是否符合规定进行检查。冷藏、冷冻药品可使用普通厢式车加冷藏箱或保温箱进行公路运输配送，或者采用冷藏车进行公路运输配送；或者使用冷藏箱或保温箱进行航空运输。

（2）装车前检查　装车前应当检查运输工具是否符合发运要求，车辆安全性能及卫生状况，并做好车辆检查记录。发现运输条件不符合规定的，不得发运。冷藏车装车前需要提前开启制冷装置，检查冷藏车辆的启动、运行状态，控制温度至冷藏条件，达到规定温度后方可装车。

（3）运输员提货作业　冷藏药品需在冷库中进行提货作业。运输员依据提货单提货，提货时对配送路线、收货单位、件数等信息一一核对，做到票货同行、票货相符。首先，查验单据：查看是否备有随货同行单、发票、药品质检报告等质量文件，查看是否备有温控药品运输交接单。其次，查验货物件数及包装状况：检查货物件数；检查包装是否完好无损；核对药品标签信息是否正确，重点核对品名、批号、规格、件数、产地、储存运输条件、特殊药品标识、OTC药品标识、外用药品标识等；检查发运标志是否错漏，易碎药品是否加贴易碎标识，是否加贴内附温度记录仪标识。最后，检查的同时需要做好检查记录。

（4）装车作业

①确定装车顺序。参照"D-2-1 能进行普通药品运输管理"相关内容进行。

②装车作业。使用冷藏车运送冷藏、冷冻药品的，启运前应当按照经过验证的标准操作规程进行操作。应当在冷藏环境下完成冷藏、冷冻药品的装箱、封箱及冷藏车装车作业；开始装车时关闭温度调控设备，并尽快完成药品装车；冷藏车厢内，药品与厢内前板距离不小于10cm，与后板、侧板、底板间距不小于5cm，药品码放高度不得超过制冷机组出风口下沿。确保气流正常循环和温度均匀分布；药品装车完毕，及时关闭车厢厢门，检查厢门密闭情况，并上锁；启动温度调控设备。检查温度调控和监测设备运行状况，并观察温度是否达到需要运输药品包装标识的温度，设备运行正常且达到标准温度后方可启运，启运时应当做好运输记录，内容包括运输工具、启运时间和启运温度等。

（5）在途运输　企业应当根据药品的温度控制要求，在运输过程中采取必要的保温或者冷藏、冷冻措施。运输过程中，药品不得直接接触冰袋、冰排等蓄冷剂，防止对药品质量造成影响。冷藏、冷冻药品运输途中，应当实时监测并记录冷藏车、冷藏箱或者保温箱内的温度数据。运输过程中温度超过规定范围时，温湿度自动检测系统应当实时发出报警指令，由相关人员查明原因，及时采取有效措施进行调控。企业应当制定冷藏、冷冻药品运输应急预案，对运输途中可能发生的设备故障、异常天气影响、交通拥堵等突发事件，能够采取相应的应对措施。

（6）到货交付作业　冷链医药商品到货交付作业程序可参照"D-2-1 能进行普通药品运输管理"相关内容进行，另需注意：

①冷链医药商品送达客户后，在冷藏区域进行交付作业。冷藏车直接停放到与冷藏库对接月台，做到温控的无缝衔接，即冷藏箱尽快搬运到冷藏区域，减少非低温环境下的放置时间。

②冷链药品和其他一般药品同时配送时，应优先交接冷链药品以降低风险，然后再对其他商品进行清点，件数清点清楚。客户验收时，耐心等待，不急躁，不催促。

（7）提退货交接作业　参照"D-2-1 能进行普通药品运输管理"相关内容进行。

（8）返回交接　冷链医药商品返回交接作业程序可参照"D-2-1 能进行普通药品运输管理"相关内容进行，另需注意：

①完成送货后返回物流中心，要将保温箱、冰袋等返还仓库，并放到指定位置。

②提退货返回交接时，车队提回退货冷藏药品，需提供温度数据，需检查过程温度数据，如果温控药品温度超标则反馈给运输部门及质量管理部门，并需提货人员签字确认。

四、能力训练

（一）操作条件

1. 人员：应具有药学或者医学、生物、化学等相关专业中专以上学历或者具有药学初级以上专业技术职称，定期接受包括药品法律法规、药品知识、职业道德等内容的教育或培训。

2. 设备、器具：计算机、WMS 仓储管理系统、笔、相关单据、散件药品、整件药品等。

3. 资料：《中华人民共和国药品管理法》《药品经营质量管理规范》（现行版）等。

4. 环境：模拟药品冷库。

（二）安全及注意事项

1. 严格按照冷链药品自营运输作业的过程进行操作。

2. 严格按照规范要求认真仔细核对货物和单据，如实填写上报，体现诚信、严谨的工作态度。

3. 遵守服务第一的原则，按照冷链药品运输要求履行运输服务，具有服务意识、质量意识。

（三）操作过程

序号	实施步骤	操作方法及说明	操作标准/注意事项
1	选择药品运输工具	判断运输车辆类型以及采用何种运输工具	（1）采用封闭式货车运输 （2）使用普通厢式车加冷藏箱或保温箱进行公路运输配送
2	装车前检查	检查运输工具是否符合发运要求，车辆安全性能及卫生状况，并做好车辆检查记录	运输条件不符合规定的，不得发运
3	药品装箱	完成冷藏、冷冻药品装箱操作	（1）装箱前将保温箱、冷藏箱预热或预冷至符合药品包装标识的温度范围内 （2）按照确定的条件，在保温箱内合理配备与温度控制及运输时限相适应的蓄冷剂 （3）保温箱内使用隔热装置，将药品与低温蓄冷剂进行隔离 （4）药品装箱后，冷藏箱启动动力电源和温度监测设备，保温箱启动温度监测设备，检查设备运行正常后，将箱体密闭
3	运输员 提货	查验单据，查验货物件数及包装状况，做好检查记录，如遇异常情况，做好异常处理	（1）冷藏药品在冷库中进行提货作业 （2）依据提货单提货，检查随货同行单、发票、药品质检报告及温控药品运输交接单 （3）检查包装情况、核对药品标签信息、检查是否加贴内附温度记录仪标识，并填写检查记录 （4）单货核对时出现异常情况及时联系现场管理人员处理，并填写交接异常记录
4	药品装车	按要求完成装车和配装	按照医药商品装卸搬运原则和注意事项完成装车
5	在途运输	注意运输过程中的相关事项	（1）运输过程中，运载工具应当保持密闭 （2）药品应及时发运并尽快送达，防止运输时间过长影响药品质量 （3）实时监测并记录保温箱的温度数据，如温度出现异常，及时报告处理 （4）采取安全保障措施，防止运输途中发生盗抢、遗失、调换等事故，如遇意外事故，采取应急预案
6	药品到货 交付	药品卸车码放，药品点交签收，如遇异常情况，做好异常情况处理	（1）尽快将保温箱搬运到冷藏区域，根据随货同行单核对医药商品，清点数量，检查外包装 （2）经核对无误，在随货同行单上签名确认 （3）若发现差异，进行差异处理

序号	实施步骤	操作方法及说明	操作标准/注意事项
7	提退货交接	完成提退货返回交接，将退换药品随车带回，做好标识	（1）提回退货药品，不允许将药品存放在车上或驾驶员休息室，应在工作日内及时完成交接 （2）将销退药品与提货单一起与退货组交接，冷藏药品需提供温度数据 （3）退货组人员根据提货单与销退记录，清点退回药品实物，核对品名、规格、批号、退货数量、退货原因，检查外包装 （4）冷藏药品需检查过程温度数据 （5）若检查发现退回药品与提货单不符，退货组人员则在提货单上进行记录，若冷链药品温度超标则反馈给运输部门及质量管理部门，并需提货人员签字确认
8	返回交接	（1）正常回单交接 （2）拒收交接，退货商品交退货组并填写《临时退货凭证》	（1）正常回单交接时，及时将随货同行单签收回单联带回交调度室留存备查 （2）拒收交接时，完成送货后返回物流中心，退货商品交退货组，拒收商品填写《临时退货凭证》，并当面进行交接签收 （3）做好回单的交接工作，票据带回后交运输部调度室 （4）在送货过程中有异常情况应及时报告调度室 （5）将回收的周转箱送至后勤组 （6）保温箱、冰袋等返还仓库，并放到指定位置 （7）经调度同意未送货完成的商品交仓库暂存

🧲 问题情境一

某大型医药物流公司需配送一批冷链药品，拟采用冷藏箱、保温箱运送，请问应如何进行药品包装和装箱的操作？

解答：使用冷藏箱、保温箱运送冷藏药品的，应当按照经过验证的标准操作规程，进行药品包装和装箱的操作。①装箱前将保温箱、冷藏箱预热或预冷至符合药品包装标识的温度范围内；②按照验证确定的条件，在保温箱内合理配备与温度控制及运输时限相适应的蓄冷剂；③保温箱内使用隔热装置将药品与低温蓄冷剂进行隔离；④药品装箱后，冷藏箱启动动力电源和温度监测设备，保温箱启动温度监测设备，检查设备运行正常后，将箱体密闭。

🧲 问题情境二

某大型医药物流公司需配送一批冷链药品，拟采用冷藏车运送，请问启运前应进行哪些操作？

解答：使用冷藏车运送冷藏、冷冻药品的，启运前应当按照经过验证的标准操作规程进行操作。①提前打开温度调控和监测设备，将车厢内预热或预冷至规定的温度；②开始装车时关闭温度调控设备，并尽快完成药品装车；③药品装车完毕，及时关闭车厢厢门，检查厢门密闭情况，并上锁；④启动温度调控设备，检查温度调控和监测设备运行状况，运行正常方可启运。

（四）学习结果评价

序号	评价内容	评价标准	评价结果（是/否）
1	选择药品运输工具	能判断运输车辆类型以及采用何种运输工具	

序号	评价内容	评价标准	评价结果（是/否）
2	装车前检查	能检查车辆安全性能及卫生状况，做好车辆检查记录，正确判断运输工具是否符合发运要求	
3	药品装箱	能完成冷藏、冷冻药品装箱操作	
4	运输员提货	能正确查验单据、查验货物，做好异常处理	
5	药品装车	能按要求完成装车和配装	
6	在途运输	能说出运输过程中的注意事项	
7	药品到货交付	能完成药品卸车码放与点交签收	
8	提退货交接	能完成提退货交接作业	
9	返回交接	能判断完成正常回单交接与拒收交接	

五、课后作业

1. 简述怕冷药品和怕热药品的概念。

2. 简述货物运输合同的主要内容。

3. 某医院急需一批 50 件凝血酶冻干粉，A 公司决定单独安排配送，该批药品在装车时应注意哪些事项？

D-2-3 能进行特殊药品运输管理

一、核心概念

1. 特殊药品

本章节中涉及的特殊药品主要指麻醉药品和精神药品、易制毒化学品。

2. 易制毒化学品

易制毒化学品一般指受国家管制的可用于制造毒品的原料、中间体和化学配剂等。国家将易制毒化学品分为三类。第一类是可以用于制毒的主要原料，第二类、第三类是可以用于制毒的化学配剂。

二、学习目标

1. 能完成麻醉药品和精神药品的发运和交付。

2. 能完成易制毒化学品的发运和交付。

三、基本知识

1. 特殊药品的发运与交付

（1）麻醉药品和精神药品 托运或者自行运输麻醉药品和第一类精神药品的单位，应当向所在地省、自治区、直辖市药品监督管理部门申领《麻醉药品、第一类精神药品运输证明》（简称运输证明）。省、自治区、直辖市药品监督管理部门对资料审查合格的，应于10日内发给运输证明，同时将发证情况报同级公安机关备案。第二类精神药品的运输不需办理运输证明。

运输证明正本1份，根据实际需要可发给副本若干份，必要时可增领副本。运输证明有效期1年（不跨年度）。运输证明在有效期满前1个月按照上述规定重新办理，过期后3个月内将原运输证明上缴发证机关。运输证明应当由专人保管，不得涂改、转让、转借。

承运单位要查验、收取运输证明副本。运输证明副本随货同行以备查验。在运输途中承运单位必须妥善保管运输证明副本，不得遗失。货物到达后，承运单位应将运输证明副本递交收货单位。收货单位应在收到货物后1个月内将运输证明副本交还发货单位。

因科研或生产特殊需要，单位需派专人携带少量麻醉药品、第一类精神药品的应当随货携带运输证明（或批准购买的证明文件）、单位介绍信和本人身份证明以备验。

运输前需报送发运货物信息：①定点生产企业、全国性批发企业和区域性批发企业之间发运麻醉药品和第一类精神药品时，跨省运输的，发货单位应事先向所在地及收货单位所在地省、自治区、直辖市药品监督管理机构报送发运货物信息，内容包括发货人、收货人、货物品名、数量。发货单位所在地药品监督管理部门也应按规定向收货单位所在地的同级药品监督管理部门通报。②属于在本省、自治区、直辖市内运输的，发货单位应事先向所在地省、自治区、直辖市药品监督管理部门及收货单位所在地设区的市级药品监督管理机构报送发运货物信息。③发货单位所在地药品监督管理部门也应按规定向收货单位所在地设区的市级药品监督管理机构通报。

铁路、民航、道路、水路承运单位承运麻醉药品和精神药品时，应当及时办理运输手续，尽量缩短货物在途时间，并采取相应的安全措施，防止麻醉药品、精神药品在装卸和运输过程中被盗、被抢或丢失。铁路运输应当采用集装箱或行李车运输麻醉药品和第一类精神药品。采用集装箱运输时，应确保箱体完好，施封有效。道路运输麻醉药品和第一类精神药品必须采用封闭式车辆，有专人押运，中途不应停车过夜。水路运输麻醉药品和第一类精神药品时应有专人押运。

麻醉药品和精神药品在运输途中出现包装破损时，承运单位要采取相应的保护措施。发生被盗、被抢、丢失的，承运单位应立即报告当地公安机关，并通知收货单位，收货单位应立即报告当地药品监督管理部门。

（2）易制毒化学品　设区的市级行政区域（直辖市为跨市界）或者在国务院公安部门确定的禁毒形势严峻的重点地区跨县级行政区域运输第一类易制毒化学品的，由运出地的设区的市级人民政府公安机关审批；运输第二类易制毒化学品的，由运出地的县级人民政府公安机关审批。经审批取得易制毒化学品运输许可证后，方可运输。运输第三类易制毒化学品的，应当在运输前向运出地的县级人民政府公安机关备案。公安机关应当于收到备案材料的当日发给备案证明。

申请易制毒化学品运输许可，应当提交易制毒化学品的购销合同，货主是企业的，应当提交有效的营业执照；货主是其他组织的，应当提交登记证书（成立批准文件）；货主是个人的，应当提交其个人身份证明。经办人还应当提交本人的身份证明。

对许可运输第一类易制毒化学品的，发给一次有效的运输许可证。对许可运输第二类易制毒化学品的，发给3个月有效的运输许可证；6个月内运输安全状况良好的，发给12个月有效的运输许可证。

易制毒化学品运输许可证应当载明拟运输的易制毒化学品的品种、数量、运入地、货主及收货人、承运人情况以及运输许可证种类。

运输供教学、科研使用的100g以下的麻黄素样品和供医疗机构制剂配方使用的小包装麻黄素以及医疗机构或者麻醉药品经营企业购买麻黄素片剂6万片以下、注射剂1.5万支以下，货主或者承运人持有依法取得的购买许可证明或者麻醉药品调拨单的，无须申请易制毒化学品运输许可。

接受货主委托运输的，承运人应当查验货主提供的运输许可证或者备案证明，并查验所运货物与运输许可证或者备案证明载明的易制毒化学品品种等情况是否相符；不相符的，不得承运。

运输易制毒化学品，运输人员应当自启运起全程携带运输许可证或者备案证明。

2. 运输证明样例

（1）麻醉药品、第一类精神药品运输证明　见表 D-2-3-1。

表 D-2-3-1　麻醉药品、第一类精神药品运输证明（副本）

麻醉药品、第一类精神药品运输证明（副本）
编号：省汉字简称-年号-正本流水号 根据国务院发布的《麻醉药品和精神药品管理条例》，允许持证单位运输本证明所列的麻醉药品和第一类精神药品。 发货单位名称： 发货单位联系电话： 发证机关联系电话： 运输证明有效期限：自　　　起至　　　　止 准予运输麻醉药品、第一类精神药品名称：   　　　　　　　　　　　　　　　　　　　　　　　　　　　　　　　发证机关 　　　　　　　　　　　　　　　　　　　　　　　　　　　年　　　月　　　日

（2）第一类、第二类易制毒化学品运输许可证　见表 D-2-3-2。

表 D-2-3-2　第一类、第二类易制毒化学品运输许可证

第一类、第二类易制毒化学品运输许可证				
校验码：3C204025000L1				
证书号：450203YX1 公文号：××公禁易[2017]年第				
发货单位	名称		住所/地址	××市××号
	法定代表人		电话	0772-×××××××
运输物品	品名	乙醚试剂	许可证/备案证明	451324GB170
	数量	伍仟毫升（5000mL）	包装	玻璃瓶
承运单位	名称	YYYY有限公司	住所/地址	××县××镇
	电话	0772-38×××××	运输方式	汽车
	号（次）	桂A×××××		
	运输路线	自柳州 经 象州 至 金秀县		

收货单位	名称/姓名	ZZZZ有限公司		
有效日期	自2024年06月16日　至2024年09月15日		有效次数	多次有效
申请单位	名称/姓名（单位公章）	××××有限公司		
公安机关：××市公安××分局禁毒大队 经办人：××× 联系电话：××××××××××× 2024年06月16日		备注		

第（）批次	承运单位名称		承运单位签注盖章	收货单位签注盖章
	承运单位地址			
	承运单位电话			
	运输数量			
	运输方式			
	运输号（次）			
	运输路线	自　经　至	年　月　日	年　月　日
第（）批次	承运单位名称		承运单位签注盖章	收货单位签注盖章
	承运单位地址			
	承运单位电话			
	运输数量			
	运输方式			
	运输号（次）			
	运输路线	自　经　至	年　月　日	年　月　日

四、能力训练

（一）操作条件

1. 人员：应具有药学或者医学、生物、化学等相关专业中专以上学历或者具有药学初级以上专业技术职称，定期接受包括药品法律法规、药品知识、职业道德等内容的教育或培训。

2. 设备、器具：计算机、WMS仓储管理系统、笔、相关单据、散件药品、整件药品等。

3. 资料：《中华人民共和国药品管理法》《药品经营质量管理规范》《易制毒化学品管理条例》《易制毒化学品购销和运输管理办法》《麻醉药品和精神药品管理条例》《麻醉药品和精神药品运输管理办法》等。

4. 环境：模拟药品仓库。

（二）安全及注意事项

1. 严格按照《易制毒化学品管理条例》《易制毒化学品购销和运输管理办法》《麻醉药品和精神药品管理条例》《麻醉药品和精神药品运输管理办法》进行操作。

2. 在运输的过程中应主动配合公安机关对运输情况与运输许可证或者备案证明所载内容是否相符等情况进行检查。

3. 具有安全意识和应变能力

（三）操作过程

1. 运输麻醉药品、第一类精神药品

序号	实施步骤	操作方法及说明	操作标准/注意事项
1	选择药品运输工具	说出运输工具的要求	（1）道路运输麻醉药品和第一类精神药品必须采用封闭式车辆，有专人押运，中途不应停车过夜 （2）铁路运输应当采用集装箱或行李车运输麻醉药品和第一类精神药品。采用集装箱运输时，应确保箱体完好，施封有效
2	申请运输审批	说出运输审批的相关内容	（1）托运或自行运输麻醉药品和第一类精神药品的单位，应当向所在地省、自治区、直辖市人民政府药品监督管理部门申请领取运输证明，有效期为1年，运输证明应由专人保管，不得涂改、转让、转借 （2）发货人在发货前应当向所在地省、自治区、直辖市人民政府药品监督管理部门报送本次运输的相关信息 （3）属于跨省、自治区、直辖市运输的，收到信息的药品监督管理部门应当向收货人所在地的同级药品监督管理部门通报；属于在本省、自治区、直辖市行政区域内运输的，收到信息的药品监督管理部门应当向收货人所在地设区的市级药品监督管理部门通报
3	实施在途运输	说出在途运输中的相关注意事项	（1）运输途中应当随身携带运输证明副本以备查验，同时采取安全保障措施，防止运输途中发生被盗、被抢或丢失等情况 （2）如遇意外事故，采取应急预案
4	药品发货配送	说出麻醉药品、第一类精神药品发货配送的注意要点	（1）申请领取运输证明，由专人负责押运 （2）发货人在发货前应当向所在地省、自治区、直辖市人民政府药品监督管理部门报送本次运输的相关信息。属于跨省、自治区、直辖市运输的，收到信息的药品监督管理部门应当向收货人所在地的同级药品监督管理部门通报；属于在本省、自治区、直辖市行政区域内运输的，收到信息的药品监督管理部门应当向收货人所在地设区的市级药品监督管理部门通报 （3）及时办理运输手续，设置特殊药品运输记录，尽量缩短货物在途时间 （4）采取相应的安全措施，防止麻醉药品、精神药品在装卸和运输过程中被盗、被抢或丢失；如遇意外事故，采取应急预案

2. 运输易制毒化学品

序号	实施步骤	操作方法及说明	操作标准/注意事项
1	运输审批	明确运输审批的申请对象	（1）跨区的市级行政区域（直辖市为跨市界）或者在国务院公安部门确定的禁毒形势严峻的重点地区跨县级行政区域运输第一类易制毒化学品的，应当向运出地设区市级人民政府公安机关申请运输许可证 （2）跨区的市级行政区域（直辖市为跨市界）或者在国务院公安部门确定的禁毒形势严峻的重点地区跨县级行政区域运输第二类易制毒化学品的，应当向运出地县级人民政府公安机关申请运输许可证 （3）运输第三类易制毒化学品的，应当在运前向运出地的县级人民政府公安机关备案
2	运输许可	说出申请运输许可的相关要求	（1）申请易制毒化学品运输许可，应当提交易制毒化学品的购销合同，货主是企业的，应当提交有效的营业执照；货主是其他组织的，应当提交登记证书（成立批准文件）；货主是个人的，应当提交其个人身份证明。经办人还应当提交本人的身份证明 （2）对许可运输第一类易制毒化学品的，发给一次有效的运输许可证。对许可运输第二类易制毒化学品的，发给3个月有效的运输许可证；6个月内运输安全状况良好的，发给12个月有效的运输许可证 （3）易制毒化学品运输许可证应当载明拟运的易制毒化学品的品种、数量、运入地、货主及收货人、承运人情况以及运输许可证种类
3	在途运输	说出在途运输中的相关注意事项	（1）运输人员应当自启运起全程携带运输许可证或者备案证明 （2）在途运输中随时接受公安机关的检查 （3）运输易制毒化学品时，运输车辆应当在明显部位张贴易制毒化学品标识 （4）防止易制毒化学品丢失、被盗、被抢；如遇意外事故，采取应急预案

问题情境一

某大型医药物流公司需配送一批吗啡阿托品注射液，启运前应如何申请运输证明？

解答：托运或自行运输麻醉药品和第一类精神药品的单位，应当向所在地省、自治区、直辖市药品监督管理部门申领《麻醉药品、第一类精神药品运输证明》。申请领取运输证明须提交以下资料：①麻醉药品、第一类精神药品运输证明申请表；②加盖单位公章的《药品生产许可证》或《药品经营许可证》复印件（仅药品生产、经营企业提供）；③加盖单位公章的《企业营业执照》或登记证书复印件；④经办人身份证明复印件、法人委托书；⑤申请运输药品的情况说明。

问题情境二

某公司是一家大型药品生产企业，现向外市的 B 公司采购"伪麻黄碱""哌啶""盐酸"各 50 件作为原料药，由 B 公司开展运输服务。请问应分别向哪些部门申请运输许可？

解答：伪麻黄碱为第一类易制毒化学品，应向运出地设区市级人民政府公安机关申请运输许可证。哌啶为第二类易制毒化学品，应向运出地县级人民政府公安机关申请运输许可证。盐酸为第三类易制毒化学品，应当在运输前向运出地的县级人民政府公安机关备案。

（四）学习结果评价

1. 运输麻醉药品、第一类精神药品

序号	评价内容	评价标准	评价结果（是/否）
1	选择药品运输工具	能说出运输工具的要求	
2	运输审批	能说出运输审批的相关内容	
3	在途运输	能说出在途运输中的相关注意事项	
4	药品发货配送	能说出麻醉药品、第一类精神药品发货配送的注意要点	

2. 运输易制毒化学品

序号	评价内容	评价标准	评价结果（是/否）
1	运输审批	能说出运输审批的申请对象	
2	运输许可	能说出申请运输许可的相关要求	
3	在途运输	能说出在途运输中的相关注意事项	

五、课后作业

1. 请举例说明常见的麻醉药品和第一类精神药品。

2. 请举例说明常见的易制毒化学品。

3. A 公司（生产企业）向 B 公司采购 10 瓶硫酸、30 瓶丙酮，B 公司决定进行单独配送，请问在运输过程中应注意哪些事项？

D-2-4　能进行委托运输管理

一、核心概念

1.委托运输

委托运输是指医药经营企业委托第三方承运商将药品送达给顾客。

2.药品承运商审计

药品承运商审计是指医药经营企业按照合规、全面、谨慎的原则，对承运商的质量保障能力和运输能力进行审计。审计内容包括资质证照、运输设施设备、运输人员资质及质量管理制度等。

3.运输调度

运输调度是指运输过程中，承运单位根据待发货物的重量、去向、规格、加急程度等对所属的车辆和人员进行合理的安排和调度。

二、学习目标

1.能完成医药商品委托运输作业程序。
2.能按要求列出承运商审计内容，选择合适承运商。
3.能知晓运输调度的基本作业流程。

三、基本知识

1.委托运输作业过程

（1）第三方承运商选择

①明确委托运输需求。企业应明确需要委托运输的业务，其内容应该包括：委托运输业务的区域、预期的委托运输方式、运输对象及其属性、数量、委托运输的配送特点和要求等。

②确定备选的承运商。根据运输业务的区域，选择本地或对需求范围运输比较熟悉的承运商；根据运输货品的属性、运送的体积大小、运送的频次，选择合适类型的承运商。对确定为备选的承运商索取企业资质、运输设施设备情况、服务特点、服务报价等资料。

③备选承运商审计。承运商审计主要内容包括：第一，资质证照审计。资质证照审计需要承运商提供或现场查看《企业法人营业执照》《道路运输经营许可证》等证件资质。第二，运输能力审计。对承运商车辆情况、硬件和软件设施情况、运输人员资料、运输网络的覆盖范围等进行审计，冷藏、冷冻药品委托运输的，还需索取承运单位承运过程温度控制及检测等相关资料，承运单位的冷藏、冷冻设施设备及自动检测系统验证资料。第三，质量保障能力审计。考查承运商在运输安全、准确、风险防范、紧急情况处理等方面的管理能力。第四，服务能力与服务价格审计。考查送货准时性、客户支持服务水平、配送和运作灵活性、能否提供定制化的服务等，尤其对于特殊和非常规需求的满足。在同等条件下，承运商的价格高低也是供应商选择的重要因素。第五，企业声誉及其他能力审计。一般信誉度高的企业，质量保障力越强，有利于药品经营企业规避风险，保证物流供应商的稳定性。行业经验丰富的承运商能够快速准确地为药品经营企业提供相似的服务。考查承运商财务方面能力，如付款周期、财务稳定性、

支付灵活性等。

④建立《承运商档案》。审计完成，建立《承运商档案》，主要信息包括资质证明、质量管理文件、运输设施设备档案、该承运商的绩效结果（如每次运输的质量情况）等。

⑤确定承运商并试运行。根据运能、车辆状况、价格和配合能力等对备选的承运商进行综合评价比较，并形成评价结果表。评标小组遴选出最符合《药品经营质量管理规范》运输设施设备条件和要求的承运商。根据评价比较的结果确定承运商。确定少量线路的业务给备选承运商进行试发运，根据承运商的试运行情况进行评价并决定是否继续合作。

（2）签订委托运输协议　企业委托运输药品应当与承运方签订运输协议，规定双方的权利和义务，内容一般包括：承运商制定并执行符合要求的运输标准操作规程，对运输过程中温度控制和实时监测的要求，明确在途时限以及运输过程中的质量安全责任等内容。

（3）交付运输　已装车的药品应当及时发运并尽快送达。委托运输的，企业应当要求并监督承运方严格履行委托运输协议，防止因在途时间过长影响药品质量。

①特殊药品的委托发运管理。特殊药品实行门对门送货，购货单位不得自行上门提货；销售人员也不得自行提货，实行人货分离。必须使用封闭式车辆送货，建立运输记录。货物送达，与购货单位当面逐件点交，办理签收手续。驾驶员和押运员应了解运输的目的地及行车路线，确保药品能准时送达。应在运单上注明该药品的具体名称，办理相应的运输手续；收货方不得是委托方销售人员或购货单位人员，必须是购买单位。

托运人办理麻醉药品和第一类精神药品运输手续，应当将运输证明副本交付承运人。承运人应当查验、收存运输证明副本，并检查货物包装。没有运输证明或者货物包装不符合规定的，承运人不得承运。承运人在运输过程中应当携带运输证明副本，以备查验。

②易制毒化学品委托运输管理。接受货主委托运输的，承运人应当查验货主提供的运输许可证或者备案证明，并查验所运货物与运输许可证或者备案证明载明的易制毒化学品品种等情况是否相符；不相符的，不得承运。

③含特殊药品复方制剂的发运管理。含特殊药品复方制剂实行门对门送货，购货单位不得自行上门提货；销售人员也不得自行提货，实行人货分离。含特殊药品复方制剂若托运送货时，应办理相应的运输手续；收货方不得是委托方销售人员或购货单位人员，必须是购货单位。货物送达，与购货单位当面逐件点交，办理签收手续。

（4）委托运输记录　企业委托运输药品应当有记录，实现运输过程的质量追溯。记录至少包括发货时间、发货地址、收货单位、收货地址、货单号、药品件数、运输方式、委托经办人、承运单位，采用车辆运输的还应当载明车牌号，并留存驾驶人员的驾驶证复印件。记录应当至少保存5年。

2. 运输调度作业

（1）自营车辆运输调度

①生成配送计划。运输调度员根据物流配送线路分布图，查看当天的待配送计划，查看自有车辆生产动态，合理安排配送车辆；对订单进行审核，急单执行先行处理程序；运输调度员将急单处理完毕，按照配送计划或客户要求到达时间排列正常订单，根据整车运力和运量，灵活调整配送线路及配送车辆；形成运输计划后，向仓库预约提货，回复确认后，最终确定运输计划。

②运输流程。按照配送计划安排配送线路；按照配送线路打印装车配送单；根据配送线路的货量安排配送车辆；将生成的配送线路及车辆安排发给车队。

（2）委托运输调度

①生成配送计划。运输调度员对订单进行审核，急单执行先行处理程序；将急单安排完毕，按客户要求到达时间排列正常订单；根据线路，分单给承运商；要求承运商收到派单后，即刻审核运量，超过运输能力的反馈公司运输调度员，调度将订单派给其他承运商；外协承运商确认订单后，向仓库预约提货，得到回复确认后，将提货计划发公司运输调度员；运输调度员收到承运商的提货计划，确定最终运输计划。

②运输流程。电话预约物流公司提货时间；核对托运单信息；打印装车配送单；与承运单位办理货物交接手续；通知收货单位或驻外办事处发货明细或提货单。

（3）运输过程跟踪与异常服务处理

运输过程跟踪方式有三种。①车辆 GPS/ 手机定位方式跟踪，运输调度根据项目运作特性和业务量，确定需要进行在途跟踪的车辆和每日跟踪次数，查看车辆运行轨迹，及时处理异常，按需反馈客户。②定点跟踪。运输调度根据不同线路情况，预先制定每条线路的信息反馈点，确定需要进行在途跟踪的车辆。司机到达信息反馈点时，通知运输调度，运输调度确认后，在系统中更新车辆在途信息，按需反馈客户。③定时跟踪。运输调度预先规定司机每日信息反馈时间，司机按规定时间每日电话反馈车辆在途信息给运输调度，运输调度确认后，在系统中更新信息，按需反馈客户。

运输调度须对运输途中发生的各种异常情况，如车辆故障、交通事故、货物事故（货物被抢、被盗、交通事故或地震、台风等不可抗拒力引发货物损坏等）进行及时处理。

四、能力训练

（一）操作条件

1.人员：应具有药学或者医学、生物、化学等相关专业中专以上学历或者具有药学初级以上专业技术职称，定期接受包括药品法律法规、药品知识、职业道德等内容的教育或培训。

2.设备、器具：计算机、WMS 仓储管理系统、笔、相关单据、散件药品、整件药品等。

3.资料：《中华人民共和国药品管理法》《药品经营质量管理规范》（现行版）等。

4.环境：模拟药品仓库。

（二）安全及注意事项

1.严格按照药品委托运输作业的过程进行操作。

2.遵循合规、全面、谨慎的原则选择第三方承运商，有效控制药品运输质量。

3.遵守服务第一的原则，按照药品运输要求履行运输服务，具有服务意识。

（三）操作过程

序号	实施步骤	操作方法及说明	操作标准/注意事项
1	承运商审计	能按照承运商审计的主要内容完成对承运商资质的审计	（1）资质证照审计：《企业法人营业执照》《道路运输经营许可证》等证件资质 （2）运输能力审计：索取运输车辆的相关资料 （3）质量保障能力审计 （4）服务能力与服务价格审计 （5）企业声誉及其他能力审计
2	签订委托运输协议	能明确委托双方的责任和权利，并签订合规的委托运输协议	（1）承运商制定并执行符合要求的运输标准操作规程 （2）明确在途时限以及运输过程中的质量安全责任等内容

序号	实施步骤	操作方法及说明	操作标准/注意事项
3	交付运输	(1) 药品交付承运商 (2) 开始委托运输	(1) 企业应当要求并监督承运方严格履行委托运输协议，防止因在途时间过长影响药品质量 (2) 托运人办理麻醉药品和第一类精神药品运输手续，应当将运输证明副本交付承运人。承运人应当查验、收存运输证明副本，并检查货物包装。没有运输证明或者货物包装不符合规定的，承运人不得承运。承运人在运输过程中应当携带运输证明副本，以备查验 (3) 接受货主委托运输易制毒化学品的，承运人应当查验货主提供的运输许可证或者备案证明，并查验所运货物与运输许可证或者备案证明载明的易制毒化学品种等情况是否相符；不相符的，不得承运
4	填写委托运输记录	按要求正确填写委托运输记录	记录内容包括发货时间、发货地址、收货单位、收货地址、货单号、药品件数、运输方式、委托经办人、承运单位；采用车辆运输的还应当载明车牌号，并留存驾驶人员的驾驶证复印件；记录应当至少保存5年

问题情境一

A公司是一家大型药品经营企业，某生物制药B公司委托A公司将2箱"狂犬病疫苗"运送至某市疾控中心。请问A公司运输员提货时需要索取哪些单据？B公司应向A公司索取哪些资料？

解答：A公司运输员提货时需要索取随货同行单、发票、质检报告、生物制品批签发合格证、温控药品运输交接单、储存全过程温度监测记录（批签发日期之后的在库温度）；B公司应向A公司索取运输资质文件、运输设施设备和监测系统证明及验证文件、承运人员资质证明、运输过程温度控制及监测等相关资料。

问题情境二

A公司将运输一批基础外科手术器械［医用缝合针（不带线）］给医院，现委托B公司进行配送。请问B公司接受A公司委托时，应在什么条件下方可承运？在进行运输配送医疗器械时，需要注意什么？

解答：医疗器械经营企业委托其他单位运输医疗器械的，应当对承运方运输医疗器械的质量保障能力进行考核评估；明确运输过程中的质量责任，确保运输过程中的质量安全。

运输、贮存医疗器械，应当符合医疗器械说明书和标签标示的要求；对温度、湿度等环境条件有特殊要求的，应当采取相应措施，保证医疗器械的安全、有效。

（四）学习结果评价

序号	评价内容	评价标准	评价结果（是/否）
1	承运商审计	能列出承运商审计的主要内容	
2	签订委托运输协议	能读懂委托运输协议的主要内容	
3	交付运输	能说出麻醉药品、第一类精神药品、易制毒化学品委托运输的要求	
4	填写委托运输记录	能要求正确填写委托运输记录	

五、课后作业

1. 简述委托运输的概念。
2. 简述承运商审计的主要内容。
3. A公司委托B公司运输2箱多西他赛注射液，在该批药品运输途中有哪些要求？

E

售后和质量风险管理

E-1 药品售后管理

E-1-1 能进行质量查询

一、核心概念

1. 质量

质量是指商品、过程、服务满足规定或潜在要求的特征和特性的总和，包括适用性、安全性、可使用性、可靠性和经济性等方面。

2. 药品质量

药品质量是指药品能满足规定需求和特性的总和，它是衡量药品使用价值的尺度。一般由药品的有效性、安全性、稳定性、均一性及经济性等诸因素表现出来。

3. 质量查询

质量查询是指企业在正常的业务经营活动中，针对药品质量及与质量有关问题的信息检索、问题咨询、质量确认等内容，向药品的购销业务单位（个人）、药品监督管理部门提出的核实性要求。一般采用书面信函、电话查询、电子信息传递等方式。

二、学习目标

1. 能按药品的质量查询流程完成药品质量相关内容的查询。
2. 能完成质量查询记录的填写。

三、基本知识

1. 药品质量特性

（1）有效性　在规定的适应证、用法和用量的条件下能满足预防、治疗、诊断人的疾病，有目的地调节人的生理功能的要求。有效性是药品的基本特征，若药品对防治疾病没有效，则不能成为药品。有效性也必须在一定前提条件下，即有一定的适应证和用法、用量，世界上不存在包治百病的药品，也不存在绝对安全无副作用、可任意使用的药品。在我国过去采用"痊愈""显效""有效""显著疗效""特效"表示药品疗效的等级；在国外有的采用"完全缓解""部分缓解"来对药品疗效加以区分。

（2）安全性　即按规定的适应证和用法、用量使用药品后，人体产生不良反应的程度。绝大多数药品均有不同程度的不良反应。在衡量有效性和医疗价值之后，查看某种药品的不良反应，在其毒副作用可解除、缓解或可接受的情况下才能使用某种药品。假如某物质对防治、诊断疾病有效，但是致癌、致畸、致突变，甚至致死，则不能作为药品。安全性也是药品的基本特征之一。

（3）稳定性　即药品在规定的条件下保持其有效性和安全性的能力。这里的规定条件一般是指在规定的有效期内，严格按生产、贮存、运输和使用中的有关要求所营造的规定环境，假如某物质具有防治、诊断疾病的能力，且具有有效性和安全性，但其极易变质、不稳定，则不能作为药品。稳定性是药品的重要特征。

（4）均一性　药品的每一单位产品都符合有效性、安全性的规定要求，均一性是在制剂过程中形成的药物制剂的固有特性。药物制剂的单位产品，如一片药、一支注射剂、一粒胶囊、一包冲剂等，原料药品的单位产品，如一箱药、一袋药、一桶药等。人们的用药剂量一般与药品的单位产品有密切联系。对于有效成分在单位产品中含量很少的药品，若不均一，则可能等于没有用药，或用量过大而导致中毒甚至致死。因此，均一性是药品的重要特征。

（5）经济性　药品在生产、流通过程中会形成一定的价格水平。药品的经济性对药品价值的实现有较大影响。若成本高会导致药品售价高，超过社会普通人群卫生健康消费水平。如一些利用高新技术研制的生物药品，目前尚不能作为药品，或只能供极少数人使用；另一方面，药品经济性对药品生产企业也十分重要，若成本价格低，则可提高企业的经济效益，若成本价格过高，企业就无法进行正常的生产，在不能形成商品的同时可能会影响该药品的患者人群。

2. 质量查询责任人

质量管理员负责质量查询、管理工作。质量管理员应做好日常的质量查询工作。采购员接到供货方或顾客的质量查询，及时反馈给质量管理员，由质量管理员根据查询的内容进行调查研究及处理，做到桩桩有答复，件件有登记，并做好记录。药品质量查询处理情况应按月综合整理，报送有关部门。

3. 质量查询渠道

质量查询渠道既可以是本企业向外部单位提出，也可由外部环境向本企业提出。企业应对各种质量查询进行分类管理，并做好记录，详见表 E-1-1-1。

表 E-1-1-1　药品质量查询记录表

编号：

序号	日期	查询单位	文件编号	查询内容号	情况核实	处理结果	责任人	记录人	备注

四、能力训练

（一）操作条件

1. 人员：应具有药学或者医学、生物、化学等相关专业中专以上学历或者具有药学初级以上专业技术职称，定期接受包括药品法律法规、药品知识、职业道德等内容的教育或培训。

2.设备、器具：计算机、打印机、笔等。

3.资料：《药品经营质量管理规范》（现行版）、企业药品质量查询制度等。

4.环境：模拟质管部。

（二）安全及注意事项

1.为了完善和提高企业的经营服务质量水平，企业应定期或不定期地开展药品质量及与质量有关问题查询，符合GSP要求。

2.质量查询可采取书面信函、电话查询、电子信息等方式。

3.明确查询渠道，包括供货企业官方网站、客服热线、药品监管部门的信息平台等。

4.规范查询流程，从提出查询申请到获取查询结果，应有详细的流程规范。确保查询过程的严谨性和公正性，保障查询结果的真实、准确。

5.强化信息反馈，企业必须在规定时间内对查询做出回应，并将处理结果及时反馈给查询者。对于重大质量问题，还需按照相关程序及时上报药品监管部门。

6.各类质量查询情况均应做好记录。

（三）操作过程

序号	实施步骤	操作方法及说明	操作标准/注意事项
1	明确质量查询范围	药品进、存、销等各环节中所发现的有关药品质量问题，分清属于外观、包装、质量的具体哪一类	质量包括品名、规格、数量、批号、厂名、产地、进货日期、具体情况等
2	明确质量查询渠道	确定查询渠道，包括供货企业官方网站、客服热线、药品监管部门的信息平台	（1）查询供货企业的官方网站，将所需查询内容找到对应的模块 （2）查询企业（药品）客服热线，进行相关内容查询 （3）搜索"国家药监局"，在导航栏中点击药品查询，查询药品详细信息
3	明确质量查询方式	根据确定的查询渠道采取书面信函、电话查询、电子信息等方式	（1）书写质量查询内容，以书面信函形式进行发送 （2）电话查询前查询内容编写，查询内容记录 （3）电子信息查询内容编写，发送
4	强化信息反馈	企业须在规定时间内对查询做出回应	企业须在规定时间内将查询与处理结果及时反馈给查询者。对于重大质量问题，还需按照相关程序及时上报药品监管部门
5	执行处理意见	（1）填写药品质量查询记录表 （2）调整药品质量状态标识 （3）整理资料	（1）根据质量查询反馈信息进行记录 （2）对不同环节进行质量查询的药品调整质量状态标识 （3）根据查询的内容进行调查研究及处理，做到桩桩有答复，件件有登记，并做好记录归档

⚙ 问题情境一

某药店内，一名顾客拿着一瓶已开启的"硝苯地平缓释片"，要求该药店营业员作退货并加倍赔偿处理。理由为该药片和其前期购买的药片不一致，而且感觉药片也比之前小，怕为假药。顾客态度坚决，非退不可，周围其他顾客也在观望。请问你作为营业员该如何处理？

解答：第一时间安抚顾客情绪，然后马上上报本店质量管理员，可通过客服热线、企业官网、药品监管部门的信息平台进行查询。首选协助质量管理员拨打厂家售后电话，查询结果：该产品通过国家一致性评价，过评后的药片和颜色做了改变，质量和疗效一致，不影响药品质量，可放心使用。最终顾客的疑虑得到解除，药店也维护了自己的声誉。

🔗 **问题情境二**

吴女士为方便选择在线上购买"铝碳酸镁咀嚼片"，打开后发现和小区周边药店购买的有区别，药店购买的铝塑板包装外有复合膜袋，为此吴女士找到该药店询问，请问你作为营业员怎么处理？

解答：可通过客服热线、企业官网、药品监管部门的信息平台进行查询。协助吴女士拨打厂家售后电话，查询结果：该厂家申请在铝塑板外增加复合膜袋有益于药品的质量稳定，可放心使用，帮助吴女士消除疑虑。

（四）学习结果评价

序号	评价内容	评价标准	评价结果（是/否）
1	明确质量查询范围	能明确属于质量查询的环节、范围	
2	明确质量查询渠道	能确定查询渠道，包括供货企业官方网站、客服热线、药品监管部门的信息平台	
3	明确质量查询方式	能确定使用书面信函、电话查询、电子信息等方式	
4	强化信息反馈	能在规定时间取得查询与处理结果	
5	执行处理意见	能填写药品质量查询记录表，调整药品质量状态标识，整理资料	

五、课后作业

1. 请简述质量查询。
2. 请简单概括药品质量特性。
3. 某大型医药物流公司购进一批布洛芬混悬液，验收员在验收过程中发现药品的最小包装颜色与前一批货不一致，请问该如何处理？

E-1-2 能应对质量投诉

一、核心概念

1. 投诉

投诉是指消费者或用户对药品经营企业提供的药品或服务表示不满，以书面或口头形式反映情况，提出意见、建议和要求，并寻求问题得到解决或补偿的一种行为。

2. 质量投诉

质量投诉是指顾客对本药房经营药品质量、管理质量、工作质量、服务质量等相关内容的投诉。

二、学习目标

1. 能甄别出质量投诉。
2. 能按质量投诉流程完成接待、调查、处理药品质量投诉工作，并完成相应记录的填写。

三、基本知识

1. 管理质量

在 GSP 中，管理质量主要体现在对药品经营企业全面质量管理的指导和监督上。GSP 要求企业建立全面的质量管理体系，包括质量方针、质量目标、质量策划、质量控制、质量改进和质量保证等方面。这些活动共同构成了企业的管理质量框架，旨在确保药品在流通过程中的质量和安全始终符合要求。

2. 工作质量

工作质量涉及药品经营企业所有员工在各自岗位上的工作表现和效果。这要求员工具备高度的责任心、专业素养和操作技能，以确保药品在流通过程中的每一个环节都能得到妥善处理。GSP 要求企业定期对员工进行质量管理和药品知识的培训，提高员工的专业素养和工作质量，明确各岗位的职责和权限，确保员工能够清晰地了解自己的工作任务和质量要求。

3. 服务质量

虽然 GSP 主要关注药品的质量管理，但服务质量也是企业运营中不可忽视的一部分。在药品经营的实践过程中，服务质量体现在企业为客户提供的售前、售中和售后服务上。

售前为客户提供药品咨询、推荐适合的药品等服务，确保客户能够了解并选择合适的药品。在药品销售过程中，提供准确的药品信息、正确的用法用量指导等服务，确保客户能够安全、有效地使用药品。售后对客户的投诉、建议等进行及时处理和反馈，提高客户满意度和忠诚度。

4. 应对质量投诉的部门和人员

质量管理部是负责药品质量投诉管理的核心部门，负责接收、登记、调查和处理所有与药品质量相关的投诉，并确保投诉得到及时、有效的解决。对各种质量查询进行分类管理，并做好记录，详见表 E-1-2-1。

表 E-1-2-1　药品质量投诉登记表

编号：

用户姓名		联系方式		投诉方式	
涉及产品名称		批号		规格	
投诉内容： 记录人：　　年　月　日					
部门情况核实： 记录人：　　年　月　日					

质量管理部审核意见：			
	记录人：	年 月	日
处理方案或反馈意见：			
	记录人：	年 月	日
处理结果及客户反馈：			
	记录人：	年 月	日

质量负责人负责投诉处理方案的批准工作，质量管理部负责人根据投诉的具体内容，组织相关人员进行调查，分析问题的原因，并提出切实可行的解决方案。

质管员作为质量投诉管理员，负责质量投诉信息的收集、登记、调查以及处理结果回访的组织工作。他们是消费者与企业之间的桥梁，需要确保投诉信息的准确传递和及时处理。

在投诉处理过程中，业务部需要提供与投诉相关的销售记录、客户信息等，负责配合质量管理部进行投诉的登记、调查以及处理结果回访的组织工作。

四、能力训练

（一）操作条件

1. 人员：应具有药学或者医学、生物、化学等相关专业中专以上学历或者具有药学初级以上专业技术职称，定期接受包括药品法律法规、药品知识、职业道德等内容的教育或培训。

2. 设备、器具：计算机、电话、打印机、笔等。

3. 资料：《药品经营质量管理规范》（现行版）、《药品经营和使用质量监督管理办法》《药品经营质量管理规范现场检查指导原则》、企业药品质量投诉管理制度等。

4. 环境：模拟质管部。

（二）安全及注意事项

1. 为了完善和提高企业的经营服务质量水平，企业应建立健全质量投诉处理机制，主动地了解公司经营药品的质量信息，符合 GSP 要求。

2. 质量投诉可采取电话、邮件、信函、在线投诉平台、社交媒体或上门等方式。

3. 规范投诉流程，从接到投诉到处理结果，应有详细的流程规范。确保及时、有效地解决客户投诉。

4. 强化信息反馈，企业必须在规定的时间内对投诉做出回应，并将处理结果及时反馈给投诉者。对于严重的质量投诉，应成立紧急处理小组，还需按照相关程序及时上报有关部门。

5. 各类质量投诉情况，均应做好记录。

（三）操作过程

序号	实施步骤	操作方法及说明	操作标准/注意事项
1	投诉接收与记录	（1）确定投诉接收的渠道和方式 （2）根据投诉者的表述详细记录	（1）投诉接收渠道和方式包括电话、邮件、信函、在线投诉平台、社交媒体或上门等 （2）填写药品质量投诉登记表，记录投诉者的基本信息、投诉内容、投诉时间等
2	投诉分类	（1）情况核实 （2）确定投诉分类	（1）组织相关人员进行调查，了解投诉的具体情况，必要时可以取回产品进行检验 （2）根据投诉内容区分产品质量问题、管理质量问题、工作质量问题、服务质量问题 （3）对于重大质量问题，还需按照相关程序及时上报药品监管部门
3	实施处理	制订处理方案及实施计划	（1）根据调查结果，质量管理部负责人制定投诉处理方案，并报质量负责人批准制定处理方案 （2）按照批准的处理方案，质量管理部协调相关部门进行处理，如换货、退货、赔偿等制订实施计划
4	投诉反馈	最终处理后的客户反馈	（1）在规定时间内以书面形式将投诉者调查结果和处理结果反馈给投诉人 （2）对处理完毕的投诉进行反馈，并在一定期限内对投诉客户进行电话跟踪回访，了解客户对处理结果的满意度，记录客户的意见和建议
5	投诉分析	（1）填写药品质量投诉登记表 （2）针对投诉问题的改进措施 （3）整理资料	（1）根据药品质量投诉登记表进行记录 （2）对涉及药品质量问题投诉，如核实后确认存在质量问题或疑似质量问题，对不同环节进行质量投诉的药品调整质量状态标识，向供货商或其他客户跟踪查询质量信息 （3）对投诉处理过程进行总结分析，提炼经验教训，完善质量管理体系，防止类似问题再次发生，并采取相应的改进措施以提升产品和服务质量 （4）根据投诉处理进行记录归档

🧲 问题情境一

在某药店，消费者陈女士告知店员需要购买硝酸咪康唑喷雾剂，但店员却误导其购买了硝酸咪康唑乳膏。陈女士到家后发现药品不符要求退货，但店员以系统已入账为由拒绝退款。陈女士认为药店存在误导消费和强制交易行为，遂向药店投诉，请问应怎么处理？

解答：详细了解投诉情况，进行核实并记录，报告质量管理部，分析是店员误导陈女士购买，药店作退货并退款，同时对涉事店员进行批评、处理。最终顾客的投诉得到解除，药店也维护了自己的声誉。

🧲 问题情境二

吴女士在某药店购买药品时，因对药品的用法用量有疑问，向店员咨询。然而，店员态度冷漠，回答问题时显得不耐烦，甚至未等吴女士完全表述清楚就匆忙打断，给出了模糊不清的解答。吴女士对药店工作人员的服务态度感到极度不满，认为药店未能提供应有的专业咨询和热情服务，遂向药店投诉。请问该如何处理？

解答：店长接到投诉后，便连连说道："您先消消气，有什么事儿，坐下来说。"并给她倒上了一杯水。等她的情绪稍微平和下来后，店长又请她把事情原原本本地讲述了一遍。在了解完事情的原委后，店长亲自解答吴女士用药的疑问，并真诚地向吴女士表达了歉意。吴女士很满意地离开了，后来成了这家药店的常客。

（四）学习结果评价

序号	评价内容	评价标准	评价结果（是/否）
1	明确投诉接收渠道、方式和内容	能填写药品质量投诉登记表	
2	明确投诉分类	能进行情况核实并确定投诉分类	
3	明确处理方案与实施计划	能根据调查情况制定处理方案、制订实施计划	
4	强化信息反馈	能在规定的时间将投诉调查结果和投诉处理结果反馈给投诉人	
5	执行处理意见	能填写药品质量投诉登记表，对投诉处理过程进行总结分析	

五、课后作业

1. 请简述质量投诉。

2. 请简单描述应对质量投诉过程中各部门或人员职责。

3. 某市某药店开业推出进店任意消费赠鸡蛋活动，导致一位老年消费者在领取鸡蛋时不慎摔倒受伤，检查后虽无大碍，老人家属就此事找到药店投诉，要求赔偿，请问该如何处理。

E-1-3　能进行用户访问

一、核心概念

1. 用户访问

用户访问指企业、组织或个人主动或应客户要求，通过与客户进行沟通，以了解客户需求、偏好、收集客户反馈及使用体验，进而为企业的产品调整、服务优化和市场策略制定提供依据的过程。在药品经营领域，用户访问特指通过与客户进行的互动交流，深入了解用户的用药需求、偏好、反馈及使用体验，来指导药品经营企业的产品调整、提升药品质量和服务质量、服务优化和市场策略制定。

2. 客户管理

客户管理即客户关系管理（CRM），是指企业通过对客户详细资料的深入分析，以提高客户满意度、忠诚度，进而提升企业竞争力的一种手段。客户管理涵盖了从客户识别、获取、保持到发展的全过程，是一个更为广泛和系统的管理活动。

二、学习目标

1. 能根据访问目标设计问卷、访谈提纲或调查表格等。

2. 能对收集到的用户反馈进行整理、分析，并完成相应记录的填写。

三、基本知识

1. 用户访问的目的

（1）了解顾客需求　通过直接与用户交流，了解他们的用药需求、偏好及反馈，为产品调整和服务优化提供依据。例如，用户对某类药品的需求量大，药店可以增加该类药品的库存和展示；用户对价格敏感，药店可以调整价格策略，通过促销活动吸引用户。

（2）提升服务质量　收集用户对药品质量、服务态度、购药环境等方面的意见和建议，不断改进和提升服务质量。

（3）增强顾客忠诚度　通过个性化服务和关怀，增强顾客对药店的信任和依赖，提升顾客忠诚度，良好的用户访问体验能够促进售后服务的提升。用户在使用过程中遇到问题能够得到及时解决，将增强用户对药店的信任和忠诚度，促进复购。

2. 用户访问方式

为了完善和提高企业的经营服务质量水平，企业应定期或不定期地广泛征求用户对药品质量和服务质量的意见和建议。详见表 E-1-3-1。

表 E-1-3-1　药品质量、服务质量征询意见书

药品质量方面的意见（包括外观和包装质量，请具体列出品名、规格、数量、批号、厂名、产地、进货日期、具体情况）：
工作质量方面的意见（包括供应情况、运输问题处理、服务态度等）：
建议与要求： 反映日期　　年　　月　　日 反映单位（盖章）：

用户访问可采取面对面交流、电话访问、问卷调查、网络（社交媒体）调查、上门调查等方式。面对面交流是销售人员或客服人员与顾客进行面对面的沟通，直接了解顾客的需求和反馈。电话访问是通过电话与顾客进行联系，询问用药情况、药品效果及满意度等。问卷调查是通过设计并发放问卷，收集顾客对药品、服务等方面的意见和建议。社交媒体互动是利用社交媒体平台（如微信、微博等）与顾客进行互动，了解顾客的需求和反馈。

每次访问应事先做好充分准备，明确访问目的，拟定调查提纲，组织好访问人员，注重工作效果，并做好访问记录，建立用户访问工作档案。企业对用户反映的意见和提出的问题必须跟踪了解，研究整改措施，做到件件有交代、桩桩有答复。据此也可以了解企业质量管理的薄弱环节，为强化管理提供有效的参考依据。

四、能力训练

（一）操作条件

1. 人员：应具有药学或者医学、生物、化学等相关专业中专以上学历或者具有药学初级以上专业技术职称，定期接受包括药品法律法规、药品知识、职业道德等内容的教育或

培训。

2.设备、器具：计算机、电话、打印机、笔等。

3.资料：《药品管理法》《药品经营质量管理规范》（现行版）、《药品网络销售监督管理办法》、企业用户访问管理制度等。

4.环境：客户接待室

（二）安全及注意事项

1.为了完善和提高企业的经营服务质量水平，企业应建立健全的用户访问制度，广泛征求用户对药品质量和服务质量的意见和建议，符合GSP要求。

2.注重访问过程中的细节，每一个细节都要进行记录和分析，在收集顾客反馈时，须保持中立态度，避免引导顾客回答或带有偏见，以便更全面地了解顾客需求和药店情况。

3.对用户提出的问题和反馈要及时进行回应和处理，并将访问结果和改进建议及时反馈给药店管理层和相关部门，以便及时采取措施进行改进，不断优化产品和服务质量，以提升顾客满意度和忠诚度。

4.各类用户访问情况，均应做好记录，在填写报告时，要保持客观公正，确保信息的真实性和准确性，避免主观臆断和偏见。

（三）操作过程

序号	实施步骤	操作方法及说明	操作标准/注意事项
1	明确目标与范围	（1）确定用户访问的具体目标 （2）明确访问的范围，包括目标用户群体、访问区域、时间周期等	（1）了解用户对本企业经营药品品种、质量、价格的满意度，需求变化，购买习惯，药店服务态度，专业水平，购药环境等 （2）根据企业产品或服务的区域、目标群体等，筛选合适的用户进行访问
2	设计访问工具	根据访问目标设计问卷、调查表等访问工具	根据访问目标和范围设计问卷、访谈提纲或调查表等工具，应包含开放性和封闭性问题，以收集定量和定性数据。确保问题全面、具体、清晰、简洁、无歧义，避免引导性或偏见性提问
3	执行访问	依照计划进行问卷调查、电话访问、面对面访谈等	（1）按照预约时间和方式进行访问。在面对面访谈中，注意营造轻松的氛围，使用友好的语气和态度与用户交流 （2）遵循问卷或访谈提纲的顺序进行提问，并根据用户的回答灵活调整问题或深入探讨相关话题 （3）鼓励用户表达真实想法和感受，避免打断或引导用户回答
4	记录信息	详细记录用户的回答和反馈，确保信息的完整性和准确性	（1）详细记录用户的回答和反馈，包括正面评价和负面反馈，确保信息的完整性和准确性 （2）在面对面访谈中，除了记录用户的言语反馈外，还要观察用户的表情、态度等非言语信息以获取更全面的用户体验
5	访问分析	（1）整理数据 （2）分析问题 （3）提出建议	（1）对收集到的用户反馈信息进行分类整理、归纳，形成分析报告或总结 （2）深入分析用户反馈中存在的问题和不足之处，找出改进的方向和重点 （3）根据分析结果提出具体的改进建议或措施，以完善和提高药品经营企业的服务质量水平

🧲 问题情境一

随着消费者对服务质量的日益重视，某药店为了提升顾客满意度和忠诚度，决定开展一次针对服务态度的用户满意度调查。设计包含服务态度、专业程度、沟通能力、响应速度等多个维度的问卷，通过线下（店内）的方式发放给顾客，有顾客在问卷中提到，某次购药时店员未能详细解释药品的使用方法和注意事项，导致用药不当。请问该如何处理？

解答：药店立即对该店员进行了批评教育，并加强了药品使用说明的培训，确保每位店员都能为顾客提供专业、细致的用药指导。通过采取相应的改进措施，药店的服务质量得到了显著提升，顾客满意度和忠诚度也随之提高。

🧲 问题情境二

近期，某城市多家药店联合通过用户访问调查，了解顾客对药店服务的满意度及需求，以便优化服务流程，提升顾客体验，邀请部分顾客进行面对面访谈，深入了解他们的购药体验和需求，部分顾客反映，在高峰期时店员忙于应对大量顾客，有时会出现态度冷淡或回应不及时的情况。请问该如何处理？

解答：针对此问题，药店决定加强员工培训，对服务流程进行梳理和优化，减少顾客等待时间，提高服务效率。提高应对高峰期的能力，并增设临时服务台以缓解压力。通过采取相应的改进措施，药店的服务质量得到了显著提升，顾客满意度和忠诚度也随之提高。

（四）学习结果评价

序号	评价内容	评价标准	评价结果（是/否）
1	明确访问目标和范围	能确定用户访问的具体目标、明确访问的范围	
2	明确访问工具	能设计问卷、访谈提纲或调查表等工具	
3	执行访问	能根据访问工具进行问卷调查、电话访问、面对面访谈	
4	记录信息	能详细完整、准确记录用户的回答和反馈	
5	访问分析	能对收集到的信息进行整理、分析	

五、课后作业

1. 请总结用户访问的方式。
2. 请简单描述用户访问在药店经营过程中的作用。
3. 一心药店定期进行服务满意度的用户访问，得知一位老年顾客在本药店咨询某降糖药的用法用量时，店员无法准确回答，导致顾客对药店的专业性产生怀疑。顾客认为店员应该具备足够的专业知识，以便为顾客提供准确的用药指导。请问该如何进行改进？

E-1-4 能报告药品不良反应

一、核心概念

1. 药品不良反应

药品不良反应（ADR）是指合格药品在正常用法、用量下出现的与用药目的无关的有害反应。

2. 药品不良事件

药品不良事件（ADE）是指药物治疗过程中所发生的任何不幸的医疗卫生事件，不一定与该药有因果关系。世界卫生组织将不良事件也定义为不良感受。

3. 药品不良反应报告和监测

药品不良反应报告和监测是指药品不良反应的发现、报告、评价和控制的过程。

二、学习目标

1. 能区分药物不良反应的类型。
2. 能填写药品不良反应报告表。

三、基本知识

1. 药品不良反应报告的意义

药品不良反应的报告可弥补药品上市前研究不足的缺陷，是上市后药品安全性评价的重要手段；其次还能促进临床合理用药，为遴选、整顿、淘汰药品提供依据；有利于及时发现重大药害事件，防止药害事件的蔓延和扩大，保障公众健康和社会稳定。

2. 药品不良反应报告原则

药品不良反应报告应遵循可疑即报、一切怀疑与药品有关的不良事件均应报告的原则。

3. 药品不良反应报告范围与报告时限

（1）报告范围　我国药品不良反应报告范围包括：新药监测期内的国产药品应当报告该药品的所有不良反应；其他国产药品，报告新的和严重的不良反应。进口药品自首次获准进口之日起 5 年内，报告该进口药品的所有不良反应；满 5 年的报告新的和严重的不良反应。

（2）报告时限　一般药品不良反应应当在 30 天内上报；新的或严重的应于发现之日起 15 日内上报，其中死亡病例须立即向所在地省、自治区、直辖市 ADR 监测中心报告，必要时可以越级报告。

对已确认发生严重不良反应的药品，国务院或者省、自治区、直辖市人民政府的药品监督管理部门可以采取停止生产、销售、使用的紧急控制措施，并应当在 5 日内组织鉴定，自鉴定结论做出之日起 15 日内依法做出行政处理决定。

药品生产、经营企业和医疗机构，应当通过国家药品不良反应监测信息网络报告；不具备在线报告条件的，应当通过纸质报表报所在地药品不良反应监测机构，由所在地药品不良反应监测机构代为在线报告。

4. 常见药品不良反应分类

（1）副作用　在药物按正常用法用量使用时，出现与治疗目的无关的不适反应。一种药物可能具有多种生理活性。这些生理活性可能同为治疗作用，也可能只有其中一种为治疗作用。此时的其他作用可视为副作用。如抗敏药物引起的嗜睡，降糖药引起的低血糖，降压药引起的血压过低等。

（2）毒性反应　指药物引起的生理变化、功能、结构异常或病理改变，通常发生在超过规定使用剂量或长期使用的情况下。药理作用较强，治疗剂量与中毒剂量比较接近的药物容易引起毒性反应。另外，肝肾功能不全者、老人、儿童易发生毒性反应。毒性反应可分为急性毒性和慢性毒性。前者一般由机体一次摄入药物剂量过大引起，后者则由于机体长期用药或由于肝肾功能不全造成药物在体内蓄积。

急性毒性多在一次大剂量用药后发生，具有突发性，容易识别。慢性毒性多在用药较长的一段时间后发现，具有隐匿性，不易识别。据临床观察，由于个体差异，有些人有毒性反应出现时，其机体不一定达到中毒浓度，当机体使用了中毒剂量时可能并不出现毒性反应。

（3）后遗效应　停药后血药浓度已降至最小有效浓度以下时残存的生物效应。由于个体差异，可为短暂的或持久的。如一次给予氨基糖苷类药所导致的耳聋，一次给予安眠药、巴比妥类引起的宿醉现象。

（4）停药反应　又称反跳反应。长期服用某药后突然停药，使疾病原有症状重现或加剧的现象。如长期服用可乐定降血压，停药次日血压将明显回升。

（5）变态反应　也称过敏反应，是一种对机体能造成伤害的非正常的免疫反应。变态反应为最常见的 ADR 之一，能造成机体各个系统的伤害，通常以皮肤反应易见和多见，而其他系统和部位的反应具有隐匿性不易识别。如变态反应引起的肾小球肾炎、血尿、药源性红斑狼疮、内脏出血等。变态反应一般与药物剂量大小无明显关系，与药理作用无关，发生率高，难以预测。

（6）特异质反应　又称特应性反应。少数特异体质患者对某些药物反应特别敏感，反应性质也可能与常人不同，但与药物固有的药理作用基本一致。反应严重程度与剂量成比例，药理性拮抗药救治可能有效。

（7）其他不良反应　包括首剂效应、继发性反应（治疗矛盾）、药物依赖性反应、过度作用等。

5. 严重药品不良反应

严重药品不良反应是指因使用药品引起以下损害情形之一的反应：①导致死亡；②危及生命；③致癌、致畸、致出生缺陷；④导致显著的或者永久的人体伤残或者器官功能的损伤；⑤导致住院或者住院时间延长；⑥导致其他重要医学事件，如不进行治疗可能出现上述所列情况的。

6. 药品经营企业的药品不良反应报告

药品经营企业应按照国家《药品不良反应报告和监测管理办法》的规定和企业的相关制度，主动收集药品不良反应，获知或者发现药品不良反应后应当详细记录、分析和处理，并上报国家医疗器械不良事件监测信息系统、国家药品不良反应监测系统。尤其是医药零售企业，直接与消费者接触，对于消费者在使用过程中出现的质量问题和不良反应，应及时向质量管理部门汇报，经质量管理部门调查汇总后，向当地药品监督管理部门报告。国家对药品不良反应实行逐级、定期报告制度。严重或罕见的药品不良反应须随时报告，必要时可以越级报告。

药品经营企业要建立药品不良反应报告的管理制度或程序，质量管理部门配备专职或者兼职人员负责本单位药品不良反应的情况收集、报告和管理工作。在各类与质量管理相关的人员岗位职责中要明确其不良反应报告的责任，并严格按制度和要求执行。

药品不良反应报告内容应当真实、完整、准确。

四、能力训练

（一）操作条件

1. 人员：应具有药学或者医学、生物、化学等相关专业中专以上学历或者具有药学初级以上专业技术职称，定期接受包括药品法律法规、药品知识、职业道德等内容的教育或培训。

2. 设备、器具：计算机、电话、打印机、笔等。

3. 资料：《药品管理法》《药品不良反应报告和监测管理办法》《药物警戒质量管理规范》、企业药品不良反应报告制度等。

4. 环境：模拟质管部。

（二）安全及注意事项

1. 在报告过程中，确保患者个人信息的保密性和安全性。

2. 确保报告中的各项信息准确无误，避免遗漏或错误。

3. 按照规定的时限要求及时报告 ADR，以便及时采取措施控制风险。

4. 对不良反应与用药之间的关联性进行客观、科学的评价。

5. 在报告过程中严格遵守相关的法律法规和政策要求。

6. 对于已经报告的不良反应，持续关注其发展情况，必要时进行跟踪报告。

7. 与医疗机构、药品生产企业等相关部门保持沟通协作，共同做好 ADR 监测工作。

（三）操作过程

序号	实施步骤	操作方法及说明	操作标准/注意事项
1	发现与记录	（1）发现不良反应：患者在药品使用的过程中出现不良反应 （2）记录信息：详细记录不良反应发生时间、症状、体征、相关检查结果及采取的治疗措施等	（1）药品经营企业在销售、储存或运输过程中，如接到来自患者、医疗机构或其他渠道的关于药品不良反应的报告，即发现与用药目的无关或意外的有害反应，应立即予以关注并记录 （2）对不良反应的详细信息进行记录，包括但不限于患者基本信息（如年龄、性别、病史等）、用药情况（药品名称、用法用量、用药时间等）以及不良反应的症状、发生时间、持续时间、采取措施及相关检查结果等
2	初步评估与报告填写	（1）初步评估：药品经营企业应设立专门部门或指定专人负责药品不良反应的初步评估工作 （2）报告填写：根据相关法律法规和监管要求，填写《药品不良反应/事件报告表》	（1）药品经营企业应设立专门部门或指定专人负责药品不良反应的初步评估工作。评估内容包括不良反应的严重性、与药品的关联性以及是否需要进一步报告等。必要时可咨询药品生产企业或专业机构的意见 （2）发现不良反应后，须按照规定的格式填写《药品不良反应/事件报告表》。报告表应包含不良反应的详细信息、初步评估结果及建议等
3	提交报告	（1）上报至上级机构 （2）配合调查	（1）将填写完整的药品不良反应报告表提交给当地的药品监督管理部门或指定的药品不良反应监测机构。提交方式可包括纸质提交、电子提交或在线平台提交等 （2）提交报告后，药品经营企业应关注后续处理情况，包括监管部门或监测机构的反馈意见、是否需要补充资料或进行进一步调查等
4	处理与反馈	（1）采取措施：根据评估结果，采取相应的措施，如发布药品安全警示、要求修改说明书、暂停或召回药品等 （2）反馈与指导：收集处理结果反馈给报告者	（1）采取相应措施：根据不良反应的评估结果，监管部门或监测机构可能会采取相应的措施，如发布药品安全警示、要求药品生产企业修改说明书、暂停或召回药品等，要求药品经营企业暂停销售相关药品召回已销售的药品等，以确保患者安全 （2）反馈与指导：及时向报告者反馈处理结果和进展情况，增强公众对药品安全的信任度。定期对收到的药品不良反应报告进行总结分析，评估企业所经营药品的安全性风险，如何避免类似不良反应再次发生，为改进经营管理和提升服务质量提供依据

问题情境一

患者，女，60岁，因高血压病史多年，一直服用β受体阻滞药（如美托洛尔）进行治疗。由于担心药物不良反应患者自行停药。停药后不久，患者发现血压急剧升高，甚至出现心悸、胸闷等严重症状，随即找到药店询问。请问该如何处理？

解答：对患者反映的不良反应信息进行记录，填写《药品不良反应/事件报告表》，将填写完整的药品不良反应报告表提交给当地的药品监督管理部门或指定的药品不良反应监测机构。

问题情境二

患者，男，45岁，因长期失眠问题就医，医生开具了苯二氮䓬类药物（地西泮）进行治疗。患者在睡前服用后，虽然能够较快入睡，但次日早晨醒来后感到头晕、乏力、注意力不集中，仿佛"宿醉"一般，影响了日常生活和工作。请问该如何处理？

解答：对患者反映的不良反应信息进行记录，填写《药品不良反应/事件报告表》，将填写完整的药品不良反应报告表提交给当地的药品监督管理部门或指定的药品不良反应监测机构。

（四）学习结果评价

序号	评价内容	评价标准	评价结果（是/否）
1	发现与记录	能发现与用药目的无关或意外的有害反应，应立即予以关注并记录	
2	初步评估与报告填写	能评估不良反应的严重性、与药品的关联性以及是否需要进一步报告，并能按照规定的格式填写《药品不良反应/事件报告表》	
3	提交报告	能根据不良反应的严重程度将填写完整的药品不良反应报告表提交给相应的部门	
4	处理与反馈	能根据监管部门的评估结果采取相应的措施，并及时向报告者反馈处理结果和进展情况	

五、课后作业

1. 请简述药品不良反应与药品不良事件的区别。

2. 请简单概括常见药品不良反应有哪些？并举例。

3. 某药品经营企业在销售清火片时，陆续收到多起消费者反馈，称服用该药物后出现不良反应，如皮疹、恶心等症状，请问该如何处理？

E-1-5 能协助药品召回

一、核心概念

1. 药品召回

药品召回是指药品生产企业（包括进口药品的境外制药厂商），按照规定程序收回已上市销售的存在安全隐患的药品。

2. 安全隐患

安全隐患是指由于研发、生产等原因可能使药品具有的危及人体健康和生命安全的不合理危险。

二、学习目标

1. 能区分药品召回的等级。
2. 能按药品召回程序实施药品召回。

三、基本知识

1. 药品召回的目的

药品召回的主要目的是及时控制风险、消除隐患，保障公众用药安全。通过召回存在安全隐患的药品，可以防止其继续对消费者造成危害，并减少可能引发的社会问题和法律风险。

2. 药品召回分类和等级

药品召回分主动召回和责令召回。主动召回是指药品生产企业或持有人自行发现药品存在安全隐患，并主动采取召回措施。责令召回是指药品监管部门在发现药品存在安全隐患而企业未主动召回时，责令企业进行的召回。

根据药品安全隐患的严重程度，药品召回可分三级。

一级召回：使用该药品可能引起严重健康危害的。

二级召回：使用该药品可能引起暂时的或者可逆的健康危害的。

三级召回：使用该药品一般不会引起健康危害，但由于其他原因需要召回的。

不同等级的药品召回要求的召回时间有所不同，级别越高，要求药品在越短的时间内召回。一级召回在 24 小时内，二级召回在 48 小时内，三级召回在 72 小时内，通知到有关药品经营企业、使用单位停止销售和使用，同时向所在地省、自治区、直辖市药品监督管理部门报告。药品生产企业在启动药品召回后，一级召回在 1 日内，二级召回在 3 日内，三级召回在 7 日内，应当将调查评估报告和召回计划提交给所在地省、自治区、直辖市药品监督管理部门备案。省、自治区、直辖市药品监督管理部门应当将收到一级药品召回的调查评估报告和召回计划报告国家药品监督管理局。药品生产企业在实施召回的过程中，一级召回每日，二级召回每 3 日，三级召回每 7 日，向所在地省、自治区、直辖市药品监督管理部门报告药品召回进展情况。

进口药品的境外制药厂商在境外实施药品召回的，应当及时报告国家药品监督管理局；在境内进行召回的，由进口单位按照《药品召回管理办法》的规定负责具体实施。

药品经营企业、使用单位应当建立药品召回管理制度或规程，协助药品生产企业，按照召回级别及时停止销售和使用存在安全隐患的药品，并回收药品。还应按照召回计划的要求及时传达、反馈药品召回信息给药品生产企业或者供货商，并向药品监督管理部门报告。要建立好药品召回记录和档案，详见表 E-1-5-1。药品生产企业、经营企业和使用单位应当建立和保存完整的购销记录，保证销售药品的可溯源性。

表 E-1-5-1　药品召回记录表

召回单位名称		召回单位地址	
联系人		联系电话	
品名		批号	
规格		包装规格	
销售数量		销售货号	
召回原因			
召回方式			
补救或预防措施			
召回时限			
召回数量		召回货号	
差额记录			
差额分析			
备注			

3. 药品召回程序

药品生产企业或持有人发现药品存在安全隐患后，应决定召回并确定召回等级、制订召回计划。召回计划应包括召回范围、召回方式、召回时间等具体内容，并须提交给所在省、自治区、直辖市药品监督管理部门备案。药品生产企业或持有人应在规定的时间内通知有关药品经营企业、使用单位停止销售和使用，并对召回效果进行评价。药品监督管理部门对召回过程进行监督和指导，必要时组织专家进行审查和评价。

四、能力训练

（一）操作条件

1. 人员：应具有药学或者医学、生物、化学等相关专业中专以上学历或者具有药学初级以上专业技术职称，定期接受包括药品法律法规、药品知识、职业道德等内容的教育或培训。

2. 设备、器具：计算机、电话、WMS 仓储管理系统、打印机、笔、RF 手持终端、运输车辆、包装材料、存储设备（如仓库、货架）等。

3. 资料：《药品管理法》《药品召回管理办法》、企业药品召回制度等。

4. 环境：模拟质管部。

（二）安全及注意事项

1. 确保召回过程中的人员安全，避免发生意外事故。

2. 对召回药品进行妥善包装和运输，防止药品在召回过程中受损或污染。

3. 严格按照法律法规和召回计划进行操作，确保召回过程合法合规。

4. 及时、准确地向消费者和相关单位传达召回信息，避免信息误导或遗漏。

5. 对召回药品进行妥善处理，防止其再次流入市场或对人体健康造成危害。

6. 积极与消费者沟通，解答疑问，提供必要的赔偿或补偿，以维护消费者权益和品牌形象。

（三）操作过程

序号	实施步骤	操作方法及说明	操作标准/注意事项
1	发现与评估	（1）发现药品可能存在的质量问题或其他安全隐患 （2）对可能存在的问题进行初步评估	（1）药品生产企业、经营企业、使用单位（如医院、诊所等）在药品生产、流通、使用过程中，通过质量检测、消费者反馈、监管部门通报等途径，发现其生产、销售或使用的药品可能存在质量问题或其他安全隐患。药品上市许可持有人（MAH）作为责任主体，应建立并完善药品召回制度，主动收集、记录药品的质量问题、不良反应/事件等安全风险信息，并进行调查和评估 （2）对可能存在的问题进行初步评估，确定是否需要启动召回程序。评估内容可能包括药品处方、生产工艺、储存运输条件、使用情况等
2	报告与通知	（1）内部报告：确定需要召回应及时通知持有人，并向相关部门报告 （2）外部通知：持有人应决定召回药品，应立即通过企业官方网站、药品相关行业媒体等渠道向社会发布召回信息	（1）内部报告，一旦确定需要召回，药品生产企业、经营企业、使用单位应及时通知持有人，并向所在地省、自治区、直辖市人民政府药品监督管理部门报告 （2）对于外部通知，持有人应决定药品召回的等级（一级、二级、三级），并立即通过企业官方网站、药品相关行业媒体等渠道向社会发布召回信息。召回信息应明确药品名称、规格、批次、召回原因、召回等级等关键信息
3	制订召回计划	（1）科学制订召回计划 （2）向所在地省、自治区、直辖市人民政府药品监督管理部门备案	（1）持有人应根据调查和评估结果，科学制订召回计划。召回计划应包括药品生产销售情况及拟召回的数量、召回措施的具体内容（如实施的组织、范围和时限等）、召回信息的公布途径和范围等 （2）召回计划制订后，持有人应及时向所在地省、自治区、直辖市人民政府药品监督管理部门备案
4	实施召回	（1）发出召回通知 （2）召回执行	（1）持有人应按照规定的时间要求（一级召回1日内，二级召回3日内，三级召回7日内），向药品生产企业、经营企业、使用单位等发出召回通知，要求其停止生产、放行、销售、使用相关药品，并按照召回计划执行召回 （2）药品生产企业、经营企业、使用单位应按照召回计划，积极配合持有人执行召回。召回过程中，应确保召回药品的标识清晰、存放安全，防止差错和混淆
5	处理与报告	（1）召回药品处理 （2）召回总结报告	（1）召回药品应根据实际情况进行妥善处理。对于需要销毁的药品，应在持有人、药品生产企业或储存召回药品所在地县级以上人民政府药品监督管理部门或公证机构的监督下销毁。对于能够通过更换标签、修改说明书等方式消除隐患的药品，可适当处理后再上市 （2）召回完成后，持有人应在规定时间内（一般为召回完成后10个工作日内）向所在地省、自治区、直辖市人民政府药品监督管理部门和卫生健康主管部门报告药品召回和处理情况。同时，持有人还应在药品年度报告中说明报告期内药品召回情况

💬 问题情境一

某药品监督管理局在监督检查中发现，某制药有限责任公司存在生产管理混乱、记录不真实、生产过程无法追溯等问题。这些问题导致复方金银花颗粒存在较大风险隐患，可能对消费者健康造成不良影响。请问该如何处理？

解答：某药品监督管理局在全国范围内启动全面召回工作，并发布相关函件，请求全国各地协助开展召回工作，要求各地药品经营企业、使用单位对涉事产品采取暂停销售、使用、下架等风险控制措施，并协助做好药品召回工作。某制药有限责任公司在其官网上多次发布了复方金银花颗粒召回情况公示，详细说明了召回的产品批次、数量、召回原因及召回措施等信息。

💬 问题情境二

2024年3月至4月，部分消费者在使用某制药公司生产的含有红曲成分的保健品后出现肾脏等部位的疾病，部分患者甚至需要住院治疗或透析。经调查，涉事保健品中含有"软毛青霉酸"这一毒性极高的物质，该物质由青霉菌产生，可能是在生产过程中混杂进了其他菌群所致。请问该如何处理？

解答：制药公司在发现问题后，迅速成立退货接待中心，接受消费者的退货申请。同时，公司高层公开致歉，并承诺将积极配合相关部门的调查工作。当地监管部门也介入了调查，并对涉事产品进行了全面召回。

（四）学习结果评价

序号	评价内容	评价标准	评价结果（是/否）
1	发现与评估	能发现药品可能存在的质量问题或其他安全隐患，对可能存在的问题进行初步评估	
2	报告与通知	能根据决定召回药品，并向相关部门报告，及时通过企业官方网站、药品相关行业媒体等渠道向社会发布召回信息	
3	制订召回计划	能科学制订召回计划，并向所在地省、自治区、直辖市人民政府药品监督管理部门备案	
4	实施召回	能根据召回等级发出召回通知，并按要求实施召回	
5	处理与报告	能根据实际情况妥善处理召回的药品，并完成召回总结报告	

五、课后作业

1. 药品召回中的"安全隐患"指的是什么？

2. 药品召回按照风险等级可以分为哪几类？

3. 某知名制药公司近期发现其生产的 A 批次降压药品存在安全隐患，主要表现为药品中检出微量有害物质超标，可能对患者健康造成不良影响。为确保患者用药安全，请问企业该如何处理？

E-2　药品质量风险管理

E-2-1　能评估药品经营质量风险

一、核心概念

1. 药品经营质量风险

药品经营质量风险是指药品在经营过程中，因各种不确定因素导致的药品质量受损或药品安全性、有效性受到威胁的可能性及其后果的严重程度。这些不确定因素可能来源于内部管理不善、人员操作失误、设备故障、运输条件不当等。

2. 前瞻式评估

前瞻式评估是指通过对质量管理体系中可能存在的质量风险因素进行判断性、推断式分析评估，从而确定该因素在流通过程中对药品质量影响的风险评价。

3. 回顾式评估

回顾式评估是指以已经或可能出现的质量风险为对象，通过追溯、评价已发生的事情来识别和解决质量风险的研究方式。

4. 风险管理

风险管理是指企业采取前瞻或回顾的方式对自身质量风险进行评估、控制、沟通和审核的系统工作。

二、学习目标

1. 能识记药品经营质量风险的定义。
2. 能对药品经营过程的质量风险进行识别、判断、分析、评估。

三、基本知识

1. 质量风险评估主要内容

质量风险的评估涵盖药品采购、收货、验收、储存与养护、药品销售、出库与运输、售后服务等药品经营的各环节。

其内容包括质量风险的识别、判断质量风险发生概率、衡量严重程度、分析质量风险的因素和制定防控措施五项。即通过采取前瞻或回顾的方式，利用掌握的科学知识、经验、事实、数据，对质量风险进行识别，判断商品、流程已出现的或未来可能出现的问题及其产生的影响，衡量这些风险发生的概率和产生影响的严重程度。

2. 质量风险评估的目的

通过质量风险评估分析，评估企业现有的质量管控措施是否全面，必要时完善相关管控措施，明确企业的风险控制策略，制定纠正和预防措施，对于高风险和中等风险的必须确定降低风险的措施，低风险加强经营过程控制，确保产品质量，降低风险发生的可能性，提高可识别性，将风险控制在可接受水平。

3. 质量风险评估管理的机构

企业应成立质量风险管理小组，组长应为企业质量负责人。质量风险管理应由质量风险管理小组负责组织实施，质量管理部及仓储管理部、运输管理部、工程管理部等共同参加。企业应制定质量风险管理制度或操作规程。质量风险评估、控制、沟通和审核应有记录。质量风险管理采用的风险管理方法、措施、形式以及形成的文件应与存在的风险级别相适应。企业应对风险管理结果进行审核或回顾总结，并基于风险高低确定风险管理实施的频次，以便于持续改进质量管理。

4. 质量风险评估相关记录

企业在药品经营过程中对质量风险进行评估，评估过程分为：质量风险评估启动、质量风险评估识别、质量风险评价，在质量风险识别过程中需填写《质量风险调查问卷》，详见表 E-2-1-1，并根据《质量风险等级划分标准》划分质量风险等级，详见表 E-2-1-2，能够根据风险指数的值对风险级别进行评价，评价标准依据《质量风险级别评价表》，详见表 E-2-1-3。最后编写《质量风险评估表》，详见表 E-2-1-4，明确风险点、风险等级。

表 E-2-1-1　质量风险调查问卷

序号	潜在质量风险内容	发生环节	该风险的管理现状	建议的整改措施

表 E-2-1-2　质量风险等级划分标准

评分	风险出现的可能性（P）	结果的严重性（S）	风险的可识别性（D）
5	极易发生，应对措施无法控制风险发生，几乎不能避免	会导致巨大损失，出现法规风险	风险不易发现或应对措施几乎无法发现出现的风险
4	偶尔发生，应对措施能够降低风险发生	会出现较大损失，出现不良信誉	应对措施能够偶尔发现出现的风险
3	很少发生，应对措施基本控制风险发生	会出现较小损失，造成不良影响	日常检查就能发现，应对措施基本能够发现出现的风险
2	发生可能性极低，应对措施有效控制风险发生	会出现微小损失，不会造成不良影响	很快能发现，应对措施能够有效发现出现的风险
1	基本不可能发生，几年才发生一次	几乎不发生损失	能够及时发现，应对措施能够很好地发现出现的风险

表 E-2-1-3　质量风险级别评价表

风险指数（RPN）	风险等级	措施描述
1~15分	低风险	风险能接受，无须采取措施或采用日常管理即可
16~24分	中等风险	可以根据情况采取风险降低措施
24分以上	高风险	必须采取控制措施降低风险

表 E-2-1-4　质量风险评估表

序号	风险描述	风险发生原因	风险等级划分			风险等级评价
			风险出现的可能性（P）	结果的严重性（S）	风险的可识别性（D）	□低风险 □中等风险 □高风险

四、能力训练

（一）操作条件

1. 人员：应具有药学、生物、化学等相关专业中专以上学历或者具有药学初级以上专业技术职称，熟悉并定期接受包括药品法律法规、药品知识、职业道德等内容的教育或培训。

2. 设备、器具：计算机、WMS 仓储管理系统、仓储设施设备等。

3. 资料：《药品经营质量管理规范》（现行版）等。

4. 环境：模拟药品仓库。

（二）安全及注意事项

1. 模拟药品仓库环境温度应不超过 20℃，相对湿度应控制在 35% ～ 75%。场地干净整洁，符合 GSP 要求。

2. 药品经营企业的质量管理部门、采购部门、销售部门、仓储部门等各部门应在职责范围内对质量管理体系发现的质量风险及风险的可能结果进行辨识，并负责与本部门有关的纠正和预防措施的落实。

（三）操作过程

序号	实施步骤	操作方法及说明	操作标准/注意事项
1	质量风险评估启动	由质量风险管理小组组长组织召开会议，明确小组成员各自的职责、工作任务，小组成员收集信息后，开始启动质量风险评估	（1）一般每年应对流通过程中的质量风险进行一次全面评估 （2）当经营范围或公司组织机构、资源配置等质量管理体系关键要素发生变化时进行专项评估 （3）出现质量事故时，应在发生日起5个工作日进行专项评估 （4）其他日常经营过程中出现存在一定风险的情形，应进行专项评估
2	质量风险识别	（1）系统地收集和利用相关信息，如历史数据、理论分析、专家意见等，来确认存在的风险点，运用前瞻或回顾的方式分别进行风险识别 （2）填写《质量风险调查问卷》，并划分质量风险等级	（1）药品在经营过程中，引起质量风险的关键影响因素，包括企业负责人的总体经营、组织机构、人员培训、质量体系评审、验证与校准、计算机系统、温湿度监控系统、仓储运输设施和管理条件、过程环节管理（药品购进、收货、检查验收、储存与养护、药品销售、出库与运输、售后服务）等多个环节和关键控制点，任何一个环节出错都将导致不同的危害事件，即每个环节都存在着不同的风险，各环节采用前瞻或回顾的方式分别进行风险识别 （2）各部门填写《质量风险调查问卷》，通过事实、经验、预测等途径对质量管理体系要素和经营各环节进行全面评估，在问卷中填写"潜在质量风险内容""发生环节""管理现状""建议的整改措施"；采用事故分析、流程图、检查表、头脑风暴、因果图（鱼骨图）等工具，并按岗位或活动对照表《质量风险等级划分标准》进行风险识别

序号	实施步骤	操作方法及说明	操作标准/注意事项
3	质量风险评价	（1）对已经识别的风险进行深入的分析 （2）应用潜在失效模式与后果分析进行风险评价，评估其发生的可能性和可能导致的后果，即对风险的严重性和可能性进行分析	（1）用风险发生时可能导致的影响来评估风险结果的严重度（S） （2）用风险发生的原因来评估风险发生率（P） （3）根据现有管理手段和管理方法，来评估发生时的可识别性（D） （4）分析后根据《质量风险等级划分标准》来评分，以确定风险的严重性。根据风险严重程度，确定风险可接受性，低风险是可接受风险，可不必主动采取风险干预措施；中等风险是合理风险，通过实施风险控制措施，风险得以降低，效益超过风险，达到接近可接受水平；不可接受风险，指风险可能导致的伤害严重，必须采取有效干预措施，以规避风险
4	填写质量风险评估表	（1）计算风险指数，得出风险等级 （2）编写质量风险评估表，明确风险点、风险等级	（1）对风险评分后，计算出该风险的风险指数（RPN）： 风险指数（RPN）=出现的可能性（P）×结果严重性（S）×风险的可识别性（D） （2）根据风险指数的值对风险级别进行评价，评价标准依据《质量风险级别评价表》，得出风险等级 （3）根据《质量风险调查问卷》《质量风险等级划分标准》《质量风险级别评价表》，完成《质量风险评估表》

问题情境一

某大型医药销售有限公司 2024 年 1 月要求质量管理部分析可能存在的质量风险，公司将在 2024 年度新招聘员工 4 人，质量管理部分析可能存在因新入职人员培训不及时的原因，致培训工作不到位，发生因质量意识不足导致的关键控制点失控的情形，请根据所学知识判断质量管理部提出的质量风险是否成立，并判断分析此项风险是运用了前瞻式评估还是回顾式评估的方法，并说明理由。

解答：人力资源部提出的质量风险成立，运用前瞻式评估方法分析出质量风险，因为招聘新员工的工作还未展开，是根据未来发生的事情推断分析。

问题情境二

某大型医药物流有限公司仓库一楼为阴凉区，温湿度控制要求为 20℃以下，相对湿度为 35% ～ 75%，而一楼收货、发货平台直面外界环境，不设置月台，无缓冲区域；同时因为业务量较大收货门和发货门会经常打开进行业务活动，夏季高温、梅雨天气，仓库一楼收货、发货平台极有可能出现温湿度超标的情况，一旦出现温湿度超标可能违反 GSP 法规，由于一楼收货和发货平台安装了温湿度监控设备，一旦温湿度临近超标预警数值，就会报警。请评估这种情况夏季和梅雨季是否存在质量风险，并制作质量风险评估表。

解答：根据问题描述，评估存在的质量风险，制作质量风险评估表如下。

			质量风险评估表			
			风险级划分			风险等级评价
序号	风险描述	风险发生原因	风险出现的可能性（P）	结果的严重性（S）	风险的可识别性（D）	□低风险 □中等风险 ☑高风险
1	夏季高温、梅雨天气，仓库一楼收货、发货平台极有可能出现温湿度超标的情况	一楼收货、发货平台直面外界环境，不设置月台，无缓冲区域；同时因为业务量较大收货门和发货门会经常打开进行业务活动	5	5	1	RPN=25，判定为高风险

（四）学习结果评价

序号	评价内容	评价标准	评价结果（是/否）
1	质量风险评估启动	能够组织召开质量风险管理小组会议，指导小组成员各自的职责、工作任务、能够启动质量风险评估工作	
2	质量风险识别	（1）能够系统地收集和利用相关信息，如历史数据、理论分析、专家意见等，来确认存在的风险点，运用前瞻或回顾的方式分别进行风险识别 （2）能够填写《质量风险调查问卷》，并划分质量风险等级	
3	质量风险评价	（1）能够对已经识别的风险进行深入的分析 （2）能够应用潜在失效模式与后果分析进行风险评价，评估其发生的可能性和可能导致的后果，即对风险的严重性和可能性进行分析	
4	填写质量风险评估表	（1）能够计算风险指数，得出风险等级 （2）会编写质量风险评估表，明确风险点、风险等级	

五、课后作业

1. 请简述药品经营质量风险。
2. 请简单概括质量风险的主要内容及质量风险评估的步骤。
3. 请制作一份药品经营过程中的质量风险评估表。

E-2-2 能控制药品经营质量风险

一、核心概念

1. 风险控制

风险控制是指采取各种措施和方法，消灭或减少风险事件发生的各种可能性，或是减少风险事件发生时造成的损失的过程。

2. 纠正措施

纠正措施是指为消除已发现的不合格或者其他不期望情况的原因所采取的措施。

3. 预防措施

预防措施是指为消除潜在不合格或其他潜在不期望情况的原因所采取的措施。

二、学习目标

1. 能识记药品经营质量风险控制的定义。
2. 能对药品经营质量风险进行正确的控制、审核，并提出预防措施、纠正措施。

三、基本知识

1. 质量风险控制

质量风险管理小组根据风险指数（RPN）对每一项风险点进行风险等级的评估，评估为中等风险以上的必须通知风险存在的部门，要求部门采取纠正措施和预防措施，并对风险控制措施的具体操作进行解释、沟通，要求落实责任人对各项潜在风险进行控制，详见表 E-2-2-1。质量风险责任部门对风险的具体缺陷进行描述，并落实整改责任、整改措施，完成整改报告，质量负责人对整改措施及完成情况进行审批，完成《问题改进和措施跟踪表》，详见表 E-2-2-2。

表 E-2-2-1　质量风险等级、应对策略及基本应对措施

风险等级	应对策略	基本应对措施
高风险	风险回避	预防措施：高层管理者高度重视、降低风险发生的可能性，全部或者部分回避； 控制措施：立即紧急控制、重点环节控制、降低风险产生的后果
中等风险	风险抑制	预防措施：落实管理责任、降低风险发生的可能性； 控制措施：采取应急措施降低风险产生的后果
低风险	风险自留	预防措施：加强宣贯、降低风险发生的可能性； 控制措施：日常处置、降低风险产生的后果

表 E-2-2-2　问题改进和措施跟踪表

风险描述		责任部门			检查人员	
缺陷项目描述： 部门负责人：　　日期：						
整改措施： 质量负责人：　　日期：						
整改措施完成报告： 部门负责人：　　日期：			整改措施完成回顾： 质量负责人：　　日期：			

2. 质量风险审核

质量风险管理小组对各部门采取的控制措施按照《控制效果等级确定标准表》进行评分，详见表 E-2-2-3，并计算控制效果指数 RPN；对风险存在的部门采取措施后的风险控制情况进行再次评价，评价所采取的措施是否有效，风险是否降低及接受，评价后将结果记录在《采取控制措施后风险再评估表》，详见表 E-2-2-4。

表 E-2-2-3　控制效果等级确定标准表

评分	受控制的可能性（P）	残余风险的严重性（S）	控制的彻底性（D）
5	几乎不能控制	会导致巨大损失，出现法规风险	存在较大隐患，会延续下去
4	能被较小程度的控制	会出现较大损失，出现不良信誉	存在一定隐患，会延续下去
3	能被较大程度的控制	会出现较小损失，造成不良影响	存在较小隐患，会延续下去
2	能被绝大程度的控制	会出现微小损失，不会造成不良影响	存在较小隐患，无延续性
1	能被完全的控制	几乎不发生损失	不再存有任何隐患，无延续性

风险描述	产生影响	原RPN	已采取的改进措施	受控制的可能性（P）	残余风险的严重性（S）	控制的彻底性（D）	控制后的RPN	控制后的风险等级	是否引发新风险

四、能力训练

（一）操作条件

1. 人员：应具有药学、生物、化学等相关专业中专以上学历或者具有药学初级以上专业技术职称，定期接受包括药品法律法规、药品知识、职业道德等内容的教育或培训。

2. 设备、器具：计算机、WMS 仓储管理系统、仓储设施设备等。

3. 资料：《药品经营质量管理规范》（现行版）等。

4. 环境：模拟药品仓库。

（二）安全及注意事项

1. 模拟药品仓库环境温度应不超过 20℃，相对湿度应控制在 35% ～ 75%，场地干净整洁，符合 GSP 要求。

2. 药品经营企业的质量管理部门、采购部门、销售部门、仓储部门等各部门应在职责范围内对质量管理体系发现的质量风险及风险的可能结果进行辨识，并负责与本部门有关的纠正和预防措施的落实。

（三）操作过程

序号	实施步骤	操作方法及说明	操作标准/注意事项
1	质量风险控制	（1）质量风险管理小组根据风险指数（RPN）对每一项风险点进行风险等级的评估，评估为中等风险以上的必须通知风险存在的部门，要求部门采取纠正措施和预防措施 （2）质量风险管理小组根据风险等级对风险做出应对策略和基本应对措施的判定 （3）责任部门对质量风险、缺陷项目进行具体描述，质量部门对控制措施的具体操作进行解释、沟通、确认，要求责任部门对各项潜在风险进行控制、整改	（1）风险指数（RPN）16～24分的为中风险，24分以上的为高风险 （2）对低风险、中风险、高风险的应对策略、基本应对措施进行判定 （3）责任部门对具体风险和缺陷项目进行描述，质量部门对风险控制措施的具体操作进行解释、沟通确认，责任部门负责整改落实，正确填写问题改进和措施跟踪
2	质量风险审核	（1）质量风险管理小组对风险存在的部门采取措施后的风险控制情况进行再次评价 （2）评价所采取的措施是否有效，风险是否降低及接受 （3）评价后将结果记录在《采取控制措施后风险再评估表》中 （4）对于审核后为中风险、高风险但是通过采取控制措施后风险不能接受或者通过采取的预防措施风险不能杜绝的，必须重新进行风险评估分析，采取控制措施降低风险	（1）质量风险管理小组对风险存在的部门采取措施后的风险控制情况进行再次评价 （2）对各部门采取的控制措施按照《控制效果级确定标准表》进行评分后，计算出控制效果指数RPN，计算公式=受控制的可能性（P）×残余风险的严重性（S）×控制的彻底性（D） （3）评价标准为：1～15分低风险能较好控制，16～24分中等风险能一般控制，24分以上高风险控制较差，评价后将结果记录在《采取控制措施后风险再评估表》 （4）对于审核后为中风险、高风险但是通过采取控制措施后风险不能接受或者通过采取的预防措施风险不能杜绝的，必须重新进行风险评估分析，采取控制措施降低风险

问题情境

小王是某大型医药物流有限公司的质量负责人，2024年1月在本年度公司质量风险评估调研时，仓储中心经理小吴提出仓库一楼为阴凉区，温湿度控制要求为20℃以下，相对湿度为35%～75%，而一楼收货、发货平台直面外界环境，不设置月台，无缓冲区域；同时因为业务量较大收货门和发货门会经常打开进行业务活动，夏季高温、梅雨天气，仓库一楼收货、发货平台极有可能出现温湿度超标的情况，一旦出现温湿度超标可能违反GSP法规，由于一楼收货和发货平台安装了温湿度监控设备，一旦温湿度临近超标预警数值，就会报警。质量风险管理小组成员小施评估这个情况以为夏季和梅雨季存在质量风险，制作的质量风险评估表如下，2024年3月该公司在收货门和集货门安装了风幕机。现要求小施根据质量风险评估表，完成《问题改进和措施跟踪表》。

案例：质量风险评估表如下。

质量风险评估表						
序号	风险描述	风险发生原因	风险等级划分			风险等级评价
			风险出现的可能性（P）	结果的严重性（S）	风险的可识别性（D）	☐低风险 ☐中等风 ☑高风险
1	夏季高温、梅雨天气，仓库一楼收货、发货平台极有可能出现温湿度超标的情况	一楼收货、发货平台直面外界环境，不设置月台，无缓冲区域；同时因为业务量较大收货门和发货门会经常打开进行业务活动	5	5	1	RPN=25，判定为高风险

解答：

问题改进和措施跟踪表					
风险描述	温度超标风险	责任部门	仓储中心	检查人员	小施

缺陷项目描述：

仓库一楼收货、发货平台直面外部环境，无缓冲区域，收货作业高峰期时收货门需打开，收货时长受到货数量影响，出库集货作业高峰期集货门需要打开，集货时长受装卸货品数量影响，均存在不可控性，发生频率高，风险严重性高。

部门负责人：小吴　日期：2024年1月

整改措施：
1.非必要不开门；
2.开门操作应当尽可能缩短操作时间；超标时应关门；
3.可考虑加装风幕机等设备，尽可能防止内外空气交换。

质量负责人：小王　日期：2024年1月

整改措施完成报告： 　加强作业管理，收货门、集货门非作业时间不开门，若有开门作业，当温湿度监测设备临近超温阈值，立即关门；3月份完成风幕机安装。 部门负责人：小吴　日期：2024年3月	整改措施完成回顾： 　根据整改措施完成情况，此风险控制效果指数RPN小于15分，判定为低风险。 质量负责人：小王　日期：2024年3月

（四）学习结果评价

序号	评价内容	评价标准	评价结果（是/否）
1	质量风险控制	（1）能根据风险指数（RPN）对每一项风险点进行风险等级的评估，能要求责任部门采取纠正措施和预防措施 （2）能根据风险等级对风险做出应对策略和基本应对措施的判定 （3）能对质量风险、缺陷项目进行具体描述，能对控制措施的具体操作进行解释、沟通、确认，能对各项潜在风险进行控制、整改	
2	质量风险审核	（1）能对风险存在的部门采取措施后的风险控制情况进行再次评价 （2）能评价所采取的措施是否有效，风险是否降低及接受 （3）能正确填写《采取控制措施后风险再评估表》	

五、课后作业

1. 请简述药品经营质量风险控制。

2. 请简单概括质量风险的主要内容及质量风险控制的步骤。

3. 某大型医药物流有限公司仓库存在库内存储药品堆垛不符合五距要求的现象，经质量风险管理小组评估风险指数为 17 分，该风险为中风险，采取了以下措施进行纠正和预防：要求卸货员卸货过程严格按照五距堆垛；要求保管员日常作业严格按照五距存放；要求定期开展库容库貌检查。经评估采取措施后再评估的风险出现的可能性（P）为 2，残余风险的严重性 2 × 控制的彻底性 2，落实整改制作一份《采取控制措施后风险再评估表》。